経営戦略ワークブック

The Strategy that Give LIFE to your Organization

会社が元気になる「3ステップ＋アクション」

河瀬 誠
Kawase Makoto

日本実業出版社

〝最も重要な5つの質問とは、われわれのミッションは何か、われわれの顧客は誰か、顧客にとっての価値は何か、われわれにとっての成果は何か、われわれの計画は何か、という5つの質問からなる経営ツールである〟

〝5つの質問がもたらすものは、行動のための計画である。計画とは明日決定するものではない。決定し行動することのできるのは、常に今日である。明日のための目標は必要である。しかし問題は明日何をするかではない。明日成果をあげるために、今日何をするかである〟

（P.F. ドラッカー『経営者に贈る5つの質問』ダイヤモンド社より）

はじめに
「元気になる戦略」を作ろう

戦略が会社を駄目にする？

「厳しい経済環境の中、競争に勝ち残るための戦略を学びたい」
本書を手にしたあなたも、こんなふうに思っていることだろう。

でも不思議なことに、真面目に戦略を作ろうとするほど、頑張って実行しようとするほど、元気をなくして駄目になっていく会社が多い。
なぜだろう？

あなたも、「戦略とは、精緻な分析をして合理的に作るべき。計画は細かくチェックして管理すべき」と考えているかもしれない。
しかし、現実はどうだろう。

経済環境はめまぐるしく変わる。精緻な分析を重ねて作った計画も、3か月も経てば、実情と合わなくなる。
昔は年に1度の計画作りで済んだものが、今では一年中、計画の見直しに明け暮れる会社も少なくない。
またひと昔前、日本経済全体が成長していた時代なら、〝売上前期比10％増〟といった目標も、頑張れば何とか達成できた。
しかし、経済成長しない今、なかなか成長戦略は描けない。

それなのに目標だけは昔と同じく、威勢のよい数字が降ってくる。
頑張っても、頑張っても、そんな目標はなかなか達成できない。
その一方で、本部は「もっと管理して、尻を叩かなければ駄目だ」と考えて、さらに細かな報告を求めてくる。

無理な計画に追われて、言いわけの報告に終始する毎日だ。これでは疲れ果ててしまう。やる気もどんどん萎えてくる。
　会社全体が、将来の夢に向かって進む〝元気〟をどんどんなくしていく。

　下図は、「**戦略のネガティブサイクル**」というものだ。
　あなたの会社でも、この戦略のネガティブサイクルが働いて、会社全体が元気をなくしていないだろうか？
　この本では、このような分析と管理を基本とし、「戦略のネガティブサイクル」に陥りやすい戦略を「**古典的な戦略**」と呼ぶ。

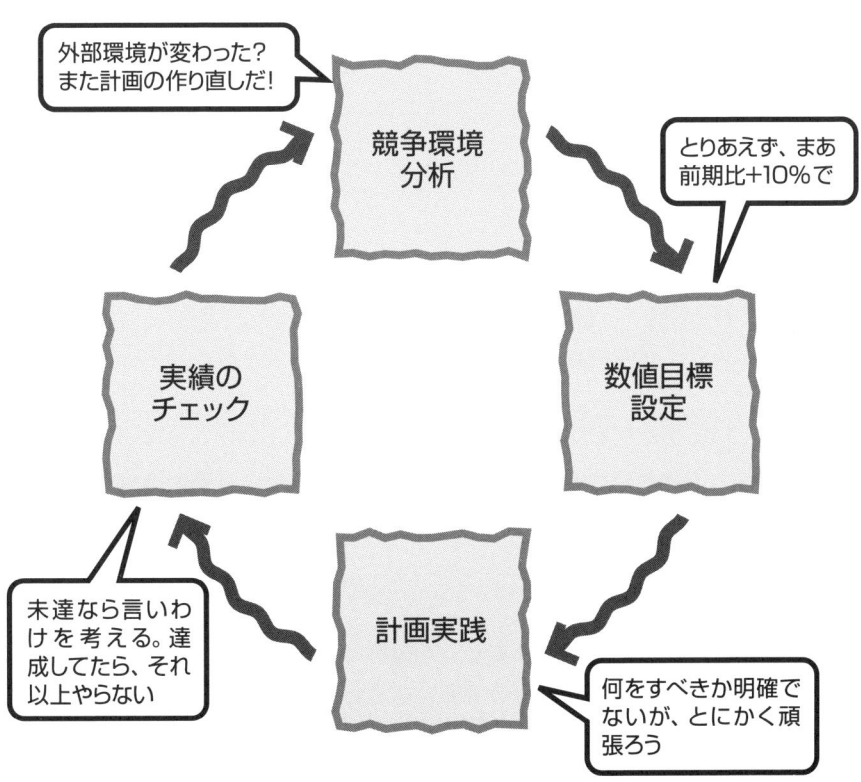

戦略の「ネガティブサイクル」

「元気になる戦略」を使おう

　私は縁あって、さまざまな会社で戦略作りの講座を担当させていただく機会も多い。

　この講座に参加するみなさんは、頭脳明晰かつ勉強家の方が多い。

　しかし、残念なことに、みなさん勉強家であるがゆえに、頭の中には由緒正しい「古典的な戦略」がしっかりと入っている。

　古典的な戦略は、20世紀の「工業社会」の発展と歩調を合わせて、完成度を高めてきた。企業研修やビジネススクールで教わるのも、この古典的な戦略だ。

　ところが、この古典的な戦略は、21世紀に入って本格化しつつある「知識社会」においては、今までのようにはうまく機能しない。

　それどころか、無理に当てはめようとすると、だんだんと組織がおかしくなっていくことが多い。

　こういった中、今まで古典的戦略の総本山であった米国のビジネススクールも、知識社会に向けた「新しい戦略」を模索しはじめている。

　この「新しい戦略」は、人の生み出す「知」や、組織の持つ「独自の強み」に注目する。そして、個人の自主性や創造性、また偶発性（「あそび」）や実践からの学びといった、組織のソフトな側面を重視する。

　この新しい戦略は、「ジャパン・アズ・ナンバーワン」と賞賛され栄華を誇った1980年頃の日本企業に対する研究が、ルーツとなっている。

　だから、この新しい戦略は、日本の会社に合った、日本の会社の「元気をとり戻す」考え方だと思う。本書では以後、この新しい戦略を総称して**「元気になる戦略」**と呼びたい。

　しかし皮肉なことに、この新しい戦略論の先生となった日本企業は、バブル崩壊で自信を失ってしまったのだろうか。今では古典的戦略のよき生徒となり、戦略のネガティブサイクルを一生懸命に回そうとしている。

　これでは、真面目に頑張るほど、会社の元気はなくなる。あなた自身も

疲れ果ててしまう。

> 新しい時代に合わせた「元気になる戦略」を使おう。それこそが、あなた自身、あなたの会社、そして日本の社会を元気にしていくのだ。

「元気になる戦略」の中心は「ミッション」

　元気になる戦略を動かすのは、下図に示す「**ポジティブ・サイクル**」だ。このサイクルの中心にあるのが、「**ミッション**」だ。ミッションとは、会社の「使命」や「志」だ。経営理念や価値観といってもよい。

元気になる戦略の「ポジティブサイクル」

（出所）『ヒューマンバリュー』アプレシエイティブ・インクワイアリの4Dプロセスを参考に作成。

有名なミッションとしては、ソニーの創業者である井深大氏が1946年に起草した「株式会社設立趣意書」にある〝真面目なる技術者の技能を、最高度に発揮せしむべき自由闊達にして愉快なる理想工場の建設〟というものがある。また、ホンダの創業者である本田宗一郎氏が唱えた「人間尊重、三つの喜び（買う喜ぶ、売る喜び、創る喜び）」といったものがある。

　これらミッションは、生きた言葉だ。
　会社全体に通底する価値観として、社員の１人ひとりが理解し、誇りに思い、また会社の提供する製品やサービス、そして社員の行動にまで反映されているべきものだ。
　本田宗一郎氏自身も「行動なき理念は無価値である」という言葉を残している。
　社長室の額縁に飾ってあるだけの美辞麗句、事務所の廊下に誰にも省みられないまま貼られた標語には、ミッションとしての価値はない。

「そんな話はキレイゴトだ」と思うかもしれない。
「会社の存在意義なんて、結局は金儲けなんだよ」という、醒めた意見もあるだろう。

> 　そうではない。人間、そんなに捨てたものでもないのだ。

　自分たちの働く想いを深く探求していくと、当人達が戸惑うくらい、崇高な使命や価値観が浮かび上がってくる。
　ミッションを探っていくと、最初は冷笑気味に斜に構えていた、役員なり部長なりの幹部の方々も、次第に本気になってくる。
　自分たちの想いを深く探求するにつれ、〝愛〟とか〝地球と自然のため〟とか〝家族の幸せのために〟とか、ちょっと気恥ずかしくなりながらも、真剣にかつ堂々と、語りはじめるのだ。

　感動的なシーンだ。やはり、「この世に生を受けた限り、誰でも人とし

て真に求めたいものがあるのだ」という思いになる。

　もちろん現実の世界においては、そう簡単にミッションを実現できるわけではない。ミッションとほど遠い状況で、仕事をしなければならない場合も多いだろう。
　しかし、自らの使命を自覚し、その実現を目指せば、仕事に新たな意義を感じることができるし、組織の力を最大限に発揮することができる。

「元気になる戦略」であなたも元気になってほしい

　元気になる戦略とは、自らの本来の使命を探し求め、思い起こし、それを本気で実現するものだ。
　だから、仕事が喜びとなるし、成果を出すことが嬉しくなる。

　「そんな気楽な話は、儲かっている会社だからできるんだ。現実は厳しいんだ」と反発する方もいるだろう。

> 　違うのだ。必死に働いても会社が元気にならないなら、それはあなたの会社の戦略が間違っているのだ。

　まさに、そういうあなたの会社にこそ「元気になる戦略」が必要だ。
　ぜひ元気になる戦略を使って、あなたの会社を、そして何よりあなた自身を元気にしていただきたい。

本書の使い方

How to use

あなたが自分で戦略を作るまでコーチする

　本書は読者であるあなた自身が、会社や所属する部門の戦略を自分の手で作ることをコーチする。

　〝あなた〟は、経営者はもとより、30代または40代、本社や現場の企画スタッフや管理職を想定している。ただし、20代の若手にもわかるよう平易に書いているし、経験豊富な50代以上の方にとっても学ぶところは多いはずだ。自治体やNPOといった非営利組織でも十分に使える。

　「戦略とか、必要なのはわかるけど、難しそうだなぁ」と思う人、「過去に自分たちで戦略を作ろうとしたが、うまくいかなかった」という経験を持つ方、そういうあなたにこそ本書を活用していただきたい。

　本書ではあなたが戦略を作るために、どんなツールをどの順番で使って、どんな検討をすればよいのか丁寧に教える。本書で解説する順番に検討を進めれば、きちんと使える戦略を作れるはずだ。

　仮に、はじめのうちは完成度の高い戦略は作れないとしても、実用に足る戦略は十分にできるはずだ。仮に不都合があっても、作り方さえわかっていれば自分で見直し、手を加えることができる。何回か戦略を作ってみると、次第に腕も上がってくる。

　本書を読んだあなたには、まずは試しに自分の会社や部門の戦略を描いてみてほしい。まずは試しに描くだけでよい。それだけで、戦略がもっと身近で手軽なもの、使いこなせるものとなっていく。

登場人物　伊藤君と小坪君

本書には、2人の人物が登場する。東京近郊の藤原市（仮名）在住の、伊藤君と小坪君だ。

県立藤原高校の同クラスだった2人は、都内の別の大学に進学した。今は2人とも、地元の中堅企業に勤めている。伊藤君が勤めるのは地元の中堅スーパーの「伊州屋」、小坪君が勤めるのは技術力で定評ある計測機器メーカーの「ツボタ」だ。

2人は高校卒業後は疎遠になっていたが、たまたま会社から異業種交流形式の「元気になる戦略作り」の研修に派遣され、そこでばったりと再会した。

この研修プログラムは東京・丸の内の会議室で開催される。2人はプログラムが終わったあと、電車で藤原市まで1時間、奮発したグリーン車の中でビールを飲み、一緒に話しながら帰る。

首都圏在住の方なら、藤原市とは藤沢市もしくは藤岡市かなと思ってもらえばよい。それ以外の地域の方なら、適宜地名を読み替えてほしい。

そして、自分もそのプログラムに出席したつもりになって、ストーリーに自分と自分の会社を重ねながら読んでいただきたい。

登場人物❶　伊藤君＠伊州屋

伊藤君は、藤原市に妻と2歳の娘と住む、明るいスポーツマンタイプの35歳のお父さんだ。

大学を卒業したあと、食品関係の中堅商社に入社して、アジアを中心に輸出入関係の仕事をしていた。30歳で、地銀の地元支店で一般職として勤務していた高校時代の同級生と結婚。妻の両親が伊州屋の伊崎社長と懇意だったこともあり、2年前に転職。現在は伊州屋の社長室に勤務する。商社時代はアジア中を飛び回っていたが、今は藤原市にある妻の実家近くの一戸建てで、職住接近の

生活をしている。

伊藤君の勤める伊州屋は、地元資本の中堅食品スーパー。1950年にJRの藤原駅前で創業し、今は地元に5店舗を構える。売上は約100億円、従業員は正社員で約150名、パートを含めて約650名だ。

伊州屋社長の伊崎さんは55歳の女性。創業社長の愛娘で、お嬢様育ちを思わせる品の良さがある。伊崎社長は、伊藤君には次はどこかの店の店長を任せ、ゆくゆくは次代の経営者に育てたいと思っている。

登場人物❷ 小坪君＠ツボタ

小坪君は、藤原市の親元に暮らす、伊藤君と同じ35歳。優しい草食系の顔立ちの理系青年だ。同居する両親は、しばらく「結婚しろ」とうるさかったが、妹に娘ができたこともあり、もうあきらめた感じだ。

ツボタは、東京の日本橋に本社のある創業30年の中堅電子機器メーカー。社員は約150名、年商約80億円だ。

10年ほど前に最近得意のセンサー技術を活かして、医療用機器に進出した。医療機器事業部は、各種検査装置を製造・販売している。主力製品は血液などの多目的の分析計だ。事業部創設後の5年ほどは赤字に苦しんだが、今はツボタの事業を引っ張る期待の星となっている。

小坪君は、大学の研究室の推薦でツボタに入社した。5年前に技術開発部から企画室に異動し、その1年後に発足した「病院向け疲労度計」プロジェクトでは、事業開発チームのリーダーに抜擢された。小坪君の寝食を忘れた取り組みの甲斐もあって、今やツボタの疲労度計は、医療業界でも広く認められている。

小坪君の上司は大坪取締役事業部長（50歳）。草創期の医療機器事業を率い成長させた実績から、社内でも厚く信頼されている。

「元気になる戦略」講座のプログラム内容

　この2人が戦略を作っていくプロセスを追いかけながら、あなたも自分自身の会社の戦略作りを疑似体験していただきたい。

　伊藤君と小坪君が偶然再会した「元気になる戦略」講座を紹介しよう。

　今回のプログラムの受講者は、4つの会社からそれぞれ5名ずつ派遣された。全部で20名だ。このプログラムは、下図のような日程で進行する。

　以下、伊藤君と小坪君のメモと発表内容を参考に、彼らがいかに自分たちの戦略を作っていったかを見ていこう。

「元気になる戦略講座」のプログラム

講座名	目的	日時
1．オリエンテーション	「元気になる戦略とは何か」の紹介	水曜19時〜21時
2．小演習（全6回）	Step1：登る山を決める 戦略方向性を決める	続く毎週水曜19時〜21時
3．合宿演習	Step2：山頂を描く ビジョンをデザインする	金曜午後19時〜土曜13時
4．1日演習	Step3：登る道を考える マーケティング・ビジネスモデル・事業計画書	2週間後の 土曜9時〜20時
5．プレゼンテーション	各社経営陣に対する プレゼンテーション	2週間後の 水曜13時〜18時
6．フォロー（全3回）	Action：山に登る 実行のフォロー（月1回）	毎月 第1水曜日19時〜21時

全部で約3か月

The Strategy that Give LIFE to your Organization

経営戦略ワークブック◎会社が元気になる「3ステップ+アクション」

Contents

はじめに 「元気になる戦略」を作ろう ········ 2
本書の使い方 ········ 8

Prologue
「元気になる戦略」とは何か

Prologue ❶ 「元気になる戦略」の誕生 ·················· 18
　「機械」の世界から「生命」の世界へ ················· 18
　戦略とは山登り ································· 22
Prologue ❷ 3つのツボと3つのステップ ················ 30
　元気のツボ❶ すべきことを「しない」 ············· 31
　元気のツボ❷ 正論を「言わない」 ················· 40
　元気のツボ❸ 戦略は「素人」の手で作る ··········· 46
　3つのステップで戦略を作る ······················· 50
　ステップ全体の見取り図 ·························· 58
　「フレームワーク」で登る山を決める ················ 60
　山頂を「仮説」として描く ························ 62

Contents

Column　右脳を動かすために"場"を作る‥‥‥‥72

Step1
登る山を決める
フレームワークを使って戦略の方向性を決定

Step1-0	戦略の方向性を決める	80
Step1-1	自分自身を知る	86
Step1-2	自分のいる世界を知る	97
Step1-2-1	拡大路線か縮小路線か	99
Step1-2-2	未来の動きを読む	102
Step1-2-3	競争のタイプを知る	105
Step1-2-4	競争相手を知る	112
Step1-3	自分の強みと課題を知る	124
Step1-4	顧客を見定める	132
Step1-5	立ち位置を決める	152
Step1-5-1	競争戦略分析	153
Step1-5-2	成長戦略分析	157
Step1-6	事業を仕分けする	164

Training 1　知的資本分析 ……… 91

Training 2　競争環境分析 ……… 118

Training 3　バリューチェーン分析 ……… 128

Training 4　顧客セグメント分析 ……… 146

Training 5　競争戦略分析・成長戦略分析 ……… 159

Training 6　ポートフォリオ分析 ……… 173

顧客セグメントの切り方 ……… 139

Step1 のコーチング ……… 180

Step2
山頂を描く
仮説思考でビジョンを作る

Step2-0	顧客とは誰か	184
Step2-1	「ペルソナ」をして語らしむ	188
Step2-2	仮説を作る	199
Step2-3	UVP を考える	207
Step2-4	UVP を探り結晶化する	220
Step2-5	UVP を検証する	223

Step2-6　ビジョンを描く ………………………… 227

　Training 7　ペルソナ・UVP・ビジョン ……… 232
　Step2のコーチング ……… 242

Step3
登る道を考える
マーケティング・ビジネスモデル・事業計画書を作る

Step3-1　　マーケティング戦略 ……………………………… 246
Step3-1-1　ブランド戦略 …………………………………… 249
Step3-1-2　価格戦略 ………………………………………… 255
Step3-1-3　コミュニケーション戦略 ……………………… 260
Step3-2　　ビジネスモデルを練る ………………………… 276
Step3-2-1　お金の回し方を考える ………………………… 279
Step3-2-2　押すべきツボを考える ………………………… 286
Step3-3　　未来をプロットする …………………………… 294
Step3-3-1　2種類の目標を定める ………………………… 300
Step3-3-2　「ロードマップ」に未来を描く ……………… 302
Step3-3-3　「事業計画書」を作る ………………………… 305

Contents

Training 8　マーケティング戦略 ········ 267

Training 9　iモードとiPhoneのビジネスモデル ········ 289

Training 10　事業計画 ········ 309

Step3のコーチング ········ 314

Action
山に登る
戦略を実行してビジョンに到達する

Action1　ビジョンを目指して歩む ···················· 318

Action2　戦略を動かすリーダーとなる ···················· 328

Training 11　伊州屋とツボタのPDCA ········ 325

Training 12　ワークアウト ········ 337

「経営戦略」ブックガイド ········ 339

おわりに　「自律」と「創造」で現場を元気に！········ 346

◎本書で記載されている社名、商品・製品名などは各社の商標、または登録商標です。
本文中では©、®、TMは省略しています。

カバーデザイン◎森敏明＋ロコ・モーリス組／カバーイラスト◎大髙郁子
本文イラスト◎タカセマサヒロ／本文デザイン・DTP◎ムーブ（新田由起子・武藤孝子）

Prologue

「元気になる戦略」とは何か

❶「元気になる戦略」の誕生
❷3つのツボと3つのステップ

Prologue ①
「元気になる戦略」の誕生

「機械」の世界から「生命」の世界へ

▶▶ 戦略の「世界観」が転換した

　「古典的な戦略」と「元気になる戦略」の本質的な違いは、依って立つ「世界観」の違いにある。
　古典的戦略の根っこには、「**組織＝機械**」という世界観がある。
　古典的戦略は、組織を意思のない「機械」として捉える。だからこそ、精緻な計画を作り、厳密な統制と命令で、組織という機械をより効率的に動かそうとする。
　それに対して、**元気になる戦略は、組織を（ある種の）「生命」として捉え直す**。人間の集まった組織を、自らの意思や目的を持ち、常に環境に応じて自らを変化させる「生命」だと考えるのだ。
　生命である組織は、多様な個性を持っており、ときには想像を超えた能力を主体的に発揮する。このため、元気になる戦略では、組織の個性や自律性を積極的に受け入れ、組織の成長や学習、また創造的活動を重視する。

以下、この2つの世界観について、もう少し深く説明しよう。

20世紀の「工業社会」が育てた古典的戦略

1900年頃〜1980年代まで、20世紀の大半は「工業社会」として定義できる。この時代を振り返ってみよう。

2つの世界大戦を挟みながら、科学技術は大きく発展した。この時代の最先端の産業とは、製鉄・機械・自動車・化学といった重化学工業だった。自動車や飛行機が誕生し一大産業に成長した。化学繊維やプラスチックといった新たな工業製品も、この期間に一気に発明され工業化された。工業生産物が価値を生む「**工業社会**」が最盛期を迎えたのだ。

この科学信奉・機械信奉の色濃い時代に生まれたのが、科学的な経営管理や計画経済を旨とする「古典的戦略」だ。

この時代に生まれた古典的戦略は、会社という組織も合理的に動く機械であると、当然のように考えた。機械を効率的に動かすためには、精緻な設計図が必要だ。同様に、組織も精緻な計画に従って、整然と機能すべきものなのだ。

古典的戦略の考える理想の組織とは、中央に鎮座する全知全能な官僚機構が一分の隙もない完璧な計画を策定し、それを下部組織が忠実に一糸乱れず実行する、というものだ。

この計画に瑕疵があると、組織は完璧には動かない。そこで、古典的戦略ではデータの徹底的な調査や分析を重視し、完璧な計画を作ることに心血を注ぐ。

この世界において、従業員は機械の厄介な付属品だ。均一な部品、つまり〝機械の歯車〟として、設計図通り動くべき存在だ。〝創意工夫〟などといった、面倒な雑音を出してもらっては困るのだ。

また、機械である組織は、時間が経つにつれて劣化する。機械が壊れたり旧式化したら、故障や不具合のある部品（つまり従業員や工場）を取り替えればよいと考える。

ちなみに、組織という機械には当然、「所有者」が存在する。この所有者が株主だ。組織とは、所有者である株主のために、最大限に働いて利益を生むべき機械なのだ。これが（米国的な）「株主資本主義」の根本となる考え方だ。

　現在の古典的経営論は、さすがにこんなに古色蒼然としてはいないが、その根本には、この機械論的組織論が厳然として存在している。

▶▶21世紀の「知識社会」には「元気になる戦略」を

　21世紀は、知識が付加価値を持つ「知識社会」になる。この知識社会の入口といえる、まさに現在を見てみよう。
　現代の成長著しい産業とは、金融工学を駆使するグローバルな金融業、インターネットなど技術革新に牽引された情報通信産業、映画やゲームなどのコンテンツ産業、病院や製薬などのヘルスケア産業、技術進歩のめざましい環境・新エネルギー産業、またデザイナーや弁護士・コンサルタントといった専門職（プロフェッショナル）などだ。
　これら産業の力の源泉は、資本金でも労働力でもない。個人や組織の持つ〝知〟の力だ。まさにこれら産業は、「知識社会」の申し子なのだ。

　工業社会で出現した産業も、その内実は知識社会化が進んでいる。
　たとえば自動車産業なら、20世紀の工業社会における覇者とは、生産規模で他社を圧倒する米国GM社だった。
　それに対して、21世紀に新たな主役として登場したトヨタは、優れて知識社会的な会社だ。トヨタの強さの本質は、現場の生む知恵を組織全体で生かす仕組み（カイゼン）や、隣同士の組織がお互いに情報交換しながら自律的・分散的に生産する仕組み（カンバン）にある。

　学問の世界でも、21世紀に入ってから〝知〟を扱う情報工学（IT）や、生物を扱う医学やバイオが大きく発展している。また、生物の世界に範を

Prologue 「元気になる戦略」とは何か

とった、複雑系・カオス・非線形物理学・ネットワーク理論といった学際領域が大きく進歩している。

こういった潮流に伴って出現してきたのが、この本で「元気になる戦略」として紹介する「**生命論的な戦略論・組織論**」だ。

生命論的な戦略論・組織論では、組織を冷たい機械としてではなく、自らの意思を持ち、外界の環境変化に適応し、新しい知を獲得・成長し、他者と豊かな生態系を作って繁栄する生物として捉える。

この新しい戦略論では、たとえばこんな考え方をする。

> 生命は、無理に型に嵌めると死んでしまう。組織も、無理に計画や統制で縛らずに、組織自身が自らの意思や個性を活かし、外部環境に柔軟に対応して生き延び繁栄する道を、自律的に見つけていくべきだ。
>
> 株主は、組織の所有者でなく、あくまで出資者、つまり自分を産んでくれた親にあたる。親と自分とは違う。親である株主の意見は尊重しても、最後に判断するのは株主でなく、組織自身であるべきだ。
>
> 生命体は成長・学習する。規模が大きくなるだけではない。経験を通じて知恵を付け、内面的にも成長する。自然に進化する。
> また、生命体は、他の個体や種と協力しながら、他の生物との関係の中で生態系を作っていく。会社も単体で動く機械ではなく、顧客や取引先（ステークホルダー）との関係の中で、お互い棲み分けて生存する。

本書で紹介する「元気になる戦略」も、こうした考えに基づく戦略論だ。

誤解がないように付け加えると、新しい戦略論は、古典的な戦略を否定するものではなく、古典的戦略論の知を取り入れつつ、新しい思想を取り込んで進化してきたものだ。古典的戦略論で開発されたツールも、使えるものは積極的に使っていく。

戦略とは山登り

▶▶ 戦略を山登りにたとえる

　故ピーター・ドラッカー博士は、日本でも大変人気のある、高名な経営学者だ。博士の数多くの著作は、いずれも深い洞察と先見性に満ちた、奥深い言葉にあふれている。

　そのドラッカー博士は、戦略を、「自社の現在の立ち位置、それをこの先どこへ持っていきたいか、そして、どうすればそこにたどり着けるかを理解すること」だ、と定義している。

　ドラッカー博士のこの定義を、「山登り」にたとえて理解してみよう。

　山登りをするとき、あなたは登るべき道筋を決め、出発地点から山頂に向かって、一歩一歩、足を進めていく。

　登っている間は辛い。体力の限界に突き当たるかもしれない。ときには足元が滑ったり、道に迷ったりする。天気が急に変わるかもしれないし、道の選び方で仲間とケンカするかもしれない。「もう止めよう」と投げ出しそうになったり、「何で山登りになんか来たんだ」と後悔することもあるだろう。

　しかし、山頂に着いたときの達成感・充実感はすばらしい。空気が澄み、下界とはまったく違った風景が広がる。山頂にたどり着けば、それまでの苦労や泣き言が、そして途中の対立さえもが、楽しい思い出になる。

　山頂に立つと、自分の成長も実感できる。次に同じような山に登るときには、もっと自信を持って臨めるだろう。初心者を教え導くこともできるかもしれない。

　ドラッカー博士の言葉を山登りに当てはめると、戦略とはまさに「現在

のキャンプ場の位置を確かめ、目指すべき山を決めて、登山ルートを決めること」となる。

ただし戦略には、山登りと違って、詳細な地図もガイドブックもない。これまでに同じ山に登った人もいない。戦略とは、麓（ふもと）からうっすらと見える山頂を目指して、頼りない情報を元に登る道を決め、一歩一歩を踏み出していくことなのだ。

もしもあなたが、今のキャンプ場に満足しきっているならば、また山を登るという苦労をしたくないならば、ずっとキャンプ場に居ればよい。山の高みを目指すことはない。

もしもあなたが、今の状態に満足しきっており、変化を望まないならば、または変革や挑戦といった面倒なことを避けて、変わらない毎日が安穏（あんのん）と過ぎていくことのみを望むならば、今まで同じことをずっとしていればよい。そんなあなたに、戦略はいらない。

戦略とは、変革の意思を固め、辛い道を歩んでいくことだからだ。

戦略とはビジョンに向かう行為

戦略
WHATを定義し実現する

目指すビジョン
（WHERE）

現地点

HOWをこなす日常業務

▶▶ ビジョン・戦略・戦術・経営計画

　戦略に関連する言葉には、①ビジョン、②戦略、③戦術、④経営計画といったものがある。全部、大くくりに「戦略」の仲間なのだが、少しずつ意味合いが違う。これも、山登りにたとえてイメージしてみよう。

　まず、①「ビジョン」とは目指す山頂だ。戦略を実行して達成する地平、戦略の目指す大目標だ。
　あなたはまだ山頂には到達していない。だから、わからないところも多い。でも、まずは目指す山頂を決めないと、登山ルートは決められない。
　戦略も同じだ。ビジョンをクリアに決めないと、戦略は決めようがない。だからこそ、まずは目指すビジョンを描くのだ。

　次に（狭義の）②「戦略」とは、山頂に到達するための登山ルートを決めることだ。
　山頂を目指すにも、以下のように、いろいろと選択肢がある。

> ルートA：最初は厳しい崖登りが続くが、あとは平坦な高原になる
> ルートB：だらだらとした坂道で、体は楽だが時間がかかる
> ルートC：頂上目指して直進するが、途中に大きな沢がある可能性も

　戦略とは、これら選択肢の中から、天候の変化予測とかチームの技量や体力とかを見極めながら、ベストなルートを選ぶ意思決定だ。

　次に、③「戦術」とは難所突破の工夫だ。
　先の例で、戦略として「ルートA」を選んだとしよう。
　最初に臨む険しい崖は、通常装備では登れないかもしれない。ロッククライミングが必要なら、どんな装備を用意するか、どんなトレーニングで体を鍛えるか、細かな登攀ルートをどう決めるかなど、いろいろ頭をめぐらせることは多い。このような現場レベルでの意思決定が「戦術」だ。

その後の平坦なコースは、ただ歩けばよい。そのときには戦術なしでも、ただ黙々と歩けばよいのだ。

そして、最後の④「経営計画」とは登山計画書のことだ。

戦略として「ルートA」を選んだ場合、1日目は崖を100メートル登り、慣れてきた2日目は150メートル、3日目は200メートル登る。高原にたどり着く4日目以後は、平地を横に毎日10km歩き、1週間後に山頂に到着する、といったものだ。

もちろんすべてが計画通りにいくわけはないが、計画書を作ることで、より山登り、つまり戦略実践のイメージが明確になる。

ビジョン・戦略・戦術・計画

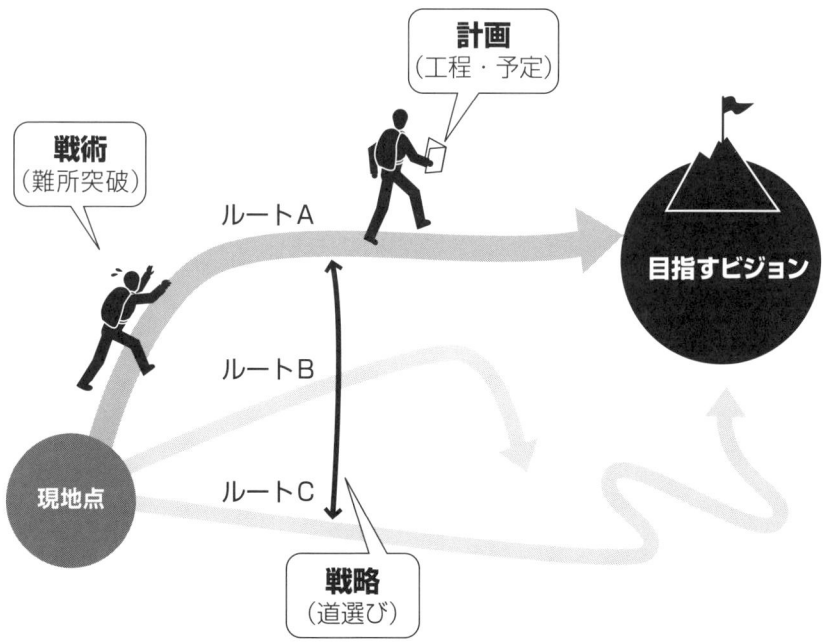

▶▶ ミッション：山に登る理由

さて、ここで質問だ。そもそも、あなたはなぜ山に登るのだろう？

山登りは苦行だ。しかし、それを上回る意義や喜びを感じるからこそ、山に登るのだ。

山に登る意義としては、たとえば、困難への挑戦による自己の成長、自然との触れ合いや一体感、仲間との連帯感、などがあるだろう。

これら山を目指す理由が、ミッションだ。日本語では**「使命」**や**「価値観」**といった言葉が当てはまる。

山登りにたとえると、ミッションとは進むべき方向を示す「北極星」のようなものだ。どんな道に迷ってもそれを見れば進むべき指針が明らかになる。ビジョンが目指す場所であるのに対して、ミッションは進むべき方向だ。

ミッションは、北極星のように仰ぎ見るものであると同時に、方位磁石（コンパス）のように、常に身につけることもできる。コンパスを見れば、自分が正しい方向に向かっているか判断できる。このように、ミッションを自分の心に秘め、自分自身の行動を律する指針とすることもできる。

6ページのミッションの例を思い出して欲しい。

ソニーやホンダは、今では日本を代表する大企業だ。しかし、50年ほど前の創業当時は、両社とも町工場に毛が生えた程度の、今でいうベンチャー企業だった。彼らは、自らのミッションを胸に抱き、製品に込め、使う人々を共感させ、世界に羽ばたいていったのだ。

▶▶ 石工の寓話

今までの説明を、別の角度からまとめてみよう。

ミッションは"Why"、つまり、「なぜこの会社が存在するのか？」「なぜこの仕事をするのか？」という根元的な価値を語るものだ。

Prologue 「元気になる戦略」とは何か

　ビジョンは"Where"、つまり、「この会社は将来どうなりたいのか？」という到達地点を語るものだ。
　また、**戦略**は"What"、つまり「この会社は何をするのか？」という具体的な内容を語るものだ。
　そして**戦術**は"How"、つまり「具体的にはどうするのか？」という方法論の詳細を語るものだ。

　有名な寓話を紹介しよう。

> 　石切場で２人の男が、重い石を運ぶ肉体労働をしていた。炎天下、汗だくだ。それを見た通行人が２人に、「何を考えながら、そんなつらい仕事をしているのか？」と聞いた。
> 　１人目の男は、こう答えた。「俺の仕事は石を運ぶことだ。つらい仕事が終わった後のビールが楽しみだ。出来高払いだから、量を運べるように効率的な仕事方法を考えているのさ」。
> 　２人目の男は別の答え方をした。「これは聖堂を建てる仕事だ。つらいが、神に奉仕したいと願う私には幸せな仕事だ。聖堂が建てば、教えのすばらしさを多くの人と分かち合うことができる。早く建つよういろいろ段取りを工夫しているのさ」

　１人目は、WhatとHow、つまり戦略と戦術に答えている。２人目は、WhyとWhere、つまりミッションとビジョンに答えている。
　２人の仕事は同じだ。２人とも、よりよい仕事をしようと工夫している。でも、後者は、より幸せに仕事をしている。仕事の見通し（ビジョン）と意義（ミッション）を、しっかりと認識しているからだ。
　この寓話から、ビジョンという先の展望、またミッションという仕事をする意義が見えると、つらい仕事も幸せな仕事になることがわかる。
　聖堂を建てるには、石を運ぶ重労働は必要だ。しかし、この辛い仕事に対する意味づけが違ってくるのだ。**仕事が楽になるのではなく、"意義あるもの"に変わるのだ。**

27

▶▶ ドラッカー博士の「5つの質問」

　ドラッカー博士は、経営戦略の作り方について次のようなことを述べている。

> 　経営にとって最も重要な5つの質問とは、われわれの①ミッションとは何か、われわれの②顧客は誰か、③顧客にとっての価値は何か、われわれにとっての④成果は何か、われわれの⑤計画は何か、である。（『経営者に贈る5つの質問』P.F.ドラッカー、上田惇生・訳、ダイヤモンド社。丸数字は筆者、文章も一部加工）

　この質問の中で、最初に答えるべきは、①のミッションだ。
　自分たちの存在意義や価値観を、経営陣が社員が、胸に手をあて自分自身に問いかけ、また顧客や取引先と対話しながら探求を深めていくのだ。そうすると、次第に自分たちが本当に大事にしたいと思っている価値観が見えてくる。6ページで説明した通りだ。

　そして、ドラッカー博士は以下のように続ける。

> 　①ミッションがあれば、②顧客がいるはずである。顧客を満足させるには、③顧客にとっての価値を知らなければならない。そのようにして、はじめて、④上げるべき成果も明らかになる。さらには、⑤計画を立てることもできるようになる。（同上。丸数字筆者）

　本書も、まさにドラッカー博士の②〜⑤の質問に答える形で、戦略を作っていく。本書の章立てに具体的に対応させると、以下のようになる。
　まずはStep1で、これら質問に答えるための前提として、どこに顧客がいそうか、また価値のもとになる強みはなにか、といったことを探索する。そして、②〜⑤の質問には以下のステップで答えていく。

②顧客とは誰か	Step2-1　ペルソナの設定
③顧客にとっての価値は何か	Step2-2　UVPの確認
④成果は何か	Step2-3　ビジョンの確認
⑤計画は何か	Step3-3　未来をプロットする

　このように、この本のステップを踏むと、ドラッカー博士の質問にクリアに答える経営戦略ができるのだ。

　またドラッカー博士は、以下のように述べている。

> 　企業は二つの、そして二つだけの基本的な機能を持つ。それが、**「マーケティング」**と**「イノベーション」**である。マーケティングとイノベーションだけが成果をもたらす。
> (『マネジメントー基本と原則』P.F. ドラッカー、上田惇生・訳、ダイヤモンド社)

　本書では、マーケティングについては、「Step3-2マーケティング戦略」のパートで議論する。

　イノベーションとは、新しい技術に限ったことではない。ドラッカー博士は、「イノベーションは、事業のあらゆる局面で行なわれる。設計、製品、マーケティングのイノベーションがある。価格や顧客サービスのイノベーションがある。マネジメントの組織や手法のイノベーションがある」と説明している。イノベーションとは、新しい価値、また既存のものを新しい価値や方法で提供することにある。ここは、「Step2-3　UVPを考える」と「Step3-3　未来をプロットする」のパートで議論する。

　このように、「元気になる戦略」ではドラッカー博士の質問と重点ポイントに答える形で経営戦略を作っていく。

Prologue ❷
3つのツボと3つのステップ

▶▶ 押さえておきたい3つの"ツボ"

「元気になる戦略」を作るとき、押さえるべき"ツボ"が3つある。どれも古典的な戦略の常識とは正反対だろう。でも、こっちのほうが会社は元気になるのだ。

ツボ1：すべきことを「しない」
ツボ2：正論を「言わない」
ツボ3：「素人」の手で作る

▶▶ 「元気になる戦略」を作る"3つのステップ"

元気になる戦略を作るステップを登山にたとえると、大きく分けて次の3つのステップを踏んでいく。

Step1：登る山を決める
Step2：山頂を描く
Step3：登る道を考える

古典的な戦略作りにはStep2が欠けている。山頂をイメージしないまま、山道を登ろうとするわけだ。それに対して、元気になる戦略の要がStep2だ。山頂に到達したときの達成感を抱いて、ワクワクしながら道を登るのだ。

元気のツボ❶
すべきことを「しない」

▶▶ 「すべきこと」全部は、どのみちできない

　あなたには"すべきこと"がたくさんある。

　報告書を今週中に書かなければならない、日報も1週間以上溜まっている。出張報告は明日中だ。部下のコーチングも期日切れだ。定例会議も今日は2つ入っている。部長からは"至急"のメールが3通も来ている。営業からの相談にも答えないと……。

　"すべきこと"を全部しようと、頑張っていないだろうか？
　頑張ることが美徳、と思っていないだろうか。

これは大きな間違いだ。

　個々に見て、「すべきか、すべきでないか？」と問われれば、すべて"すべきこと"かもしれない。日報も書かないよりは書いたほうがよいだろう。つまらない定例会議も、出席すれば何か得るところもあるだろう。
　しかし、現実にはどうだろう。これら"すべきこと"を全部しようとしたら、1日24時間では足りない。100時間あっても足りないだろう。
　数だけはこなそうと思って、中途半端に手を付けると、食い散らかした仕事が新しい問題を引き起こして、さらに始末に負えなくなる。

　もちろん、人生と同じく会社にも"修羅場"はある。製品開発や合併交渉の山場には、1週間や1か月の不眠不休が続くかもしれない。
　修羅場体験は、人と組織を成長させる大事な経験だ。今までの能力の限界を越えて、ストレッチした仕事に挑戦して、はじめて新しい能力が身に

つき、人も組織も伸びていく。

しかし、毎日が修羅場、毎日が限界への挑戦、ではいけないのだ。成長する前に、疲れ果ててしまう。

日常を回すだけで一杯いっぱいだと、本当に危機が来たときに、まったく対処できない。それが危機かどうかを判断する余裕さえなくしてしまう。

そして、毎日が修羅場だと、だんだんとあなたは疲弊し、組織も瓦解していく。気づいたときには、家庭も健康も失っている。

部下に対して「全部頑張れ！」「死ぬ気で頑張れ」というのは実に簡単だ。言っている経営者や上司自身は、突撃隊長にでもなった気分で自己陶酔できる。

> でもこれは、何も考えてない証拠だ。

"すべきこと"を全部しようと死ぬ気で頑張っても、どのみちできない。できないとわかっているのを、やらせてはいけないのだ。

死ぬ気で頑張らなくてもよい仕組みを作ることこそが、経営者や上司の仕事だ。

▶▶ 「20％の仕事」に集中せよ

「20：80の法則」というのを聞いたことがあるだろう。

本質的な「20％の仕事」をすれば、80％の成果が達成できる。しかし、残りの「80％の仕事」からは20％の成果しか達成できないという経験知だ。

どうせ、"すべきこと"全部、つまり100％の仕事などできない。

「20％の仕事」に取り組むだけでも大変だ。それならば、「20％の仕事」にのみ集中して、80％の成果を確実に出そう。

仮にそれで時間が余っても、すでに80％の成果は出しているのだ。効率の悪い仕事まで手を出すことはない。もしも時間が余ったら、それはハッ

ピーなことではないか。

では何が「20%の仕事」だろう。

下のマトリックスを見てみよう。縦軸に仕事の「重要度」、横軸に仕事の「緊急度」を置いている。ここで緊急度が高いとは、締め切りや日程が間近にある仕事だ。

▶象限①「重要×緊急」の仕事

たとえば、重要顧客に対する納品、重大な障害やトラブルの発生だ。最優先で対応すべきことは明らかだ。ただし、これらは基本的には非常事態だ。この象限の仕事が主になってはいけない。

▶象限②「重要×非緊急」の仕事

今日明日に必須なものではないが、中長期的には重要な仕事だ。事業戦略やマーケティング方針の策定など「進む方向を決める」仕事、業務プロ

「重要×非緊急」 象限に集中する

	緊急	非緊急
重要	**象限①** **何がなんでも着手** ●重要納期への対応 ●突発事態への対応 ●重要なクレーム対応	**象限②** **長期的な基盤構築** ●長期ビジョンおよび戦略の策定 ●新しい仕組みの設計と構築 ●社員との、建設的なコミュニケーション ●重要顧客との、建設的な関係構築
非重要	**象限③** **義務but無価値仕事** ●(ほとんどの)社内管理・手続き書類の作成 ●(ほとんどの)定例的な会議・報告 ●モグラ叩き的なトラブル対応	**象限④** **暇つぶし・ストレス発散** ●部下に対する(無意味な)説教 ●非重要顧客や商品のフォロー ●仕事時間中のネットサーフィン ●社内のうわさ話や愚痴

(出所)『7つの習慣』スティーブン・コビー(キングベアー出版)を参考に一部筆者作成

セス革新やIT構築など「仕組みを作る仕事」、新規技術開発など「次世代を作る仕事」、また社員の能力開発や相互理解促進など「人を育てる仕事」が当てはまる。

▶象限③「非重要×緊急」の仕事

たとえば、定例会議への出席、本社への各種報告書の作成、出張旅費精算などが当てはまる。担当部門によっては「これこそが重要だ」という主張もあろうが、これで会社の業績がどうなるわけでもないだろう。

▶象限④「非重要×非緊急」の領域

たとえば、移動時間や開始の遅れた会議を待っている時間であったり、会社でグーグルマップやヤフーニュースを見ていたり、上司が帰るまで遠慮して無意味に会社にいる時間だ。この領域は優先順位が一番低いというか、少なければ少ないほどよい。

「20%の仕事」とは、象限②「重要×非緊急」の仕事だ。
象限②の仕事を通じて戦略を明確にし、仕事の仕組みを整え、社員を育てると、会社の業績がよくなると同時に、障害やトラブル対策という象限①の仕事も減っていく。

それに対して、「80%の仕事」は、象限③「非重要×緊急」の仕事だ。
象限③の仕事は、アイデアや創造性を必要としない定型業務や、自分でイニシアチブを取れない「追われる仕事」が多い。重要性を感じない、エネルギーの出ない疲れる仕事だ。そうなると、どうしても象限④に逃避して骨休めしたくなる。
そして、象限③の目先の仕事に埋没すると、象限②の仕事に使える時間が減り、象限①のトラブルも増えてくる。

この象限別の仕事時間の割合を、業績がよい会社と普通の会社について調べた数字がある。ちょっと丸めていうと、

象限①：象限②：象限③の比率は、以下のようになる。

業績のよい会社	1：4：1	
普通の会社	1：1：4	

業績のよい会社は象限②が主な仕事なのに対し、普通の会社は象限③の仕事で忙しい。

戦略を考えるのは象限②の仕事だ。
「忙しいから戦略を作る余裕なんかない」という人も多いが、本当は違う。「戦略がないから、忙しいのに成果が出ない」のだ。

ちなみに、同じ仕事でも会社によって象限が違うこともある。伊州屋なら、「職場（売り場）をキレイに片付ける」のは象限①だ。でも、ツボタなら象限③だろう。
　また、似た仕事でも、象限が異なるものもある。
　たとえば、いつも故障するラインをその都度修理する作業は象限③だが、故障の原因を突き止め改善するのは象限②だ。
　コンプライアンス関連の些末な書類作成は象限③の見本だが、コンプライアンスの重要性を理解・浸透させるのは象限②の仕事だ。

▶▶モグラを叩いても山には登れない

こういう話をすると、「でも〝80％の仕事〟もやるべき仕事でしょう？本当に放置していてよいのですか？」と心配になる人もいる。
　そんな人は次ページの図を見てほしい。

組織にはモグラが住んでいる。地面を見渡せば、モグラ穴という問題は無数にある。1つの問題を解決しても、モグラが穴から顔を出すように、新しい問題が続々と生まれてくる。

> もぐら叩きの毎日

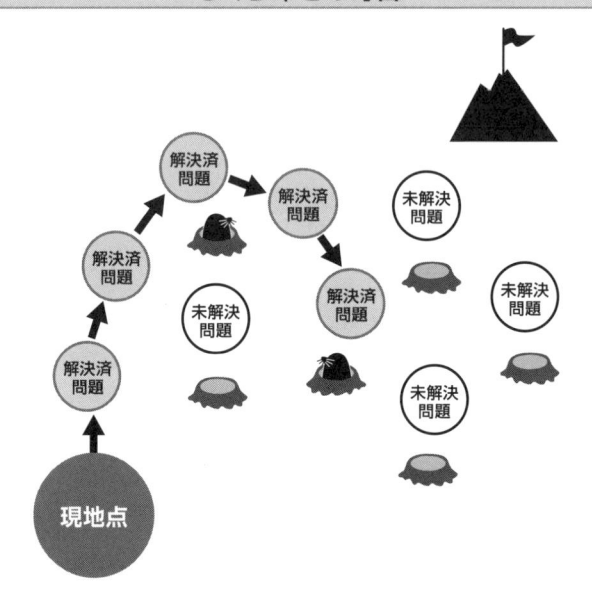

 このモグラ叩き、実は結構楽しいのだ。モグラを叩くたびに、「仕事をした!」という達成感が得られる。毎日いくら時間があっても足りない。忙しくて充実した日々が送れるだろう。
 しかし、この人は山には登っていない。同じ地面で、忙しそうに動き回っているだけだ。これでは、いつまでたっても山には登れない。
 戦略とは山に登ることだ。
 山に登る途中に大きなモグラ穴があれば、埋めなければいけない。大きなモグラが邪魔してくれば、追い払う必要もあるだろう。
 しかし、道から30メートル離れたところでモグラが顔を覗かせたとしても、山に登るには問題ない。そこまで戻って叩いていては、いつまでたっても山頂にはたどり着けない。そんなモグラは放置して、とにかく山に登りはじめよう。
 そして山に100メートルも登ると、どうだろう。さっき気になったモグラの穴は、すでに見えなくなっている。さらに、1000メートルも登ると、

ビジョンに向かって突き進む

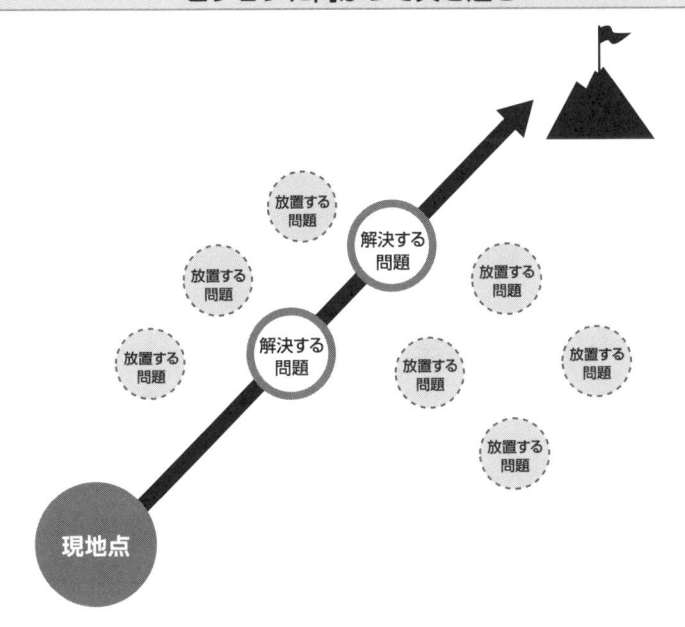

［図：現地点から山頂（ビジョン）へ向かう矢印の上に「解決する問題」、周囲に「放置する問題」が配置された図］

昔のモグラのことなど誰も覚えていないはずだ。

今の地点にとどまる限り、同じモグラがいくらでもわき出てくる。しかし、山に登りはじめると、組織の状態（ステージ）が変わる。新たな挑戦課題は出てくるだろうが、今までと同じモグラは出てこなくなるのだ。

だから、あまりモグラは気にせずに、とにかく山を登りはじめよう。

▶▶▶ 戦略とは「80％の仕事」を捨てること

戦略とは、第2象限の「20％の仕事」を見極め、それに集中することだ。
「80％の仕事」を引きずったままでは「20％の仕事」はできない。まずは「80％の仕事」を捨てる決断をしなくてはいけない。

現実の場面を考えてみよう。象限②の中長期の人材育成を議論する時間を入れていても、月次報告のまとめが忙しくなると、欠席者だらけになる。

社長から象限③の仕事について「これはどうなってるんだ？」と聞かれて、「いえ、重要ではないから、やりません」と言える人は少ない。「申し訳ございません！　早速着手します！」と答えるだろう。
　こうして「20%の仕事」に取り組めないまま、月日だけが過ぎる。
　その根本的な原因は、「一生懸命すべてをこなすのが美徳だ」と勘違いしていることにある。
　これは間違っている。**すべてをこなせないからこそ、戦略が必要なのだ。**

　ある銀行での話を紹介しよう。
　昔の銀行員はとにかく忙しかった。朝7時に出勤して、深夜残業は当たり前。行員はみな、休日も自宅にデータを持ち帰って仕事していた。
　そんな激務を解消しようと、業務効率化プロジェクトが立ち上がった。そこで、行員の毎日の仕事内容を追ってみると、残業の大半は本部の指示による内部管理用の書類作成だった。ではその書類を誰がどのように使っているかと追跡調査をしたところ、その半分以上は、指示した当人もすっかり忘れたまま、誰も見ることなく、そのまま処分されていたのだ。
　しかし、プロジェクトの報告を受けた銀行は、これらの無駄な仕事を捨てる決断ができなかった。「今までやっていたから」というだけの理由で、無駄な書類を作り続けたのだ。
　ところが、2005年頃から、カラ残業規制にともない深夜残業が禁止され、情報漏洩防止のためPCの持ち帰り仕事もできなくなった。
　そうなると、行員達は「できないから、できません」という明快な理由で、これらの書類を作るのをやめた。
　で、どうなったか？　何も変わらなかった？
　いや、仕事が楽になって、行員がハッピーになった。

　しかし、こういった象限③の仕事を減らすのは難しい。なぜなら、仕事を減らすこと自体が、とても不安だからだ。
　でも、無駄な仕事は不安を解消する以外、誰の役にもたたない。
　象限③の仕事は、「断固として」減らすべきなのだ。

Prologue 「元気になる戦略」とは何か

ちなみにドラッカー博士も、この仕事の優先順位について以下の言葉を述べている。ぜひとも参考にしてほしい。

> 組織に働く者は、成果には何も寄与しないが無視することはできないという種類の仕事に時間をとられる。膨大な時間が、当然に見えながら、実はほとんど役に立たない仕事、あるいはまったく役に立たない仕事に費やされる。
>
> 成果をあげる者は仕事からスタートしない。時間からスタートする。計画からもスタートしない。まず何に時間がとられているかを知ることからスタートする。次に時間を奪おうとする非生産的な要求を退ける。そして、得られた自由な時間を大きくまとめる。
>
> あなたの仕事に貢献せず、ただ時間を浪費させるようなことを何かしていないかと、定期的に聞けばよい。答えを恐れることなく、こう質問できることが成果をあげる者の条件である。
> (『経営者の条件』P.F. ドラッカー、ダイヤモンド社)

元気のツボ❷
正論を「言わない」

▶▶ 正論という "寝言"

　戦略というと、途端に"美しい言葉"を使いたくなりがちだ。
　あなたの会社の戦略にも、「組織の総合力の発揮」とか「原価低減目標の必達」といった"美しい言葉"があふれていないだろうか。
　間違ってはいない。正論だ。
　しかし、「総合力の発揮」と中期経営計画の資料に1行書いただけで、とたんにビジョンが共有され、組織が相互に連携を始める、などというわけがない。
　こんな「正論」は、布団の中でモゴモゴ言う"寝言"と変わりない。

　戦略とは、生身の組織と人間を動かすものだ。
　なぜそれをしなければならないのか（Why）、何をするのか（What）、誰が責任者となるのか（Who）、いつまでにやるのか（When）、具体的に

寝言戦略

○○○の推進！
○○○の達成！
○○○の活性化！
○○○の強化！
○○○の充実！

どのように進めるのか（How）といったポイントを、しっかりと説明できなければ、人を動かすことなどできるはずがない。

▶▶昔は"寝言"を言っても許された

しかし、戦略というと、なぜか寝言を言いがちだ。

なぜなら昔は、たとえ寝言でも正論を言うこと自体に大きな価値があったからだ。だから今でも、「戦略とは寝言でよい」と、本気で思っているのだ。

ひと昔前の戦略の本には、よく「**空・雨・傘**」という言葉が出てくる。

「空」は調査だ。空を見上げて、「だんだん雲が出てきているな」といった事実を、詳しく調べるのだ。

「雨」は分析だ。雲が出てきたという事実を分析して、明日は「雨が降るだろう」と賢く分析するのだ。

最後の「傘」が提言だ。「明日は雨の可能性が高いから傘を持っていくべき」と鋭い提言をするわけだ。

この「空」と「雨」を経て「傘」を言うことこそが、戦略だったのだ。

この「空・雨・傘」は、つい最近までは、大きな価値のある作業だった。

1990年頃の世界を思い出してみよう。携帯電話はなかった。インターネットもなかった。PCや電子メールも、大企業でもほとんど普及していなかった。仮にPCがあっても部門に1台。ハードディスクは贅沢品で、通信は今の1万分の1以下のスピードの電話回線を使っていた。

そのころ、調査すべき「空」は遠かった。

統計や事例のデータとは、電車で都心の図書館に赴いて、書籍や雑誌、また政府の統計資料を机の上に山のように積み上げ、そこで丸一日読み込んではじめて発掘できるものだった。上場企業の有価証券報告書も、いちいち大蔵省印刷局まで買いに行かなければならなかった。海外調査の報告書など後生大事にコピーしたものだ。

「雨」の分析も大仕事だった。

統計データを図書館で1枚1枚コピーし、その紙からデータを1つひとつ手書きの一覧表に移し、1マスごとに電卓で計算し検算する。それを1点1点、方眼紙の上にプロットして、はじめて1枚のグラフができた。

社内データの分析も、システム部門に頼み込んで、大型計算機の上に新しいプログラムを作ってもらう、1か月待ちが普通の作業だった。

そのような地道な苦労を積み重ね、ようやく数か月後に得られる「傘」の提言は、神託に等しかった。

経営学の用語を散りばめられつつロジカルに構成された提言が、白黒の美しいグラフとともに仰々(ぎょうぎょう)しくバインダーに納められた報告書は、それだけでも神々しかったのだ。

その提言の内容は、今から振り返ると寝言だったかもしれない。しかし、その寝言はありがたみのあるものだった。

▶▶ 今は「紙」にこそ価値がある

では、20世紀と21世紀の境を経て、世界はどう変わっただろう。

「空」はとても身近になった。ネットで検索をかければ、その場で瞬時に世界中の情報が集まる。過去の新聞や雑誌記事も、データベースで全部集めることができる。海外の情報も豊富だ。本も資料も検索して簡単に取

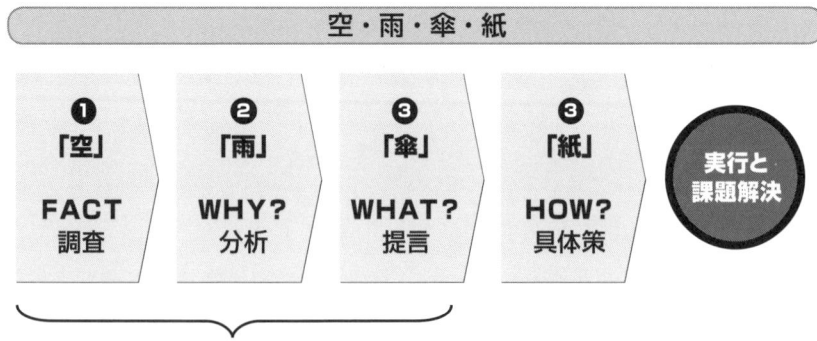

空・雨・傘・紙

❶「空」	❷「雨」	❸「傘」	❸「紙」	実行と課題解決
FACT 調査	WHY? 分析	WHAT? 提言	HOW? 具体策	

たしかに昔は価値があったが……

り寄せられる。有価証券報告書もすべての上場企業がネットに電子データを掲載している。識者にもネットで検索して電子メールで連絡を取れば、すぐにアクセスできる。

「雨」の予測も容易になった。昔なら1週間かかった作業も、今ならエクセルで1時間以内に終了することだってできる。

「傘」の神々しさも消え失せた。今なら簡単な戦略フレームワークなど、新入社員でも知っている。パワーポイントで仕上げた美しいプレゼン資料も、誰でも作れるようになった。

「空・雨・傘」といった、従来の戦略検討のアウトプットの価値が消滅してきているのだ。

その一方で、戦略を実現するための具体的な提言やアイデアが、より求められるようになってきている。

それが「**紙**」だ。

「傘を持っていけ」といわれても、家を出るときに晴れていたら忘れてしまう。だから、"傘を持っていくこと、折り畳み傘ではなく大きな傘"と、玄関にポストイットのメモの紙を貼り、傘を出しておくわけだ。

「空・雨・傘・紙」 伊州屋の事例

この「空・雨・傘・紙」の流れを、伊藤君の勤務する食品スーパー、伊州屋を例にとって見てみよう。

「空」の調査では、まずは顧客に話を聞くのがよいだろう。ネットや雑誌を漁ったり、小売業のコンサルタントに話を聞いたり、業界団体に出向いて業界の平均ベンチマークデータなどを確認するのもよい。また、販売POSデータや、過去の販売施策を棚卸することも有効だ。

「雨」の分析を経て、たとえば「伊州屋は、店頭でのプロモーションについて、まだまだ努力できる余地がある」と、わかったとしよう。

それを受けて、「傘」では、「店頭プロモーションを強化すべき」という

提言が導かれる。

　しかし、この「店頭プロモーションを強化すべき」という提言は、これだけだったらまだまだ"寝言"だ。
　販売現場のスタッフだって、そんなことは、うすうすわかっている。「今までも自分たちなりに頑張ってきた」という自負もあるだろう。さらにどうやって強化すべきなのか、わからないから悩んでいるのだ。
　それを今さら「強化すべき」とか正論を言われても、困ってしまう。

　提言を具体化するためには、伊州屋の場合には、たとえばこんな「紙」を考えてみたい。

---

①企画の商品を目当てにくる顧客が多いが、どうも売り場の掲示がよくわからないことが多いようだ。企画商品への道案内の目印を作ってはどうだろう。タイムサービスとかも、個別の売り場で宣伝するだけでなくて、館内放送できちんとアピールしよう。

②有機野菜や買物かご持参の割引は、他のスーパーに先駆けて導入した。そんな地道な取り組みをきちんとまとめたパンフをレジで顧客に渡そう。それも、担当者が写真を出して、生の言葉で語りかけるものにしよう。

③お総菜は、相当改善して自信を持っている。他のスーパーに比べて、いい素材を使っているし、安全面や健康面にも配慮している。今までとどこを変えたのか、きちんと店頭でアピールするPOPを掲示しよう。冷めても美味しい食べ方を含めて、パンフの中でも説明していこう。

　こういった「紙」がすべてうまくいくかはわからない。
　でも、ここまで具体的な行動をイメージできれば、販売スタッフも動く

ことができるし、さらによいアイデアを加えることができる。もしやってみて駄目でも、改善してよりよくすることができる。

「紙」を作るのは、大変な仕事だ。でも、紙を作らないと、それまでの作業はすべて〝寝言〟に終わる。ぜひともやり抜こう。

> 戦略の「紙」は細部に宿るのだ。

元気のツボ❸
戦略は「素人」の手で作る

▶▶ 自分で作る戦略だけが動く

「戦略作りは難しい。自分たち素人にはできない。できれば専門家にお願いすべきだ」と思っていないだろうか。

実際に高額のお金を払って、コンサルティング会社に戦略作りを発注する会社も多い。そこでできてくる戦略は素晴らしい。調査はバッチリ、理論は明晰、豪華なファイルも格好よい。

しかし、その素晴らしい戦略も、いざ現場で実行しようとすると、途端に動かなくなってしまうことが少なくない。

戦略を考えるのは、頭の中の作業だ。しかし、その実行は、泥臭い茨の道を進む仕事だ。携わる人全員が「それでも何とか実現する」という思い入れを持っていなければ、到底やりきれるものではない。

ところが、戦略を作るのは〝頭のよい〟企画部門（やコンサルティング会社）の仕事、現場は〝言われた通りに実行する手足〟となってしまいがちだ。

どんなに企画部門が誠実に議論しても、現場の事情すべてを踏まえることはできない。そうすると、結論だけ指示される現場は、「論理的にはそうだけど、何か納得できない」と感じてしまう。その戦略自体も、現場の実情を反映しきれない以上、計画通りには動かない。

企画部門は、「これだけ説明しても現場は動かない。無能な連中だ」と思いはじめる。一方の現場は、「上から使えない戦略を押しつけやがって」と不満を持つ。こうして、悪循環が始まる。

企画部門は、戦略がうまく動かなかったときに、「自分たちの作った戦

略は素晴らしかった。実行できなかったのは現場が悪い」とか言いわけしがちだ。しかし本来なら、実現できない戦略を自分勝手に作ってしまったことを、痛切に反省すべきだ。

▶▶ 自分の手で"魂の入った"戦略を作ろう

　企画部門が作る戦略に、文句を言っても仕方ない。ならば、自分たちで戦略を作ろう。
　自分たち現場の悩みも踏まえつつ、目指すべき山頂も高らかに謳(うた)う、そんな戦略を作ろう。作業の手際(てぎわ)がたとえ悪くても、自分たちで1つひとつ納得しながら作り上げた戦略には、やはり愛着が持てる。
　自分たちの作った戦略なら、仮にちょっとくらい外しても、自分たちで改善していく気になる。書類の見栄えは今ひとつかもしれないが、上や外から降ってくる戦略よりも、自分たちで作る"魂の入った"戦略のほうが、最後にはずっと大きな成果をあげる。

　自分たちで戦略を作る場を「ワークショップ」という。日本語なら「工房」だ。まさに工房で家具を作るように、自分たちの戦略を、ギーギーと鋸(のこぎり)で切ったり、トンテンカンと金槌(かなづち)で叩いたりする感じで、手作りしていくのだ。

　外から買ってくる家具は美しい。高名な素晴らしい家具職人もいる。でも、買ったあとにどうも使い心地が悪くても、故障しても、直し方がわからない。そうなると、またお金を払って修理してもらうか、新しい家具を買うしかない。それに、いつまでたっても、自分たちで家具を作れるようにはならない。
　それに対して、自分の手で作った家具は、たとえ見栄えは悪くても、痒(かゆ)い所に手が届く。最初の使い心地が悪くても、具合の悪いところを直したり、新しいアイデアを盛り込んだりと、使いながら自分の手で直していける。

この「家具」という単語は、そのまま「戦略」という単語に置き換えることができる。

戦略作りの秘訣 「フレーム」と「仮説」

ところが、「ワークショップはこりごりだ」という人も、少なからず居るのも事実だ。

関連する部門を集めたのはよいが、部門代表が今までの主張を繰り返すだけで、対立がさらに深まるばかりだった。また、いろいろなアイデアを募ろうとしても、みな黙って誰も発言しなかったり、逆にアイデアはたくさん出たものの、散らかしっぱなしで結局まとまらなかったという苦い経験を持つ人も多いだろう。

ワークショップを進め、うまく戦略を作る秘訣はないのだろうか？

その秘訣が「**フレームワーク**」と「**仮説**」だ。

フレームワークとは情報を整理するための枠組み、仮説とは新しい戦略を作り出していくための方法だ。家具作りでいえば、鋸や金槌に相当する基本的な道具だ。

使う順番も重要だ。家具を作るには、まずは部材をノコギリで切り出し、次に金槌で打ちつける。逆の手順ではうまくいかない。同じように、戦略を作るとき、コンサルタントというプロは、この2つの道具を順番に使いこなして戦略を作っていくのだ。

戦略を作るのに、難しい経営学の知識も細かな業務知識もいらない。戦略を作る道具とそれを使う手順さえ知っていれば、戦略は作れるのだ。

> この本では、どのステップでどの道具を使えばよいか、「プロの道具とプロの技」を丁寧に解説する。

▶▶ 戦略を作り、語れ、動かせる人材を育てる

　戦略の作り方を身につけると、現場部門こそが、現実に即した地に足のついた品質の高い戦略を作り上げることができる。
　自分たちで作り上げた戦略には「愛着」も生まれる。

　それに、戦略を作るスキルは会社として持つべき最も重要なスキルの1つだ。部門単位で質のよい戦略が作られ、実行されれば会社はどんどん強くなる。戦略を語るフレームワークが社内の「**共通言語**」となれば、部門間のコミュニケーションもずっとスムーズになる。みんなが仮説を作るようになれば、新しいアイデアがどんどん生まれてくる。
　その中で本社スタッフは、現場が合理的な判断をするのに必要な材料を集め、必要なスキルを育てるプログラムを提供する、また要請に応じてワークショップを導くコーチを派遣する役割を果たしていくべきだろう。

　外部が作った戦略を上から押しつけて「責任を持て、自律しろ」というのは無理だ。しかし、自分たちが作った戦略なら、工夫してなんとか動かそうとする。工夫して成果が出ると、さらに嬉しくなる。こうして現場の「**責任と自律**」がどんどん強くなっていく。
　このような循環が回りはじめると、それぞれの現場が、そして会社全体が、だんだんと元気になっていくのだ。

3つのステップで戦略を作る

▶▶ 戦略を作るステップを知ろう

　戦略を作る手順は、大きく3つのステップに分けられる。
　最初のStep1では、「登る山を決める」。新規顧客開拓の話をするのか、生産性向上の話をするのか、ここで基本的な方向を決める。
　次のStep2では、「山頂を描く」。顧客にどんな商品やサービスといった価値を提供するのか、どのくらいの売上を目指し、どんな組織で仕事をしたいか、目指すビジョンをクリアに描く。
　最後のStep3では、「登る道を考える」。ビジョンの実現に向けて、どんなビジネスモデルを作り、どうマーケティングを展開するか、どんな工程で進めるかといった詳細を具体的につめ、〝登山計画書〟に相当する「事業計画」を作っていく。

戦略作りの3つのステップ

ステップ1	ステップ2	ステップ3	アクション	
登る山を決める	山頂を描く	登る道を考える	山に登る	ビジョンの実現
目指す方向の設定	ビジョンのデザイン	戦略仮説と計画の作成	戦略を実行しビジョンに到達する	

　古典的な戦略にはなかった「元気になる戦略」の特徴はStep2にある。元気になる戦略では、ビジョンを描き共有することで、組織が自律的に動くようになるのだ。

では、それぞれのステップの検討に、どのくらい時間をかけるべきだろうか。

これも、山登りを考えれば明快だ。あなたなら、登山計画書を作ることと実際の山登り、どちらにエネルギーを使うだろうか。

当然、山に登るほうだ。いくら登山計画書をこねくり回しても、頂上にはたどりつけない。一歩一歩、山に登っていくことに、9割以上の時間とエネルギーを使うべきだ。

ビジネスも同じだ。時間とエネルギーは以下の配分にすべきだ。

ステップ1に1%　　　　　つまり年にせいぜい2~3日
ステップ2と3は合計で9%　合計1か月程度
アクションに90%　　　　 ほとんどの時間

時間配分

2~3日　2週間　2週間　　　全体の9割以上！

❶ 登る山を決める
❷ 山頂を描く
❸ 登る道を考える

アクション　山に登る

ビジョンの実現

サクッと済ませる　　本業に力を入れる

戦略とは山に登ること、それ自体のことだ。Step1からStep3までの登山計画書作りが目的になってしまっては本末転倒だ。

それでは次に、Step1からStep3までの、押さえどころを見てみよう。

▶▶ Step1 登る山を決める

登る山が決まらないと、登りようがない。最初のStep1で、まずは登る山を決めよう。

登る山を決めるときには、たとえば本格的な山を目指すか、手軽なハイキングにするかといった目的感を決める。そして手軽なハイキング（かつ東京圏）なら、高尾山か箱根かといった方向感を決めるということだ。最初の段階で大枠の意思決定をするのだ。

小坪君の勤めるツボタなら、Step1でたとえば次のような論点について進むべき方向を決めていく。

ターゲット顧客
　海外新興国マーケットを開拓するか、国内でのシェアを拡大するかの選択。

成長の方向性
　既存の営業部隊の強みを活かしてさらに既存顧客を深掘りする密着営業をして、新たな付加価値を提案するか、もしくは個人向けの市場にも本格的に参入するかの選択。

事業の選択
　リスクの高い新技術の開発に本格的に取り組むか、もしくは収益力重視で既存技術の改善を図るかの選択。

登る山を決めるために使うのがフレームワークだ。
　フレームワークは、①立場、②時間、③関係性といった大きな軸で、全体の議論を構造化する。
　つまり、①立場の軸では今までの部門代表的な立場を離れ、1段も2段も上の経営全体を見る視点に立つことができる。
　②時間の軸では、現在の足下の問題から離れ、未来の時間軸からビジョ

ンを語る視点に移る。

そして③関係性の軸では、自社の都合ばかりでなく市場や顧客から客観的に判断する視点に立つことができる。

だから、フレームワークを使うと些末な議論に囚(とら)われずに、問題を大胆に切り分け、進む方向を見つけることができるのだ。

ワークショップの中で、フレームワークを順番に当てはめていくと、スムーズに戦略の方向性を決めることができる。

Step1：登る山を決める

ステップ1 「登る山を決める」

- 現地点
  - NG → 国内ニッチ市場に特化
  - GO! → BRICs市場開拓
  - NG → 新商品による顧客深耕
  - NG → 高級化路線への転換

ステップ2「山頂を描く」
ステップ3「登る道を考える」
アクション「山に登る」

▶▶▶ Step2 山頂を描く

登る山を決めたら、次は大目標である山頂に到達した姿を描く。

たとえば富士山なら、標高3776mという日本最高峰に到達したことで、大きな達成感と自信が得られるだろう。それに下界にない雄大な景色と澄んだ空を体験できる。また、高尾山なら、「標高599m到達」が大目標ではなく、むしろ「登った仲間との懇親を深める。とくに、気になっていた高尾さんと親しくなる」とかが目標になるだろう。

このように、自分がどのように成長し、どんな状態になっているかを、「ビジョン」として描いていく。

ビジョンとは、ミッションを実現するために、自分がどのような存在に「進化」しているかという視点で描くものだ。

数字的な目標は、ビジョンをクリアにするために付随するが、数値目標ありきではビジョンとはいえない。単に「売上20%増加」といったつまらない数値目標は、ビジョンからほど遠い。

瀕死の日産を甦らせたカルロス・ゴーン社長はこう語った。

> ビジョンは退屈ではだめだ。船を建造するとは、人を集め、木材を用意し、人に個々の作業を割り当てることではなく、大海原を目指すという目的を与えることだ。

まさに、日産はゴーン氏のビジョンとともに、大海原に漕ぎだし、再生したのだ。

このビジョンの核になるのが「**独自の提供価値（UVP**＝Unique Value Proposition）」だ。「独自の提供価値（ＵＶＰ）」という言葉の代わりに、「**独自の売り文句**（ＵＳＰ＝Unique Selling Proposition）」、または「**顧客への提供価値**（ＣＶＰ＝Customer Value Proposition）」という言葉を使う場合もある。

Prologue 「元気になる戦略」とは何か

この独自の提供価値（UVP）が明確になると戦略全体が見えてくる。

「自分たちのUVPなんてわかっている」と思うかもしれないが、そうでもない。業績のよくない会社は、自分たちのUVPを勘違いしているか、そもそも見えてもいないことがほとんどだ。UVPを定めないからちぐはぐな戦略をとり、顧客に間違ったUVPを伝えるから売れないのだ。

UVPは顧客起点で作る。そのUVPに基づいて戦略を作っていく。

この順番を逆さにすると、うまくいかない。表面の数字は合っているが、肝心な顧客にはまったくアピールしない戦略を作るばかりだ。

しかし現実には、ほとんどの会社は、間違った順番で戦略を作っている。来年の予算や売上目標ありきで戦略を作ろうとする。こんな方法で作る戦略が機能するはずがない。

だからこそ、まずはUVPを考え、ビジョンを描くのだ。

Step2：山頂を描く

ステップ2 「山頂を描く」

ステップ1 「登る山を決める」

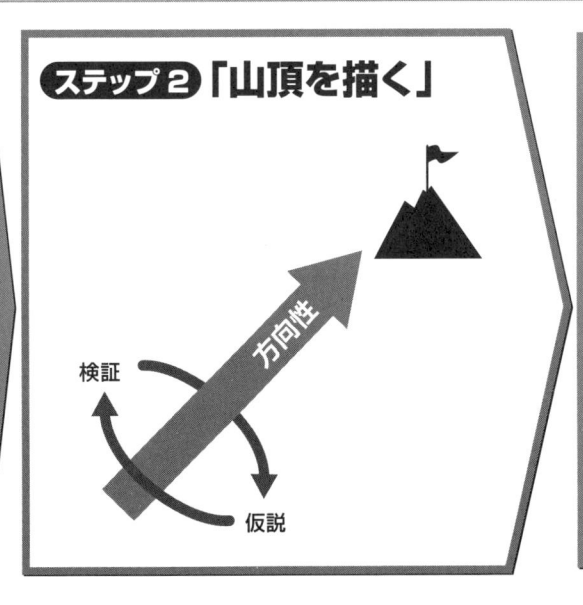

ステップ3 「登る道を考える」

アクション 「山に登る」

方向性

検証

仮説

55

▶▶ Step3 登る道を考える

　Step3では、登山ルートに従って山頂を目指す登山計画書を作る。今の装備や体力では越えられない難所があるようなら、必要な装備をそろえ、体や技量を鍛える訓練も計画に組み入れる。

　個別の戦略については、たとえば、生産原価低減であったり、新規顧客開拓であったり、資金調達であったり、営業効率向上であったり、いろいろな対策を検討する必要が出てくるだろう。このような、個別の具体策については、ほかにも詳しく教えてくれる本がある。

　この本では、どんな会社にも必要となる、「**マーケティング**」と「**ビジネスモデル**」の検討のしかた、そしてアウトプットとなる「**事業計画書**」の作り方をお教えする。

Step3：登る道を考える

ステップ❸「登る道を考える」

ステップ1「登る山を決める」　ステップ2「山頂を描く」　検証　仮説　現地点　アクション「山に登る」

56

Action 山に登る

登山計画書ができれば、あとは実際に山に登るばかりだ。

実際に山に登りはじめると、計画通りにいかないことばかりだ。

山の天気は変わりやすい。あるはずの吊り橋が流されていたり、分岐で思い切り迷うこともあるだろう。でも、悪いことばかりではない。道の脇に綺麗な花畑があったら、予定を変えてランチタイムにするのもよい。

いくら詳細に登山計画書を作っても、そんな細部までは計画できない。ある程度のリスクは想定して、たとえば雨具ぐらいは荷物に積み込んで、あとは山に登りながら対処していくしかない。

ビジネスも同じだ。いくら綿密に計画を立てても、やってみないとわからないことは多い。知恵を出し切ってある程度の確度の戦略を作ったら、あとは実際にビジネスを動かしていこう。

Action：山に登る

アクション 「山に登る」

ステップ1「登る山を決める」
ステップ2「山頂を描く」
ステップ3「登る道を考える」

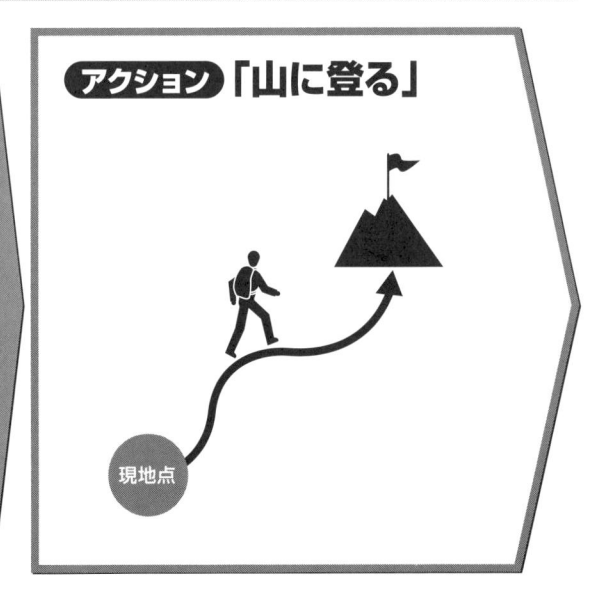

現地点

ステップ全体の見取り図

戦略作りの「3ステップ」+「アクション」の概要がわかったところで、戦略を作るためのステップ全体の見取り図を下に示した。

このステップと、その中にあるサブステップを順に進めていくと、あなたの会社の戦略ができあがる。

ただし、戦略の検討には、直線的には進まない面がある。下図の曲線の矢印で示す"**行きつ戻りつ**"がつきものだ。

これは、しかたない。戦略とは悪構造の問題だ（69ページ参照）。標準

Step1 登る山を決める

- Step1-0 ：戦略の方向性を決める
- Step1-1 ：自分自身を知る
- Step1-2 ：自分のいる世界を知る
  - 1-2-1：拡大路線か縮小路線か
  - 1-2-2：未来の動きを読む
  - 1-2-3：競争のタイプを知る
  - 1-2-4：競争相手を知る
- Step1-3 ：自分の強みと課題を知る
- Step1-4 ：顧客を見定める
- Step1-5 ：立ち位置を決める
  - 1-5-1：競争戦略分析
  - 1-5-2：成長戦略分析
- Step1-6 ：事業を仕分けする

Step2 山頂を描く

- Step2-0：「顧客とは誰か」
- Step2-1：「ペルソナ」をして語らしむ
- Step2-2：仮説を作る
- Step2-3：UVPを考える
- Step2-4：UVPを探り、結晶化する
- Step2-5：UVPを検証する
- Step2-6：ビジョンを描く

Prologue 「元気になる戦略」とは何か

的なプロセスはあるが、それに従えばストレートに解ける、というわけではないのだ。

　また、Step1は左脳での検討、Step2およびStep3は右脳での検討だ。だから検討プロセスもちょっと性格が違う。

　Step1の検討プロセスは、どんな会社も共通のフレームワークのうえでロジカルに検討を進めていく。それに対してStep2とStep3では、フレームワークという型紙はない。また、標準的なプロセスはあるが、Step1の結果に応じて、個々の会社で検討すべき内容や重点の置き方や、プロセス自体をある程度変えていく必要もある。

　戦略作りのプロセスは、一筋縄ではいかないがしかたない。ある程度の回り道をしながら考え、悩むところに戦略作りの醍醐味があると開き直って、楽しんでトライしていただきたい。

Step3 登る道を考える	**Action** 山に登る
◆ Step3-1　：マーケティング戦略 　　3-1-1：ブランド戦略 　　3-1-2：価格戦略 　　3-1-3：コミュニケーション戦略 ◆ Step3-2　：ビジネスモデルを練る 　　3-2-1：お金の回し方を考える 　　3-2-2：押すべきツボを考える ◆ Step3-3　：未来をプロットする 　　3-3-1：2種類の目標を定める 　　3-3-2：「ロードマップ」に 　　　　　未来を描く 　　3-3-3：「事業計画書」を作る	◆ Action1　：ビジョンを目指して歩む ◆ Action2　：戦略を動かすリーダーとなる

「フレームワーク」で登る山を決める

▶▶ フレームワークで方向を決める

　Step1では、会社や事業部門に対して、いろいろな「フレームワーク」を当てはめながら、戦略の検討を進めていく。
　この作業を進めれば、会社の業種や規模にかかわらず、会社の進むべき方向がクリアに見えてくる。

　Step1で使うフレームワークは全部で6つだ。ときには〝小難しそうな〟名前がついているが、内容は〝当たり前〟みたいなものばかりだ。
　フレームワークの上で議論を整理していくと、せいぜい1時間も検討すれば自ら合理的な結論が見えてくる。
　つまりStep1では、1時間×6フレームワーク、つまり丸1日あれば、全社もしくは事業部の戦略の方向を決めることができる。
　こういう話をすると、「乱暴なことを言うやつだ。中小企業ならともかく、俺の勤める立派な大企業は、そんな簡単に戦略の方向が見えるわけがない」と思う人もいるだろう。
　そう考えるのも無理はない。古典的戦略では、この分析こそが時間をかけるべき最も重要なものだったからだ。
　そんな方には、世界で最も有名な経営者といえる米国ゼネラル・エレクトリック社（GE）の前社長ジャック・ウェルチ氏の言葉を捧げよう。

　　戦略は、生き物だ。呼吸をする、ダイナミックなゲームなのだ。
　　戦略はおもしろい。すばやく動く。そして、生きている。（中略）
　　根気強く、理屈どおりに数字をいじったり、データをひねり回すのなんか、やめてしまえ。シナリオ計画、一年にわたる研究、100ペ

> ージを越える報告書なんぞ、忘れてしまえ。時間ばかりとられ、金がかかる。そのうえ、必要がないときている
>
> 　現実の社会では、戦略は実際のところ非常に単純なものだ。大まかな方向性を決めて、死に物狂いで実践する。(中略)
>
> 　戦略を複雑にしてしまってはいけない。考えれば考えるほど、データや詳細な事実を掘り下げれば下げるほど、何をしたらよいのか、身動きがとれなくなってしまう。
>
> 　それでは戦略ではない。単に苦痛でしかない(中略)
>
> 　いや、別に戦略の大家を無視しろと言うつもりはない。(中略)だが、彼らが普及させようとしている科学的アプローチには反対したい。そのアプローチはビジネススクールが教え、経営コンサルティング会社が売り込むから、あまりにも多くの会社の本社が実践している。
>
> 　だが、なんていったって非生産的じゃないか！　勝ちたいのなら、戦略についてじっくり考えるよりその分、体を動かせ。
> (『ウィニング　勝利の経営』ジャック・ウェルチ、斎藤聖美・訳、日本経済新聞社)

　GEという数百の事業部を持つ巨大企業の社長が、「戦略は大まかな方向性を決めればよくて、それ以上の分析は無駄だ」と言い切っているのだ。あなたの会社でも１日フルに検討すれば、戦略の方向性くらいは見えてくるはずだ。

　仮に２つの方向のどちらにするか最終的な判断ができないなら、まずは仮決めをしてしまおう。この仮決めした方向に沿って、まずは検討を進める。次に、もう１つの方向についての検討を進める。そうして、より納得できる結果が得られそうな方向を選べばよい。

　１日で戦略の方向を決められない会社は、どうせ１年かけても決められない。まずは腹を括って方向性を決めて、次のStep2に進もう。

山頂を「仮説」として描く

▶▶ 彼らに戦略は立てられない

　私がコンサルティング会社に転職したときの話をしたい。

　私が最初に配属されたプロジェクトは、ある超一流企業の戦略策定だった。相手は総合企画部、全員東大出身のエリートだ。業界知識も職業経験も、彼らのほうがずっと豊富に持っていた。

　私たち若手（当時）は、そんな相手との仕事に、大きな不安を感じていた。

　しかし、われわれのプロジェクト・リーダーは平然としていた。そして、不安がるメンバーに対し、「**大丈夫だよ。彼らは頭はよいけど、戦略は作れないんだよ**」と言い放った。

　そして、次のように語り始めた。

　彼らエリートは、とにかく徹底的に調査・分析する。

　自社のデータはもとより、国内のあらゆるデータや海外の文献にもくまなく目を通す。そして、先行する海外の事例調査に基づいて、たとえば「弊社も医療業界に向けた商品を展開すべき」という示唆を得る。

　その次に彼らは、医療市場を詳細に調査する。規模や成長率を小数点下一桁まで正確に徹底的に調べ上げる。数百人にアンケート調査し、医療業界の顧客ニーズを網羅的に調べる。

　そして、市場規模の予測と競合へのベンチマーキングに基づき、売上や利益の計画値を算出する。複数ケースのシミュレーション分析や、投資回収の計算なども怠らない。

　そして、数か月の激務のあとに、「弊社は医療業界に向けて新商品

を展開すべき」という大胆な結論を出し、壮大な売上・利益計画を披露する。もちろん、そのレポートには、莫大な調査資料が添付される。

　素晴らしい報告書だ。
　しかし、進むべき方向性は、最初の1週間で見えていたことだ。
　それに、「結局、どんな商品を売るの？」とか「で、誰が担当するの？」といった具体的な内容がわからなければ、結局何も動かない。
　そして、具体的な商品が決まらないまま作った事業計画の数字とは、実現可能性の裏付けの乏しい、いわば空想の産物だ。

　彼らエリートは、このような具体的な検討については、「商品設計や実施体制については更なる検討を要する」と、全部先送りする。
　仮に、その素晴らしいレポートに基づき、医療業界進出に向けた意思決定がされたとしよう。
　その場合、実行については、企画部門から担当部門に、「新商品を展開しろ」と丸投げされる。丸投げされた部門は、通常の仕事でも手一杯だし、新しい仕事に力を割いて今の売上が落ちれば、結局怒られるのも目に見えている。なので、ウヤムヤにしてお茶を濁す。

　結局、企画エリートが忙しく仕事をして、分厚いレポートができるだけで、それ以外は何も変わらない。

▶▶▶ 「仮説」を叩いて具体化する

　先のリーダーは続けて、「われわれコンサルタントのやり方は違う」と言った。そして「その違いとは『仮説』だ」と続けた。

　仮説とは、文字通り「仮の説」だ。語感としては「戦略の叩き台」といったものに近い。
　コンサルタントはまず「仮説を作る」のだ。それを正しいかどうか、

叩いて確かめながら仕事を進めていく。

　仮に、「医療業界で新規事業を展開する」と決めたら、まずは「どんな商品を作ろうか」という"アイデア"をいろいろ出していく。そのアイデアを検討して、「これなら行けそうかな」というレベルにまで質を高めたのが「仮説」だ。この仮説を持って、利用者である医師数名に話を聞きに行く。

　最初の仮説は、まず当たらない。顧客にダメ出しされることも多い。

　でも、改善点が聞ければしめたものだ。最初は場違いで具体性を欠いていたアイデアも、顧客のニーズや利用イメージがわかるようになってくると、だんだんと具体的に固まってくる。

　この過程を、最初はフワフワ漠然としていたイメージが、"手触り感"を持って「クリアにイメージできる」ようになるとも表現する。

　商品やサービスの仮説が具体化してくると、どのくらいの値段にするか、どのチャネルで売るか、といったことも具体的に詰められるようになる。

　そして、商品と販売方法が見えてくれば、どのくらい売れそうかも、見えてくる。社内の開発体制や生産体制、また事業全体の責任体制も、より具体的に決めることができる。ここまで来ると、現実的な売上と利益の予測や、投資回収の計算ができてくる。また、コスト削減の工夫なども、現実的なものを盛り込むことができる。

　このような検討を重ねて、2～3か月も経てば、明日にでも動かせる、実行可能性の高いプランができている。

これが仮説検証の仕事の進め方だ。

「なんだ、当たり前じゃないか」とは、ゆめゆめ思ってはいけない。現実には、仮説を使って戦略や事業計画を作成している会社など、せいぜい1割もないからだ。

仮説とは"ビジョンのスケッチ"

　仮説とは、家や家具を作るときの、設計図やデザインの「**スケッチ**」に相当する。

　家や家具を作るとき、たとえば「２人の子どもが仲よく、夢を育むような家」とか、「仕事と趣味を両立させるような部屋」といった大目的をたてるだろう。これがミッションにあたるものだ。

　しかし、家具を作る現場の大工にとっては、いくら大目的を語られたところで、設計図がないと部材が切り出せない。仮にミッションを理解したとしても、依頼者の持つイメージまでは汲み取れない。イメージを共有せずに家具を作っても、依頼主からは「全然違う」とか言われて、やり直しになってしまう。

　といっても、素人の依頼者が設計図を描くわけにもいかない。

　下手に描くと、結局は使い勝手が悪かったり、強度が不足するなど、いかにも素人工作の使い物にならない家や家具ができるだけだ。

　ここで、依頼主と大工をつなぐのが「スケッチ」だ。

　たとえば、「子ども部屋の奥にぴったり納まる、並んだ小さな勉強机が２つ付いた、２段ベッド」とか、「椅子を回転させれば、仕事用のPCから趣味の模型工作まですべてにアクセスできる司令塔のような机」などを、具体的なイメージにして、ちょっとした絵に描いたものだ。

　最初のスケッチは、単純な夢想だけだったり、製作が難しいデザインだったり、いろいろ難点があるだろう。予算内で収まるわけもない。

　しかし、大工はそのスケッチを見れば、よりよいアイデアを出すことができる。大目的をいくら語られても湧かなかったイメージが、スケッチ１枚を見れば、一瞬にして湧いてくるのだ。そして、大工がそのスケッチの上に変更案を出せば、依頼者も自分のアイデアを修正し、さらに新しい要望を出すことができる。

　このように、依頼者と大工が工房（ワークショップ）の中で、スケッチを前に、「ああしたい、こうしたい、ああでもない、こうでもない」と打

ち合わせを重ねていくうちに、そのスケッチもどんどん現実的、かつミッションに沿ったものに進化する。そしてスケッチが固まってくれば、大工はそれに合わせて詳細な部材の設計図を描くことができる。

これをスケッチなしに、依頼者は要望を言葉で伝えるだけ、大工は詳細な部材設計図を見せるだけ、ではお互いに不満が募るばかりだし、満足できる家具は作れない。

ビジネスでも同じだ。

リーダーがミッションを唱えれば、部下はリーダーの望み通りの仕事をすると思ってはいけない。ミッションを語るリーダーは多いが、それだけでは現場は動けないのだ。

だから、**事業の目指すところをスケッチした「ビジョン」が必要なのだ。**

リーダーは会社や事業の目指す地平をビジョンとして描き、現場と共有する。ビジョンという大きなスケッチがあるから、現場はそれを理解し納得したうえで、自分がどのようにビジョンに貢献すべきか考えられる。

元気になる戦略では、まずはこのビジョンを、スケッチ＝仮説として作っていくのだ。

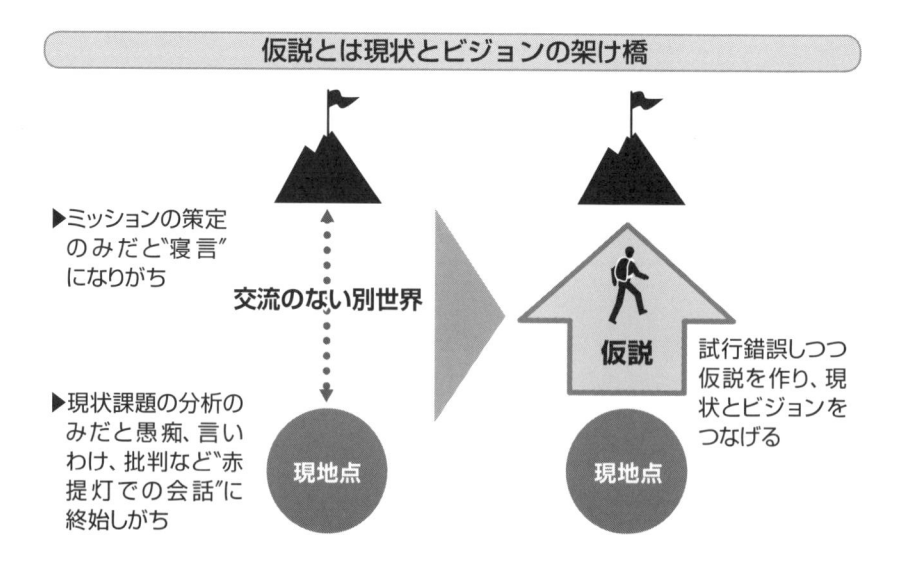

仮説とは現状とビジョンの架け橋

▶ミッションの策定のみだと"寝言"になりがち

▶現状課題の分析のみだと愚痴、言いわけ、批判など"赤提灯での会話"に終始しがち

交流のない別世界

仮説

試行錯誤しつつ仮説を作り、現状とビジョンをつなげる

現地点

仮説を作ることの有効性については、ボストンコンサルティンググループの元日本支社長の内田和成氏も、著書の『仮説思考』でこう語っている。

> 読者の方には耳慣れない言葉かもしれないが、コンサルタントの世界ではごく当たり前に「仮説」という言葉が使われている。ディスカッションをする際には、「きみの仮説は何だ？」「私の仮説は……です」というやり取りが飛び交っている。
>
> 仮説思考を実践すると、不思議なことに、仕事がスムーズに進むようになり、同時に仕事の正確性も増した。情報を闇雲に集めると、仕事を遅くすることはあっても、正確性が増すことは少ないと気づいた。情報洪水に埋もれてしまっていたのである。
> （『仮説思考』内田和成（東洋経済新報社）より、一部省略）

この仮説作りは、ぜひとも「元気になる戦略」の基礎として、使いこなしていただきたい。

▶▶仮説は間違っていてもOK

仮説は仮の説だから、どこかしら間違っていたり、現実にはそぐわない部分がある。

でも、それでOKだ。仮説は叩き台なのだから、間違っていれば叩いて直していけばよいのだ。2〜3回も叩けば、仮説はそこそこ使える形に仕上がってくる。

こういう話をすると、「頭が悪すぎるのではないか？ 論理的に考えれば正解にたどり着くはずだろう」と考える人もいる。

そう思うのも無理はない。

MBAの教科書のケーススタディ（事例研究）を以下に見てみよう。

> 「商品が売れない！」 困惑する経営陣の前に、ハーバード・ビジネススクールを優秀な成績で卒業した、若くて頭脳明晰なコンサルタントが颯爽と登場する。
> 　彼または彼女は、精力的に社内と顧客をヒアリングし、膨大な財務データとマーケティング情報を分析し、問題点を洗い出す。そして、既存の路線と根本的に異なる革新的な戦略を、論理的に導き出す。
> 　その提言を実行した結果、爆発的なヒット商品が生まれる。最後には社内抵抗勢力も悔い改め、全組織が一丸となって甦る。

　実に格好よい話だ。仮説なんて頭の悪い試行錯誤をせずに、論理と分析によりストレートに結論を導いている。戦略策定とはこうあるべきだ。
　でも、本当だろうか？

　カナダのマギル大学に、新しい戦略論の旗手の１人として有名なミンツバーグ教授がいる。その先生が、ハーバード大学が紹介する事例について、実際に戦略を策定した当人達に、「本当にそうでしたか？」と確認をしていったそうだ。
　その結果、調査したすべてのケースで「そんなスマートに戦略ができたわけがない」ということがわかった。

　戦略のお手本としてよく紹介される、ホンダの北米市場におけるバイク事業のケーススタディを見てみよう。
　ホンダは、米国では50ccの生活用バイクが普及していないことに目を付け、〝素晴らしき人、ホンダに乗る〟という有名なコピーを使うなど巧みなマーケティング戦略を駆使し、新しい市場を開拓した。そして、そこで確立したブランドを活用し、大型バイク市場に進出した。つまり、ホンダは完璧な戦略をもって米国市場に参入したというわけだ。
　ところが、現実は相当違っていたらしい。ホンダは、当初は大型バイクの市場に参入しようとしたのだ。しかし、当時の日本製品が米国市場で評価されるはずがなく、ロサンゼルス駐在員達は暇を持てあまし、自家用に

持ってきた小型バイクで砂浜で遊んでいたらしい。それが面白そうだと、次第に話題になったのだ。広告コピーも、偶然その仲間となったUCLAの広告専攻の学生が授業の演習で作ったものだ。

つまりホンダは、当初の戦略策定にこそ失敗したが、仮説を随時修正し、チャンスを生かして最後には成功したのだ。

成功した戦略は、なぜ成功したかを合理的に説明できる。しかし、戦略を作るまでの過程は試行錯誤が不可欠なのだ。

そもそも、「市場データがすべてそろい、製品に対する反応が完璧に読める」なんて理想的な状況はありえない。いくら調査や分析をしても、実際にやってみないとわからないことは多いのだ。

だから「間違ってもともと」くらいの気持ちで、トライしてほしい。

そして間違っていたら、遠慮なく直していけばよいのだ。

戦略作りにおいて「完璧主義」ほど害をなすものはない。

▶▶▶ 右脳のアイデアで仮説を作ろう

ところで、そもそもの話、なぜ仮説を立てなければ戦略は作れないのだろうか？

それは、ビジネスが「**悪構造の問題**」だからだ。

世の中には「良構造の問題」と「悪構造の問題」がある。

「良構造の問題」とは、学校で教わる勉強、受験勉強に出てくる問題だ。解くための方法があり、正解も1つだ。解き方を勉強して、練習すれば、問題を解けるようになる。

それに対して、戦略作りは典型的な「悪構造の問題」だ。唯一の正解というものはなく、問題を解く一義的な方法もない。いろいろな仮説を立ててみて、よりよい解決策を選んでいくしか、解決方法がないのだ（これを数学の用語では「発見的手法」という）。

悪構造の問題である戦略仮説は、左脳的なロジックでいくら考えても解決策は出てこない。この悪構造の問題を解くには、解決策のオプションである仮説を出していくための「右脳的な想像力」が必要だ。右脳を回して、想像力を働かせて、いろいろなアイデアを出しながら、「ああでもない、こうでもない」と考えて仮説を作っていくわけだ。

　右脳とは想像力の脳だ。ちょっとふざけたしょうもないことや、ニコニコするような面白いことを考えているときは、活発に右脳が動いている。
　それは、戦略を作るプロといえるコンサルタントにもあてはまる。
　"できるコンサルタント"というと、いかにも頭脳明晰で、理屈っぽくて、厳しく間違いを指摘されそうなイメージがあるかもしれない。
　しかし、現実世界の"できるコンサルタント"は違う。概して楽しい人が多いのだ。「この人は凄いと聞いたのに、何か一日中、冗談を言っている、うっとうしいオヤジだな」という人が多い。
　実際に私の講座でも、深刻な顔をして眉間にしわをよせて議論を詰めるチームより、楽しそうに笑い声をあげながら会話を進めるチームのほうが、

右脳をメインに動かそう

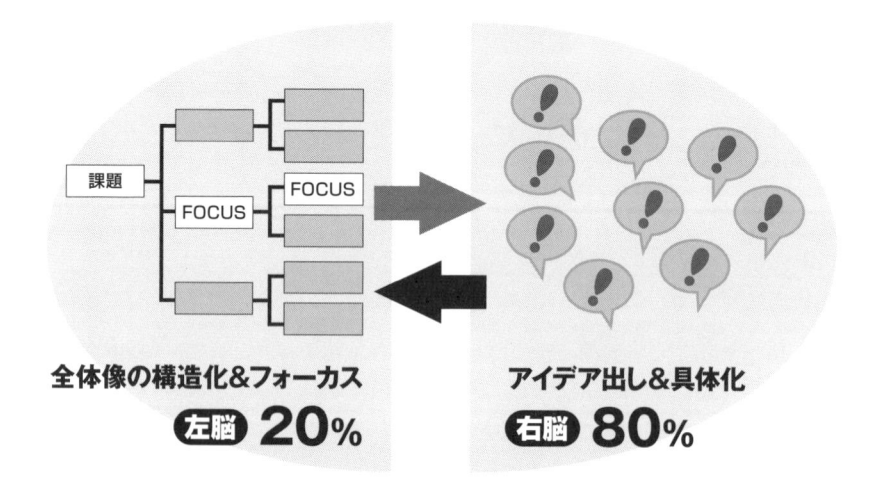

全体像の構造化&フォーカス
左脳 20%

アイデア出し&具体化
右脳 80%

Prologue 「元気になる戦略」とは何か

圧倒的に質の高い戦略を作る。ウソみたいだが、今までに例外はない。やはり、右脳を動かすことが、結果として優れた戦略を作り出すのだ。

仮説のどこがポイントで、具体化するにはどこをつっこめばよいか、を判断するには左脳も必要だ。でも、仮説の元となるアイデアは、右脳が生み出すものだ。できあがる仮説の質は、右脳の働き加減に左右される。

真面目な左脳には休んでいただき、右脳にしっかりと遊んでもらおう。前ページの図にあるように、左脳20%くらい、右脳80%くらいで働かせるのがよい。

会社の中で真面目に仕事をしている人は、右脳を殺していることが多い。冗談など言わずに、黙々と仏頂面で仕事する人のほうが、概して評価が高い。しかし、これでは右脳は動かず、仮説も出てこない。

右脳を動かす方法は、次ページのコラムに紹介するので、ぜひとも参考にして、会社の中でも右脳を動かしてほしい。

Column
右脳を動かすために"場"を作る

✏️ 右脳を動かすワークショップ

　ワークショップは右脳を動かして議論する。だから会社での「普通の会議」、つまり、おもに左脳を動かす会議とは少し毛色が違う。

　「普通の会議」の目的は、情報の報告・連絡・共有と意思決定だ。議題（アジェンダ）も明確で、進行時間も決まっている。ともすると、結論もあらかじめ根回しで決まっている。不満のある出席者に対してはガス抜きのタイミングまで用意される。このように、うまく管理すればするほどよい会議とされるのが普通の会議だ。

　それに対して、**ワークショップで重視するのは「創発」**だ。
　ワークショップでは、「ファシリテーター」とか「戦略コーチ」とよばれる進行役が、議論の内容や参加者の雰囲気を読みつつ、議論を誘発させていく。この進行役がケアするのは、進め方（プロセス）のみであり、議論の内容（コンテンツ）は、参加者がその場で創りだしていく。だから会議の結論は、あらかじめ読めるのではないし、読めるものであってはいけない。
　この2つの違いを認識せずにワークショップを招集したところで、たいしたアイデアも仮説も出ないまま終わる。そして、「わが社では元気になる戦略は作れない」という苦い経験だけが残る。
　こんなことを避けるためにも、右脳を動かす方法を知ろう。

参加者を信じ"場"に委ねる

ワークショップを成功させるには、"参加者の創造性を解き放つ"ことが必要条件だ。「管理」を感じると、いきなり右脳は働かなくなる。

だから、管理をあきらめて、「参加者を信じ、場に委ねる」ことが必要だ。

実は、これがとても難しい。主催者や事務局は、最後の結論が見えないと、とても不安になってしまうのだ。

しかし不思議なことに、本気で参加者を信用してみると、「場」の雰囲気はまったく違った感じになる。そして、びっくりするほど豊かな議論が紡ぎ出され、当初の想定を数段上回る質の高い結論が導き出される。

まずは"騙されたと思って"参加者を信じてみよう。

右脳を動かす"場"を作る

右脳が動きやすい場と、そうでない場がある。つまらないことにも思えるが、とくに慣れないうちは、右脳が動きやすい「場」を作ることは大事だ。この「場」作りについて、簡単にコメントしよう。

❶ リラックスできる場所を選ぶ

大きめの、明るくて涼しい、気持ちのよい部屋にしよう。1日通しで議論するなら、研修用の施設や近場にある観光地の気持ちがいいホテルなどを使うのもよい。アイデアの質が高まれば、経費もすぐに回収できる。

服装も、ラフなビジネス・カジュアルにしたい。会社のついでで背広なら、少なくともネクタイは外してもらう。少々だらしなくてもOK。シリコンバレーやハリウッドなど"右脳が価値の源泉"と見なされる場所では、だらしない格好をしているほうが、地位が高くて偉いのだ。

また、会議が夕方以後になるなら、会場内で軽くお酒をいれて議論することを「強く」おすすめする。左脳がアルコールでいい具合に麻痺するにつれて、それまで抑圧されていた右脳にターボがかかったように、アイデ

アが噴出してくるのだ。

❷ 関係者全員が出席・関与する

　関係する人には、基本的に全員参加していただく。

　考えるプロセスに関わらない人に、あとで結論の紙だけ渡すと、議論の本質を理解していないにもかかわらず、「時間ばかりかけて、しょうもない検討をしている」と思われがちだ。

　とくに責任者には、最後のパートだけにでも直接出席してもらい、議論の全体像や場の雰囲気を掴んでもらうようにしたい。理解の足りない責任者の"心ないひと言"で、成果がぶち壊しになることも少なくないのだ。

　また、とくに最初の仮説を出すブレインストーミングでは、少なくとも3時間はとって関係者の間で議論をしっかりと摺り合わせたい。一度、議論の全体構造を全員で共有できれば、あとは各人でパートを分担できる。

❸ ホワイトボードは必須・PCは持ち込まない

　部屋の設備にも触れておこう。まず机の並びは、会議室によくあるコの字形やロの字形でなく「島配置」などにする。

　ワークショップに不可欠な道具が、「コピー機能付きの大きなホワイトボード」だ。くだらないことのようだが、この機械の有無で、ワークショップの品質に大きな差が出るのも事実だ。

　議論の内容や出たアイデアは、とにかく全部をホワイトボードの上に、書き込んでいこう。書記役を決めるのではなく、「発言するなら書く」といった感じで、みんなで群がって書き込んでいく。

　ホワイトボードに向かうと、漢字が思い出せないことも多い。でも、**「ぜんぶひらがなでかいても、なんのもんだいもない」**。汚い字もOK。自分が読めればよいのだ。考えを止めることなく、全部ひらがなで書き殴ってしまおう。下手な手書きのポンチ絵が1つ入っただけで、イメージが格段に膨らむことも多い。

　ホワイトボードを字で埋め尽くして、隙間を見つけながらチマチマ書こうとしてはいけない。アイデアは大きな白紙からこそ生まれてくる。半分

くらい書き込んだらコピーしてまっさらな面にする。話題が移ったら新しい面にする。1時間の議論で10枚、一晩の議論なら100枚くらいコピーする気で臨もう。

こうして頭の中をホワイトボードにダウンロードしていくと、頭の空いたスペースに新しい考えがどんどん出てくるものだ。体験してみるとわかるが、ホワイトボードをうまく使いこなすだけで、議論のクオリティは格段に高まる。

逆に、**持ち込んではいけない道具はPC**だ。事務局がメモ用に使ったり、クイックな調査用にインターネットにつなぐのはよいが、出席者が使ってはいけない。「僕はIT屋だからPCで考える」なんていうのも禁止だ。パワーポイントで図を作りながら議論すると、結果のクォリティはおぞましいほど低くなる。議論のアウトプットは、ホワイトボードのコピーの束で十分だ。綺麗にパワポ化するのは後日に回そう。

また、ポストイットも使うのはやめよう。一見便利だが、最初にポストイットに書かれた言葉に議論が囚われてしまい、なかなか発展・発散しないことが多い。

質問と対話を通じて探求を深める

普通の会議では、出席者が自分の意見を（出身部門を代弁して）延々と繰り返すことも多い。これでは、お互いの理解が深まらないまま、対立だけが残ってしまいがちだ。

右脳を使う会議では、「質問と対話」を通じて、ビジョンの探求を深め、また戦略をより深く具体化していく。

たとえば、ある発言について、他の参加者から、「その結論に至った背景をもっと教えてほしい」とか、「こんな場合はどうなるのかな？」といった、その発言を（あら探しするのでなく）より深く知るための「質問」が投げかけられる。発言者は、自分の考えをさらに深めて答えていく。このような「対話」を通じ、参加者がお互いの認識を深めていくのだ。

ものごとがうまくいかないときには、他人からは見えるが自分からは見えない「盲点」に、はまり込んでしまっていることが多い。**人は見たいことしか見ない。本質的な現実直視からは、無意識的に逃げ出そうとする。**だから解決策がなかなか見つからないのだ（これを「JOHARIの窓」という）。

　この盲点を明らかにするのが「素人の質問」だ。関係者が当然の前提としているものを、あらためて「なぜ？　どうして？」と掘り下げて問うのだ。たとえば、トヨタでは、「『なぜ』を5回繰り返せ、そうしたら、問題の本質が見えてくる」と教育される。その通りだ。

　このとき大切なのが、「素人の質問」をするのを恥ずかしがらないことだ。そして、答える側も、そんな質問を頭から否定せず、「そういえば、なぜだろう」と、一瞬立ち止まって考える。

　とくに、「そんなくだらないことを素人が聞くな！」と感情的に反応したくなる質問にこそ、盲点を見つける鍵が埋まっていることが多い。説明するだけなら感情的にはならない。避けたい、痛い視点だからこそ、感情的になるのだ。

　そんな心の動きに気付くと、盲点も見つけやすくなる。

　こういった盲点は、他人からは明らかに見えたりする。関係者が延々抱え続けてきた悩みも、部外の人を交えて議論すると、意外と簡単に解決策が見つかることが少なくない。

議論の発散と自己組織化

　創発的な議論が同時多発的に起き、アイデアとアイデアが化学反応しはじめると、素晴らしい仮説が生み出される。

　議論が創発的なモードに入りはじめると、当初の想定にないわけのわからない話題が出てきたり、過去の議論が新たな視点からむし返されたりと、出口が見えないまま時間が過ぎる。

　普通の会議に慣れた人は、こんな発散的な議論をとても不安に感じてし

まう。ときには、この不安に耐えきれずに、強引に結論をまとめたくなる。しかし、こんな介入をすると豊かな議論を全部殺しかねない。

しかし、心配することはない。
参加者を信頼し場に委ねれば、あるタイミングで議論は自然に自己組織化し、収束していくのだ。
あなたにも、議論に疲れてきたあたりで、トイレ休憩を取ったり、タバコを吸ったりしたときに、「ふと解決の糸口が見えてくる」なんて経験があるかもしれない。

この不思議な流れについては、ここ数年で研究が進んでいる。
その代表的なものが「**U理論**」だ。一度考えを深め（沈降：Sensing）、その深めた考えが自己組織化し（潜行：Presensing）、自然に新たな答えが浮かび上がってくる（浮上：Realizing）様子を、Uの字のイメージとともに説明する。
哲学的な表現で、読んだだけでは実感がわかないかもしれないが、一回体験すると納得できると思う。

また、ファシリテーション手法についても、「**アプリシエイティブ・インクワイアリ**」とか「**ワールドカフェ**」とか「**オープンスペーステクノロジ**」といった、新しい手法が次々に開発されている。
もし興味を持たれたら、積極的にトライしていってほしい。

Step1

登る山を決
フレームワークを使っ

このステップでは、6つのフレームワークを順番に当てはめて、戦略の方向性を決めるまでを学ぶ。フレームワークの具体的な使い方を紹介していこう。

める

て戦略の方向性を決定

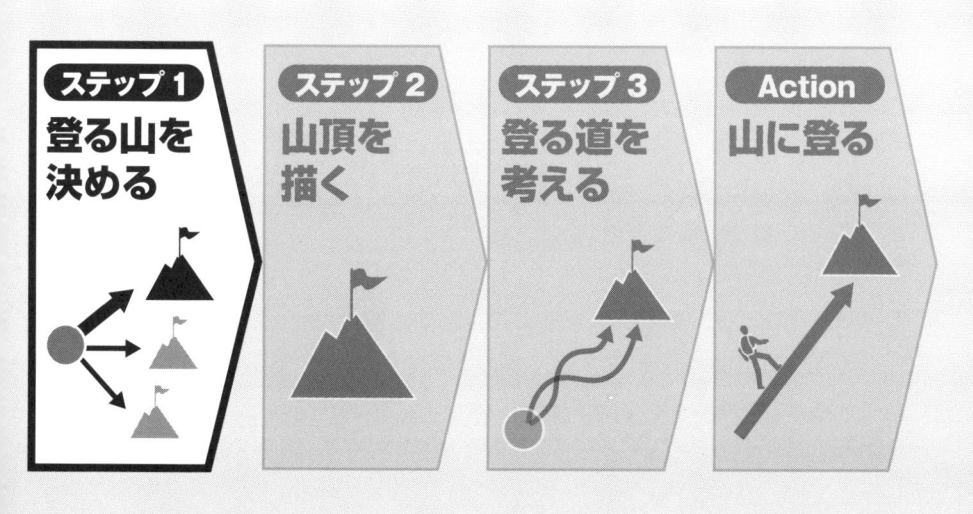

ステップ1	ステップ2	ステップ3	Action
登る山を決める	山頂を描く	登る道を考える	山に登る

Step1-0
戦略の方向性を決める

▶▶ 戦略の基本は SWOT マトリクス

　戦略の基本は、**自分が得意なことを、それが活きる場面で使っていくこと**だ。これを戦略の用語では、「内部の経営資源（得意なこと）」の「外部の経営環境（場面）」に対する配分と表現する。

　これを考える基本がSWOTだ。SWOTとは以下の言葉の頭文字だ。

自分たちの「強み」（Strength）
　　　　　「弱み」（Weakness）
外部にある「機会」（Opportunity）
　　　　　「脅威」（Threat）

それぞれ、たとえば、以下のものに相当する。

S（強み）：高い技術力、厚い顧客基盤、真面目な社員
W（弱み）：弱い営業網、戦略の不在、人材の不足
O（機会）：高い市場成長率、新興国市場の拡大
T（脅威）：競合の参入、市場の縮小

　このSWOTは、どの戦略の教科書にも出てくる有名なツールだ。
　ところがSWOTも、SとWとOとTの要素をそのまま羅列するだけでは、ほとんど役立たない。次ページ図のようなマトリクスにして、はじめて方向性が見えてくる。

SWOTで方向性を決める

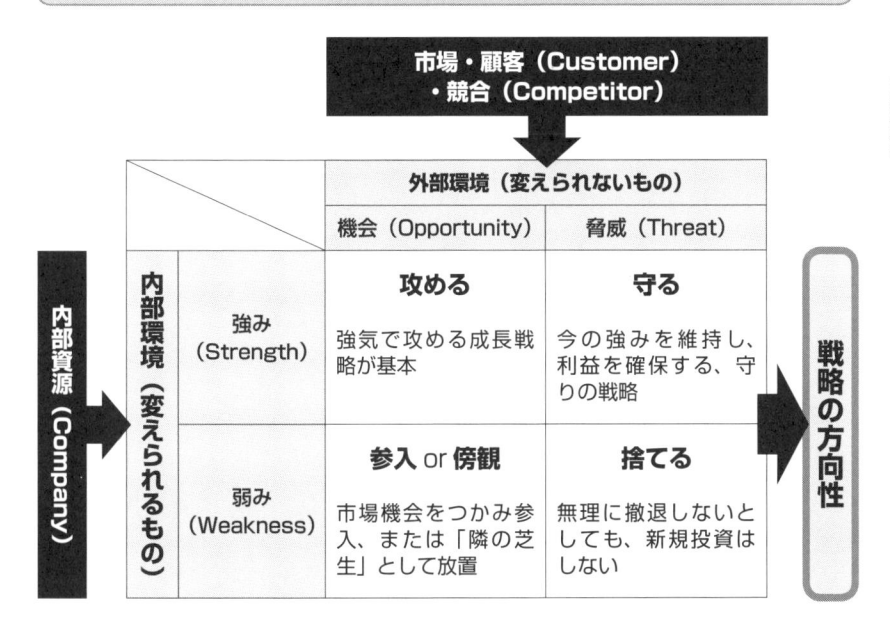

	外部環境（変えられないもの）	
	機会 (Opportunity)	脅威 (Threat)
内部環境（変えられるもの）強み (Strength)	**攻める** 強気で攻める成長戦略が基本	**守る** 今の強みを維持し、利益を確保する、守りの戦略
内部環境（変えられるもの）弱み (Weakness)	**参入 or 傍観** 市場機会をつかみ参入、または「隣の芝生」として放置	**捨てる** 無理に撤退しないとしても、新規投資はしない

内部資源 (Company) →
市場・顧客 (Customer)・競合 (Competitor) ↓
→ 戦略の方向性

マトリクスの4つの領域それぞれで、次のように方向性が決まる。

▶S×Oは「攻める」

自社が強くて外部に機会がある領域だ。

たとえば、「伸びている医療用検査機器市場で、ツボタの半導体センサー技術が活きる場面がたくさんある」といった場合だ。

この領域では、強みを活かしてガンガン「攻め」ていこう。

▶S×Tは「守る」

自社に強みがあるが、外部に脅威がある領域だ。

たとえば、「伊州屋のシェアは高いが、半年後にカノクニヤという競合が藤原市に進出する予定だ」といった場合だ。

この領域は、今の強い立場を「守る」ことを考える。カノクニヤに対抗すべく、いろいろ手を尽くすわけだ。

▶W×Tは「退く」

　自社が不甲斐なく、また外部に脅威がある領域だ。
　たとえば、「ツボタの超音波検診装置は技術的に遅れており、強敵がたくさんいる。市場も伸びていない」といった場合だ。
　この領域には、経営資源をかけてはいけない。「撤退」が基本的な戦略だろう。無理に事業を畳む必要はないが、新たな投資は見合わせる必要はある。事業売却の選択肢も考えるべきだ。
　もっとも、メインの事業がこの領域に来てしまった場合は、そんな弱気はいえない。新たな戦略を必死に模索しなければならない。

▶W×Oは「参入」か「傍観」

　外部に機会があるが、自社はまだまだ弱い領域だ。
　たとえば、「中国市場が急激に伸びているが、ツボタはまだ中国市場には参入していない」といった場合だ。
　この領域では2つの選択肢がある。
　1つ目の選択肢は、自社の弱みを強くして機会に「新規参入」するということだ。たとえば、「ツボタも代理店を新たに獲得して、中国の市場に打って出る」といった選択だ。
　もう1つの選択肢は、いくら機会が拡大しても、他人の芝生として「傍観」することだ。たとえば、「ツボタの商圏は先進国に限定して、リスクの多い中国や発展途上国には出ていかない」という判断だ。

　このように、SWOTマトリクスを使うことで、**「攻める」「守る」「退く」「参入」「傍観」**といった、5つの基本的な方向性が見えてくる。

▶▶戦略フレームワークを順序よく使う

　SWOTマトリクスを使うと戦略の方向性が見えてくる。
　しかし、「じゃあ」ということで、いきなりマトリクスを埋めはじめてもうまくいかない。全体感に欠け、またツブ感もそろわない思いつきのア

イデアで埋まるだけだ。

そこで使うのが6つのフレームワークだ。フレームワークを順番に当てはめていくと、だんだんと進むべき方向性がクリアに見えてくる。

この6つのフレームワークを、使う順番に紹介しよう。

方向性を決める「フレームワーク」

	対象	分析のステップ	位置づけ・意義
だんだんと内容を深める ↓	内部環境	1-1. 知的資本分析	自分自身を知る
	外部資源	1-2. 競争環境分析	周りの世界を知る
	内部環境	1-3. バリューチェーン分析	自分の強みを知る
	外部資源	1-4. 顧客セグメント分析	顧客を見定める
	マトリクス	1-5. ①競争戦略分析 / ②成長戦略分析	立ち位置を決める
		1-6. ポートフォリオ分析	事業を仕分けする

▶ Step1-1. 自分自身を知る 知的資本分析

5ページの「ポジティブサイクル」で示したように、元気になる戦略の出発点は、自分の強みや価値観だ。まずは「知的資本分析」というフレームワークを使って、「自分自身とは何者か」を棚卸してみよう。

▶ Step1-2. 周りの世界を知る 競争環境分析

自分を棚卸して省みたら、次は「競争環境分析」というフレームワークを使って、自分を取り囲む世界の「地図」を描いてみよう。

ちなみに、古典的な戦略では、この競争環境分析に自分を合わせる形で戦略を考える。それに対して、元気になる戦略では、あくまで「自分が自分らしい道を進むために考慮すべきこと」として外部環境を捉える。だから、まず最初に知的資本分析をして自分を省みて、その次に外部環境を分析するのだ。

この順番を間違ってはいけない。

▶ Step1-3. 自分の強みを知る 〔バリューチェーン分析〕

　自分を省み、周りの世界を確かめたら、次は自分がその世界で何に強みを持っているのかを考えよう。そのために使うフレームワークが「バリューチェーン分析」だ。この分析により、自分が活かすべき強みと強める必要がある課題、そしてそのために必要となる施策が見えてくる。

▶ Step1-4. 顧客を見定める 〔顧客セグメント分析〕

　自らの強みが明らかになったら、「顧客セグメント分析」により、自分が誰に向かってどんな価値を提供すべきかを考えることができる。
　このステップは、ドラッカー博士による「5つの質問」の1つである「顧客とは誰か」という問いに答えるステップでもあり、この分析により重要な示唆が導びかれることが多い。

▶ Step1-5. 立ち位置を決める 〔競争戦略分析・成長戦略分析〕

　ここまでの検討で、登るべき山は相当クリアに見えてくるはずだ。さらに「競争戦略分析」と「成長戦略分析」という2つのフレームワークを使うと、それまでの議論を再確認する形で自分の立ち位置と進むべき方向性をより明確にすることができる。

▶ Step1-6. 事業を仕分けする 〔ポートフォリオ分析〕

　「ポートフォリオ分析」は、今までの議論を踏まえた総集編ともいえる分析フレームワークだ。これから頑張って伸ばしていくべき事業と、その逆に力をかけずに捨てていく事業を仕分けすることができる。

▶▶ 登る山を1日で決める

　フレームワークは〝型紙〟だ。サクサクと情報を当てはめていこう。会社や業界によってフレームワークとの相性もあるので、もしピンと響かなかったら、あまり気にせず次に進めばよい。
　必要な検討時間は、1つのフレームワークでおよそ30分～2時間ほどだ。

Step1　登る山を決める

つまり6つ全部合わせても、丸1日か、せいぜい2日あれば検討できる。

　真面目な技術系の方などは、「本当にこんな簡単な検討でよいのか」と悩んでしまう方もいる。でも、そのくらいにザックリとした分析のほうが、あまり細部に囚(とら)われずに本質が見えてよいのだ。
　また、古典的な戦略論を勉強した方にも、これは暴論に聞こえるかもしれない。たとえば、競争環境分析もバリューチェーン分析も競争戦略分析も、戦略論の泰斗(たいと)、ハーバード大学のマイケル・ポーター教授が考案したフレームワークだ。ポーター大先生は、それぞれのフレームワークを解説するために、分厚い著作を1冊ずつ著している。しかし、学者を志すならともかく、あなたはそのエッセンスを使えばよいのだ。大先生に感謝しつつ、使えるところをサクッと使おう。

　フレームワークを使う目的は、過去を詳細に分析して理解することでなく、進むべき未来を作っていくことだ。意思決定をして、登るべき山を決めていこう。

> 意思決定をしないなら、分析などする価値はない。

　では以後、フレームワークを使って登る山をどう決めていくか、伊藤君と小坪君の事例（「Training 1〜6」）を参考にしながら順次見ていこう。

Step1-1
自分自身を知る

　5ページの「ポジティブサイクル」の図を、もう一度見てみよう。元気になる戦略の中心にあるのは、「自分はどうありたいか」という価値観だ。自分自身を省みて見つめ直すことから、すべての戦略は出発する。

▶▶会社の「人柄」を知ろう

　人と同じように、会社にも（いわば）「人柄」がある。

　たとえば、同じクラスに豊田君、本田君、松田さん、鈴木君がいる。各人それぞれに、「豊田君って大柄でしっかりしているね。本田君って格好いいね。松田さんって個性的だね。鈴木君って小柄で倹約家だね」などというような個性がある。

　当人も自分の個性を意識しつつ、友人の期待を裏切らないように、評判をさらに高めるように努力するわけだ。

　いつも堅実な豊田君が、割に合わない生徒会活動（財界活動）を率先したり、外国人とのパーティにはさりげなくブランド物のスーツ（レクサスというらしい）を着てきたり、格好いい本田君が（これまた格好よく）本格的なスローライフを始めたり、松田さんは親（フォード）と対立しても自分の趣味（ロータリーエンジン）を守り通したりする感じだろう。

　逆に、当人達の個性に合わないことには無理が生じる。豊田君が大食いしてみたり（北米タンドラ）、本田君がスポーツ音痴だったり（ダルなクルマ）、松田さんが地味なスーツを着たり（保守本流のクルマ）したら、周りの期待を外してしまう。「ちょっと違うよね」ということになる。

　とはいっても、このクラスの4名は比較的よく似ている。でも、隣のクラスにいる人達はかなり個性が違うようだ。

たとえば、サービス精神旺盛で人に好かれる松下君とか、流行の先端を走るとんがった祖仁君とか、地道に大きな仕事をする日立君とかだ。
 たとえば、祖仁君なら映画や音楽の仕事も好きだろうし（ソニー・ミュージックエンタテインメント、ソニー・ピクチャーズエンタテインメント）、ゲームにも強そうだ（プレイステーション）。でも、松下君にはちょっと手が余るかもしれない（パラマウント、MGM、3DO）。日立君には想像もつかないだろう。日立君はむしろ、電車とか工場とかに萌えそうだ。

 個性に合わないことを無理にしようとしても、うまくいかない。
 自分とは「何者か」「何がしたいのか」「何ができるのか」を自覚することが、登る山を決める第一歩だ。

▶▶自分の「知的資本」を省みる

 古典的な経営学が捉える会社の力とは、資本金・自己資本といった資金力であったり、生産設備といった有形資産が主なものだった。
 しかし、知識社会における会社の力とは、経営陣や社員の1人ひとりが発揮する「知の力」にある。資本の絶対額以上に投資判断する能力が、設備の大きさ以上にその設備を効率よく動かす知識が問われるのだ。こういった組織の持つ無形の力を総称して「知的資本」という。
 会社の人格や本質的な強みを知るとは、知的資本を知るということだ。

 知的資本は、以下のように、関係資本、組織資本、人的資本の3つに大別される。この分析では、これら知的資本の状態と、知的資本が生み出す価値を棚卸していくのだ。

▶関係資本
 関係資本とは、会社が外部と関わることで価値を生み出す力、つまり直接的・間接的に会社に売上や利益をもたらす力だ。
 関係資本には、顧客との関係が生み出す価値である「顧客資本」、外部

からの認知が生み出す「ブランド力」、また仕入先や販売チャネルなどの取引先との関係が生み出す「ネットワーク力」といったものがある。

顧客資本の例をとると、たとえば「取引先の数」という量的な価値以上に、長期間にわたって築き上げた信頼関係や尊敬といった精神的な結びつきや、顧客に関する知識や人脈といったソフトな力が大きな価値を生む。

▶組織資本

組織資本とは、外部との信頼関係を作る元となる、会社という組織の持つ力だ。この組織資本には、「技術力（知的財産）」、「仕事力（業務プロセス）」「マネジメント力（経営管理）」といったものがある。

技術力には、特許や実用新案といった形式的な知的財産ばかりでなく、たとえば、「機械の性能を限界まで引き出す職人の技」といった暗黙知や、マクドナルドなどに代表されるスタッフの教育ノウハウといった非技術的な知も含む。

仕事力とは、企画力、開発力、製造力、営業力といった、業務プロセスに直接関わる力だ。この力の差が会社の強さの差に直結することは、よくわかるだろう。

▶人的資本

人的資本は、経営者や社員の持つ「知の力」であり、すべての知的資本の根源だ。この人的資本には、会社のビジョンと戦略を定め、社内外に伝えるという経営陣の力である「経営陣の人的資本」、ビジョン実現に向けて仕事を進める社員の力である「社員の人的資本」、また社員間の協力を促進する力である「組織文化」といったものがある。

知的資本は見えにくい分、自分自身でもよくわかっていないことが多い。自分自身を省みるためには、まずは自らの知的資本を棚卸し、客観的に見つめ直してみよう。

知的資本の構成

財務的成果
（外から見える）

知的資本
（外から見えにくい）

項目		内容（例示）
関係資本	顧客資本	●顧客ターゲットの適切さ、顧客基盤の規模、顧客シェア ●顧客満足度、顧客との力関係・信頼関係 ●顧客マネジメント
	ブランド力	●ブランド認知、ブランドの差別化、貢献度 ●ブランド・マネジメント
	ネットワーク力	●仕入先との力関係・協力関係、調達マネジメント ●販売チャネルとの力関係・協力関係、チャネル・マネジメント ●製造・物流など業務委託先との力関係、建設的な協力関係 ●大学など研究開発機関の活用 ●金融機関との関係
組織資本	知的財産	●特許、ライセンス、著作権、知財マネジメント ●技術力、新規技術開発力 ●業務ノウハウ、オペレーション開発能
	業務プロセス	●事業企画力、商品企画力、研究開発力 ●製造力（品質、納期、製造コスト） ●営業力、販売力、広告宣伝
	経営基盤	●経営管理（PDCA） ●財務・経理業務、IT業務・マネジメント
人的資本	経営陣	●資質、ビジョン・戦略策定能力、リーダーシップ ●経営陣のビジョン共有・コミュニケーション
	社員（従業員）	●資質、業務遂行能力 ●満足度、モチベーション ●人事制度、評価制度の機能度
	組織文化	●組織の風通し（コミュニケーション） ●価値観

（出所）『知的資本経営のすすめ』㈱アクセル・監修、船橋仁・編著（生産性出版）

▶▶ 「強みの核」を特定する

　知的資本を棚卸すると、自社の**「強みの核」**が見えてくる。英語では「コア・コンピタンス」というものだ。

　強みの核とは、よい業績を生む「原因」となる知的資本だ。
　強みの核というと、たとえばツボタなら「医療機器事業が強い」とか考えてしまいそうだが、これは間違いだ。事業が強いのは、強みの核を活用した結果であって、強みの核そのものではない。

「医療機器事業が強い」という場合、その原因となる強みの核は、
　〝大病院の先生に信頼され、他社に先駆けニーズをつかむ〟（顧客資本）、
　〝親会社の米国企業の製品をいち早く紹介する〟（ネットワーク力）、
　〝技術がピカイチで精度や信頼性が高い〟（技術力）〟、
　〝効率的な訪問営業で中小病院を軒並み顧客にしている〟（仕事力）、
　〝部門間の風通しがよく、多様なアイデアが生まれる〟（組織文化）、
　など、さまざま考えることができる。
　自社の知的資本を棚卸してみると、いかにも自社らしい自社独自の強みの核が見つかるはずだ。

　強みの核が何かによって、とるべき戦略は違ってくる。
　「技術力」が強みの核なら、その技術をさらに磨き、新たな事業領域にも活かすべきだろう。
　「顧客資本」が強みの核なら、その顧客のニーズをさらに深く掘り、満足度をより高めるサービスを提供すべきだろう。
　「マーケティング力」が強みの核なら、その力をさらに磨き、新たな市場を開拓することも検討すべきだろう。

　このように、知的資本と強みの核を確認すれば、とるべき戦略の方向性も自ら見えてくるし、戦略の「フィット感」も判断できるようになる。

Training 1

小演習1回目

知的資本分析

伊藤君のメモより

　先週から毎週1回の「元気になる戦略講座」に出席している。この講座は人気らしく、抽選が当たったのは相当ラッキーだったらしい。

　伊州屋の出席者は、僕と本社の総務経理部長、仕入れ責任者と藤原店副店長と東藤原店店長の5名。みんな僕よりずっと経験ある人達だ。

　先週のオリエンテーションでの小坪くんとの再会には、本当に驚いた。帰りの電車の中で、元クラスメートの動向に花を咲かせたのは、とても楽しかった。地元に戻った連中も多かったけど、東南アジアや中国で活躍している連中もたくさんいた。まあ僕も5年前までそうだったけど。

　今日は小演習の初日だった。短い講義のあと、自分の会社の知的資本を棚卸するように指示された。時間は1時間、個人でやってきた宿題をチームで持ち寄って検討した。
　持ち寄ってきた宿題を見ると、同じ会社でも人によってこんなにも見方が違うのかと驚いた。
　僕は自分なりに伊州屋のことをよく知っているつもりでいたけれど、自分が知らない歴史や取引先や社員のエピソードがたくさん出てきて、かなり勉強になった。逆に、他の人達には、僕の経営視点からの知見が、新鮮で刺激的だったようだ。
　先生が「自分の会社のことを知らないで戦略を作れるわけがない」と言っていたのを、僕らは「当たり前じゃないか」と思って聞いていたけれど、「自分の会社を知る」ということが実はできていなかった

ことに、あらためて気づかされた。

　1時間は本当にあっという間に過ぎた。その後に発表が始まるときには、「まだ細かなところが埋められません」との受講生の声もあったが、先生は「大枠がわかればいいんです」と大らかだ。

　実際にやってみると、1時間も集中して議論すれば大枠はかなり見えてくることがよくわかった。先生の言うように、「作業に長時間かけて完成度を高めようとすると、細かな部分を埋める時間ばかり多くなって逆に本質が薄まってしまう」ということも、なるほどと思った。

▶▶ 伊州屋の知的資本

　伊州屋の伊藤と申します。今日は藤原市から来たこの5人を代表して発表します（拍手）。

　僕の勤める伊州屋は、藤原市駅前など市内に5つの店舗を持つ、地域の食品スーパーです。ご存じの方、いらっしゃいますか？（小坪くん含めて5人ほど手をあげる）ありがとうございます。

　では、説明を始めます。汚い字ですみません。あ、先生、何ですか？　「汚い字でOK」ですか？　ありがとうございます。気が楽になりました。

　伊州屋の知的資本は、こんな感じです（次ページ表）。いろいろな意見や視点が出て途中、かなり混乱したのですが、やっとまとまった感じです。

　スーパーというと薄利多売を想像するかもしれません。でも伊州屋は安くないです。いや、高いです（一同どよめき）。でも、藤原市の市民は割と所得が高い人が多いし、何というか高尚な人が多いですから、田舎ではありますが本格的な高級スーパー張ってます（笑）。

伊州屋の知的資本とコア・コンピタンス		
関係資本	顧客資本	比較的収入が高い顧客からの品質に対する信頼。高いリピート率・ロイヤリティと高い購買単価
	ブランド力	藤原市民からの「高級」との認知
	ネットワーク力	地場の名産の生産者、および海外サプライヤーと、個人間の信頼を含めた関係
組織資本	知的財産	海外含めた商品の目利き力と顧客に対する提案力
	業務プロセス	よいモノを仕入れて、店頭でアピールする力がすごい
	経営基盤	POS程度は入れているが、むしろ売れ筋や新商品は、販売スタッフが熟知
人的資本	経営陣	顧客に対する生活提案にこだわる経営者
	社員（従業員）	顧客を楽しませることに徹底した、創意工夫をする従業員
	組織文化	顧客によりよい生活を提案しようという姿勢。年に1度の欧州やアジアへの購買視察旅行

　こうやって、自分の会社の知的資本をあらためて見てみると、やはり社長の個性的なビジョンが会社全体を引っ張ってますね。社長はいつも「お客さまに豊かな気持ちになっていただく」と言っています。

　だから、品ぞろえは都心の高級スーパーに負けないと思います。実は伊州屋では、購買担当だけでなく永年勤めたパートさんまで含めた社員全員が、必ず数年に1度はヨーロッパや東南アジアに行って、実際に現地の市場や生活を見るようにしています。

　いや、観光地なんかには寄りません。行くのは市場と食品工場と料理教室ばかりです。膨大なレポートを書かされるし、旅費も食費も半分は自腹なので、そんなにうらやましいものではないですよ（笑）。

　でも、すごい刺激になりますね。自分が売っている食材が現地でどんな料理に使われているかを直接知ると、お客さまにも自信を持って伝えられますね。それに、藤原市の人って海外慣れしていて、みんなうるさい、いや失礼、知識豊富な方ばかりで（笑）。本物でないとすぐに見抜かれてしまいます。

去年は久しぶりに国内旅行で沖縄に行って、現地で昔ながらの製法でしっかりと作っている泡盛の工場を見学しました。泡盛の臭いって駄目と思う人も多いと思います。でも、本物は全然違うんですよ。本当に素晴らしい香りです。もう工場ごと買い占めたいと思いましたね（笑）。たくさん買って帰って、店で泡盛の香りを出してみたんですよ。その周りに酒のつまみを並べてみたら、フランスのチーズが飛ぶように売れました。でも、これはこの泡盛だからできたことです。安物の泡盛を加熱したら、お客さま全員が店から出て行っちゃったと思います（笑）。
　お客さまは、意識しなくても、やはり本物には反応します。だから、われわれも本物で応えなくてはいけません。

　うちの社長はほぼ毎日、自分の店で買い物をするんですよ。「売り場は顧客に対するメッセージ」だと言ってね。だから、レジに並んだ社長の買い物かごが、たくさんの商品であふれていたら社員も嬉しいですし、社長もニコニコします。逆に空っぽだと社長以上に社員ががっかりします。考えてしまいますよね。何が悪かったんだろう、次はどうしようかってね。

　やはり、伊州屋の強みの核って、よいモノを求めるお客さまの期待に応えて、それ以上にお客さまによいモノを提案する提案力。それを実現する社員の力、そしてそれをずっと掲げる社長の意志かなと思います。
　何しろ、社長からはコスト削減といったオペレーションよりの発言はいっさいありません。商社出身の僕には驚きです。それでも、高い利益率を出しているのですね。あっ、もしかしたら、〝それだから〟高い利益率を出しているのかもしれません。

　伊州屋を人にたとえると……、何ですかね。やはり、おしゃれで活動的なマダム、海外経験も豊富、でもちょっと口うるさいかな？（笑）
　どうもありがとうございました（拍手）。

▶▶ ツボタの知的資本

　　　　　　　　　　ツボタの小坪と申します。ここの5名を代表して発表します（拍手）。
　　　　　　　　　　ツボタは、一般ではあまり有名ではないかもしれませんが、産業用ロボットや化学分析計のセンサーの分野では、世界で最も高い技術力を誇る会社です（エヘン）。本社は品川で、社員は150名です。ただ、今回の研修ではツボタの医療機器事業部として参加していますので、とくに断らない限り、ツボタといっても医療機器分野だと思ってください。

　ツボタの医療機器事業部は、名前の通り医療分野のセンサーや分析機器に特化した事業部です。血液や尿の成分分析が得意です。35歳以上の方なら毎年健康診断で血液検査とかしますよね。血液のサラサラ度など、ご存じゃないでしょうか？

　昔は化学分析というと巨大で複雑な化学分析装置が必要でしたが、最近は半導体チップや合成DNAのおかげで、かなり小型化されました。
　製品はまず大学の医学部の研究室と共同研究で開発して、その成果を使って検査装置を開発します。
　ツボタの医療機器事業の知的資本は、やはりツボタ全社の歴史の中で培われてきた技術力だと思います。
　このセンサー技術を核としてその技術を日々高める技術者、また技術力を高める大学病院の先生と築いてきた信頼関係。このあたりがツボタの知的資本の強みだと思います。

　強みの核でいうと、僕は「当然、技術力しかない」と思っていたのですが、ちょっと一面的な理解だったかなとも思い直しています。
　ツボタの技術力は一流ですが、技術バカの集団ではありません。むしろ、顧客のニーズを読みとって、形にする技術力に長けていると思います。こ

れが強みの核じゃないですかね。そうじゃなければ、博士を大勢そろえた大資本の会社に対抗できるわけがありません。

人にたとえると、そうですね……、僕みたいに大人しいけど芯のある真面目な技術者、でも目端は利くという感じでしょうか（拍手）。

ツボタ医療機器事業部の知的資本とコア・コンピタンス

関係資本	顧客資本	大学医学部研究室のドクターに信頼されている
	ブランド力	センサー技術に対する信頼
	ネットワーク力	親会社の坪田技研のセンサー技術を活用、理系の大学研究室とのネットワークもある
組織資本	知的財産	先進的なセンサー技術
	業務プロセス	最先端・高品質だが、手作り的な要素が大きく、量産技術は未熟かな？
	経営基盤	システムといえるほどのものはない
人的資本	経営陣	研究畑出身でトライ＆エラーを積極的に進める
	社員（従業員）	真面目な技術スタッフが大半、営業も技術営業中心
	組織文化	顧客のニーズを技術につなぐ

Step1 登る山を決める

Step1-2
自分のいる世界を知る

　自分の依って立つ強みや価値観が見えてきたら、周りの世界に目を向けてみよう。自分がどんな世界に住んでいるのか、またこれからその世界はどう変わっていくのか、事業環境の大きな「**世界地図**」を描いてみよう。

▶▶ 環境変化に対応する組織のみが生き残る

　進化論を提唱した英国の生物学者ダーウィンは、生物の進化について、「最も強い種でも、最も賢い種でもなく、最も早く変化に対応する種が生き残る」と言った。

　会社も同じだ。時代とともに、社会は否応なく変化し、それにつれて経営環境という「世界」も変化する。

　その変化の中で、生残り繁栄する組織とは、最も大きな組織でも、最も優れた人が集まった組織でもなく、最も早く世界の変化に対応して自ら変化する組織だ。

　変化する世界の中にいる限り、その変化に対応して自らを変化させることこそが、組織が生き残るための必要条件だ。

　変化や競争というと、ついネガティブなイメージを抱きがちだが、そうでもない。

　生物の世界では、多様な環境への対応や他の生物種との競争や棲み分けが、多様な生物種やダイナミックな生態系といった、豊穣な世界を生み出している。

　ビジネスの世界でも同じだ。変化への対応や他社との競争・棲み分けがあるからこそ、創意工夫や技術革新が生まれ、優れた商品や新しいサービスが誕生する。環境変化に適応できずに退場する会社がある一方で、新た

な市場を作り出して成長する会社が、新しいドラマを作り出す。

　もちろん、ひと言に環境変化といっても、携帯やインターネットビジネスのように月単位で変化する業界がある一方で、素材産業のように10年単位でゆっくりと変化する業界もある。
　いずれにせよ、この変化する環境の中で自分をどう位置付けるかこそが戦略だ。
　たとえば、ソフトバンクのように変化を先取りしてダイナミックに（ある意味では節操なく）自らを変革していく企業がある一方で、百年以上続く老舗企業のように、周囲の変化に左右されないスタンスを確立することを独自の価値とする会社もある。どちらも立派な戦略だ。
　あなた自身の会社はどうだろう。5年前、10年前、20年前と比べると、取り扱う商品やサービス、また会社全体の事業構成は相当変わっているのではなかろうか。

　逆にどんな優良企業でも、環境の変化に対応できないと滅んでしまう。
　たとえば、2010年、日本航空は、そのたった数年前までは学生の就職人気トップ常連の優良企業だった。2005年に上場廃止となったカネボウも、戦前は日本最大の売上高を誇る超優良企業だった。
　これらの会社は、あまりに成功しすぎたために、世界の変化にかかわらず、自らを変化させることができなくなってしまった例だろう。

　この節では以下、会社をとりまく「世界」を知るために次の4つのフレームワークを当てはめていく。

```
Step1-2-1    拡大路線か縮小路線か
Step1-2-2    PEST分析
Step1-2-3    競争のタイプを知る（砂漠・草原・熱帯雨林）
Step1-2-4    競争相手を知る（ファイブフォース分析）
```

Step1-2-1
拡大路線か縮小路線か

▶▶ 世界は拡大しているか、縮小しているか

　会社が事業を拡大し利益を上げられるかは、自分のいる市場という世界が大きくなっているか、縮んでいくかによって大きく左右される。また、拡大する世界と縮小する世界では、とるべき戦略は真逆になる。
　まずは、大雑把にでも、世界が拡大しているか縮小しているかを押さえ、「**戦略の基本的なスタンス**」を決めよう。

▶ 拡大する世界では積極展開する

　拡大する世界とは、（想像できる人なら）1980年代までの日本、または2000年前後のバブル気味のインターネット業界、または現在の中国やロシアをイメージすればよい。成長するエネルギーにあふれている世界だ。
　あなたが拡大する世界の住人なら、他の住人（＝会社）と同じことをしても、業績は勝手によくなっていく。需要より供給が少ない世界なので、利益率も高いはずだ。
　拡大路線の戦略の基本は「イケイケドンドン」だ。売上を積極的に拡大し、シェアを増やすのが正解だ。世界が成長するスピード以上に、自社をフル回転で成長させなければいけない。
　フルラインの商品展開や積極的な出店で、世界地図に占める自分の面積を増やすべきだ。安値攻勢をかけるのも、同じ商品を複数のチャネルで競わせて売るのも悪くない。積極的な拡大を可能とするためには、大胆な開発投資や設備投資も必要だろう。
　そんな世界も、何か月後か何十年後かはわからないが、いつかは拡大も終息する。だから、世界全体が拡大しているうちに、世界地図の中の自分の面積（シェア）を確保するわけだ。

▶縮小する世界では事業を絞り込む

　逆に、縮みゆく世界とはここ数年の日本とか、（想像できる人なら）1980年代の米国をイメージすればよい。市場には活気がなく、住人も生彩がない。

　拡大する世界と縮小する世界では、とるべき戦略は正反対だ。

　縮小する世界では、投資を絞って利益を確保することが基本だ。利益の見込めないところからは、潔く撤退する。商品ラインナップも整理して、自分の強みに集中する。販売チャネルを見直して、できる限り一本化する。また、今まで競争してきたライバルとの合併などによる、競争の安定化も視野に入れる。売上拡大が見込めない中、シェアより利益の確保に知恵を絞るわけだ。

　この縮みゆく世界では、他の住人と同じこと、今までと同じことを続けていては、次第に淘汰されていく。だからこそ、自分の独自性をクリアに打ち出していくことが必要だ。自分の独自性をクリアにし、その強みを発揮できれば、量的には縮小する世界の中でも質的には豊かな成熟を楽しむこともできる。

　この拡大・縮小の２分法は、かなり大雑把な議論だ。拡大する世界の中でも、拡大に取り残される部分もあるだろうし、戦略の失敗などで落後する住人もいるだろう。成長する世界には移住希望者（＝新規参入）も殺到するので、逆に競争も激しいかもしれない。また、縮小する世界の中でも、細かく見れば拡大している部分はあるだろう。将来の拡大に向けた種が潜んでいるかもしれない。

　しかし、世界全体が拡大しているか縮小しているかを大雑把に把握することで、戦略の基本軸として拡大路線をとるべきか、縮小路線をとるべきかの、大枠のところが見えていく。

　ちなみに神田昌典氏は、拡大する世界にいることを〝上りのエスカレーターに乗っている〟、縮小する世界にいることを〝下りのエスカレーターに乗っている〟とたとえている。よい表現だと思う。

▶▶ 量から質への転換ができているか？

　日本の経済全体は、途中で不況やバブル崩壊といった事件はありつつも、総じて戦後1950年頃〜2005年頃までの50年間以上、「拡大する世界」にあった。しかし、今はすでに、国内は生産人口も減少し、GDPもマイナス成長の「縮小する世界」に突入している。

　また、20世紀後半の日本はアジアの中で一人勝ちをしてきたが、21世紀は、日本はアジア市場の（重要な位置にはいるが）1つの地域となる。
　世界の様相が一変した以上、戦略の基本軸を正反対に切る必要がある。この縮小する世界では、従来型の均質な量的拡大を前提とした〝よいモノをより安く大量に〟といった戦略は機能しない。
　全体のパイが小さくなりつつも、個々の個人や企業が豊かになっていく戦略を模索する必要があるからだ。
　フルライン戦略を見直し、少数の得意分野に集中する。集中した分野では世界No.1を目指して取り組む。低迷が続く〝お荷物事業〟は、まだ売れるうちに売却する。グローバルでの競争を視野に入れ、今まで敵と思っていた競合との合併も視野に入れる。その一方で、新たな成長機会に人材をシフトし、急成長するBRICsやVISTAの市場に本腰を入れて取り組み、アジア全体を市場とする。そのような転換が必要だ。

　縮みゆく国内市場で、今までと同じように、そして競合と同じように戦っていては、滅びることは目に見えている。あなたの会社は、戦略の基本軸を転換する用意はできているだろうか？

Step1-2-2
未来の動きを読む

▶▶ 未来を想定して戦略を考える

　世界が今、拡大しているか縮小しているかを大雑把にとらえたら、次は大きな時間軸の中で、この世界がどう変化していくかを読みとろう。
　市場の大きな変化の流れに乗った事業は、事業運営も成長もスムーズにできるが、大きな流れに逆らうような事業は、なかなかうまくいかない。

　この市場の大きな流れを読むために使うのが「**PEST分析**」だ。PESTとは、Politics（政治）、Economy（経済）、Society（社会）、Technology（技術）の頭文字をつなげたものだ。これらPESTの変化を読みながら、現在自分たちのいる世界が5年後、10年後、20年後にどのように変わっていくのかをイメージしていく。

　このPEST分析は、経済予測とは違う。たとえば、「市場は高度成長する」ことがわかれば十分で、成長率の予測値が19.8％か13.4％かで迷う価値はない。また「原油価格を考えるのは政治か経済か？」と迷う価値もない。PESTはお互いに絡み合っている。どこかで議論されていればよい。
　また、あまり関係ない議論を深めてもしかたない。たとえばツボタなら、高齢者人口の予測や医療行政の動向には注目すべきだが、原油価格やアフリカの政治状況を読み解く必要はないだろう。

▶ Politics 政治・政策環境

　次の選挙の当選予測は難しくても、長期的な政治・政策環境の変化は、かなり正確に見通すことができる。
　たとえば国内では、環境重視へのシフトは着実に進むだろう。財政状況

はさらに悪化し、公共事業などはカンフル的な一時拡大が仮にあっても、さらに細くなっていくだろう。保険医療費などの支出は増えていくだろうから、支出の効率性などについてはさらに要求が厳しくなるはずだ。この変化により、予防医学的な医療検査機器への予算は増えるだろうから、ツボタにとっては悪くない変化かもしれない。

また海外では、世界の発展は今まで主役であった欧米先進国やアセアン諸国から、BRICs諸国（ブラジル・ロシア・インド・中国）やVISTA諸国（ベトナム・インドネシア・南アフリカ・トルコ・アルゼンチン）に移っていく。またBOP（ピラミッドの底辺であるアフリカ諸国など）の成長が始まるかもしれない。そうなると、原油やレアメタルなどの資源調達競争は今までより激しくなる可能性が高いし、生物多様性や水資源などの地球環境を巡る問題も、ますます深刻になっていくだろう。

▶ Economy 経済環境

経済環境については、大きなマクロ経済状況と業界内のミクロな話の両方について、長期の見通しを立ててみよう。

国内GDPは、人口の減少と高齢化に伴って2005年頃をピークにさらに減少していく。業界別では、（伊州屋のいる）衣食住に関連する業界全体のパイは人口減少と高齢化のダブルパンチで縮小するだろうが、（ツボタのいる）医療業界は高齢化に伴いまだまだ拡大するはずだ。

海外では、中国のGDPは2010年には日本のGDPを抜き、2030年頃にはおそらく世界最大の経済大国になる。また、中国でも高度成長期・工業社会的な大量生産大量消費から、次第に情報コンテンツ産業や医療などの知識社会的な産業にシフトしていく。

これら変化を考えると、たとえば、ツボタは中国への本格進出も今から着手すべきだろう。高級スーパーの伊州屋も、北京や上海といった大都市の高級住宅地に支店を出す話があってもおかしくない。

▶ Society 社会・生活の変化

国民の年齢構成は、ほぼ確実に未来を予測できる。10年後、20年後の人

口構成の変化が社会構造や生活環境を変化させていく。今後の住宅や医療・福祉に求められる内容は、今までとは相当変わるはずだ。

また、社会階層の二極化と固定化といった社会構造の変化に伴って、1人ひとりのライフスタイルも差が大きくなり、多様化も進むだろう。

これら社会・生活の変化を考えると、伊州屋は、これから拡大するであろう富裕な高齢者層のニーズを確実に取り込む必要がある。また、ツボタも、医療や健康に対するニーズの変化を的確に取り込んでいく必要があるはずだ。

▶ Technology 技術動向

技術の将来動向も、比較的読みやすい分野だろう。

たとえば半導体の分野では、インテル社の共同創業者のゴードン・ムーア氏が提唱した「ムーアの法則」がある。「半導体の価格性能比は18か月ごとに倍になる」というものだ。この法則に則る形で、コンピュータなど情報機器は、10年で1000倍、20年で100万倍と、急激に性能を進化させてきた。この急激な技術革新が、20世紀末からのIT革命を引っ張り、知識産業という新しい産業を巨大に成長させ、また知識社会化に向けて社会を大きく変えているのだ。

先の2社に当てはめて考えると、センサーの技術動向はツボタの技術開発計画を直接的に左右する。ツボタは、将来の技術動向を読みながら、事業展開の長期計画（ロードマップ）を作る必要がある。また伊州屋も、消費者の行動を変化させる一要因として、新しいネット技術の動向を押さえておく必要があるだろう。

このPEST分析の結果を一本のストーリーにして、未来を語ったものを「**シナリオ分析**」という。単純に未来を予測するだけではなく、たとえば、「原油価格が2倍になったらどうする」といった仮定をもとにシナリオを描くことで、起こり得るリスクに事前に対処することができる。

Step1-2-3
競争のタイプを知る

▶▶ 市場の「砂漠」「草原」「熱帯雨林」

　世界の将来をイメージできたら次は視線を少し低くして、市場・業界の競争パターンを見てみよう。

　市場のほとんどは、個性の異なる数多くの会社が棲む、豊穣な「**熱帯雨林**」だ。とはいえ、中には最強の個体1体しか生残れない「**砂漠**」のような市場がある。また、少数の強い個体が支配するサバンナやステップといった「**草原**」のような市場もある。

　砂漠も草原も熱帯雨林も、同じ熱帯地域にある。しかし、降水量という条件の違いが、まったく異なる生態系を作っている。同じように、市場に働くルールが違うと性格の違ったビジネスの生態系ができる。それぞれの生態系を、そこに働くルールと合わせて見ていこう。

砂漠・草原・熱帯雨林

▶▶「ネットワーク外部性」の支配する「砂漠」

「砂漠」型の市場とは、利用人数が多くなるほど価値が上がる「ネットワークの外部性」が働く市場だ。パソコン（PC）のオペレーティングシステム（OS）がその代表例だ。

あなたのPCのOSも、おそらくマイクロソフト社のウィンドウズだろう。マッキントッシュ（マック）のOSは素晴らしいし、熱烈なファンもいるが、市場シェアは10%に満たない。

なぜなら、データの共有やトラブル対応などを考えると、社内で隣の人やより多くの人が使っている製品に合わせたほうが便利だからだ。ソフト会社もユーザーの多いOS向けに製品を出すし、OS自体もユーザーが多くなればどんどん品質もコストも改善していく。

OSとは、その上で価値を創造するための「**プラットフォーム**」だ。プラットフォームの価値以上に、その上で創造されたものに価値がある。つまり、プラットフォーム自体の性能に若干不満があっても、その上にある生態系の価値が大きくなると、ユーザーはわざわざプラットフォームを離れなくなる。こうしてネットワーク外部性が働く市場は、ユーザー数の増加が新しいユーザーを呼ぶ「**収穫逓増**」が起き、最後は「**１人勝ち**」の状態で終わる。

マックとウィンドウズの場合、はじめはマックが技術面で圧勝していた。しかし、マックがアップルの販売政策の不手際で自滅するなか、安価なPCで数を伸ばしたウィンドウズが、先に「普及の臨界点」を越え、1990年頃にはプラットフォームの覇権を握った。

こうした市場で生き残る戦略は、"勝ち組につく"ことだ。マックもiPodが登場する2001年までは実質的には、趣味人のための（ワード、エクセルが動く）ウィンドウズ互換機として生き残り続けていた。互換機でなければ、他の名機とともにマックも絶滅していたはずだ。

ネットワーク外部性は、IT産業に顕著に現れる。だから、砂漠の市場の王者として思い浮かぶ会社には、1980年代までの全盛期のIBM（日立・

富士通といった互換機がいた)、CPUチップのインテル（AMDという互換チップがある)、ポータルのヤフー、ネットショップのアマゾンと楽天、検索のグーグル、SNSのミクシーなど、やはりIT系の業種が多い。

≫≫ 「規模の経済」と「学習曲線」が効く「草原」

　製鉄や自動車といった業界を思い浮かべてみよう。せいぜい数社の大企業が寡占している。これが「草原」型の市場だ。
　草原型の市場を作るルールは、「規模の経済」と「学習曲線」だ。

　自動車会社間の生産原価を比べたグラフを、下図に見てみよう。
　生産規模（＝シェア）が大きくなればなるほど、生産原価が安くなる。設備生産性が向上し、原料の調達単価も安くなり、管理部門の経費（間接費）も相対的に小さくなるからだ。これが**「規模の経済」**だ。

自動車業界の規模の経済

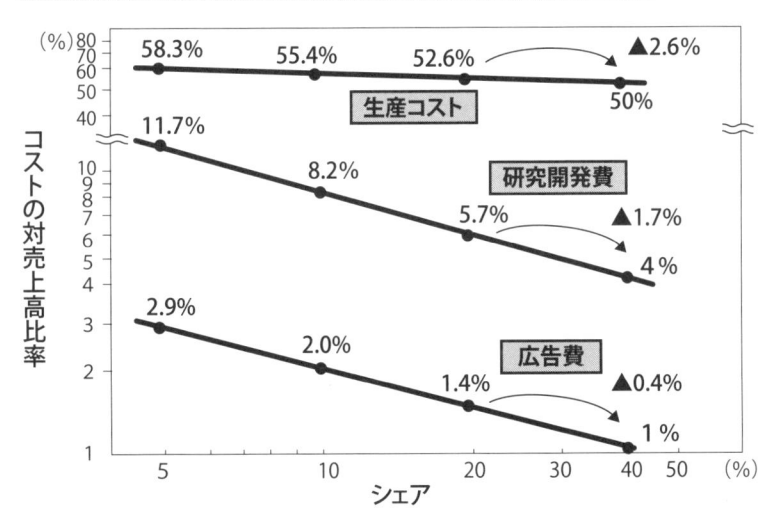

シェア	5%	10%	20%	40%	変化
生産コスト	58.3%	55.4%	52.6%	50%	▲2.6%
研究開発費	11.7%	8.2%	5.7%	4%	▲1.7%
広告費	2.9%	2.0%	1.4%	1%	▲0.4%

（縦軸：コストの対売上高比率、横軸：シェア(%)）

生産量（シェア）が2倍になると、生産コスト、研究開発費、広告費の対売上高比率が合計 4.7% 低下する。
※シェア40% 企業の生産コスト、研究開発費、広告費の比率を限定して、傾きにより計算したモデル
（出所）『MBA 経営戦略』グロービス・マネジメント・インスティテュート編（ダイヤモンド社）より

このような、規模の経済が働く市場では、ある程度以上の規模がない会社は生き残れない。規模が小さい会社は、どうしても生産原価が高くなる。しかし、だからといって販売価格はむやみに高く設定できないからだ。

とくに、製品の本質的な差別化が難しい素材産業などの業界は、原価の差が直接的に競争力の差に結びつくので、草原化しやすい業界といえる。

実際に20世紀の終わりには、国内の製鉄など素材産業では大合併が相次ぎ、2大グループ（新日鐵とJFEスチール）に集約された。さらに現在では、グローバルな大合併が進んでいる。

通信業界も草原型の市場だ。電話や回線サービスも品質面での差別化は本質的に難しい。その一方で、全国規模の通信インフラを構築する必要があるので、加入者数という規模が収益に直結する。

それまでNTTとKDD（後にDDIと合併）が巨大な利益を独占していた通信業界には、1985年の通信自由化に伴い、新規参入が認められた。その直後には10社以上の新規参入があったが、多くの会社はその後、規模の経済を通じて淘汰され、現在は（携帯含めて）ほぼ3グループ（NTT、KDDI、ソフトバンク）に集約された。

銀行も草原の住人だ。金融商品の差別化は難しいし、仮に差があってもすぐにまねされる。それに対して、システム投資などに巨額の資本が必要なので、規模の差がコスト構造の差に直結する。

1990年代前半には10行以上あった都市銀行、長期信用銀行も、現在はおおむね3グループ（三菱東京UFJ、みずほ、三井住友）に集約された。銀行業も、草原の住人である以上、このような寡占化はさけられない。

草原を作るもう1つの原理が「**学習効果**」だ。「経験効果」や「学習曲線」ともいう。

たとえば半導体の製造コストは、生産台数の累計（の対数）に比例して安くなっていく。生産を通じて生産ノウハウが高まり、設備や工程が改善され、歩留まりが向上するからだ。なので、すでに生産量を稼いだ会社のほ

うが競争では有利になる。

　この学習効果は、程度の差こそあるが、民生用機器、半導体、液晶パネル製造、航空機製造など、広く製造業全般に当てはまる。これら学習効果が強く働く産業では、他社に先行して生産ノウハウを蓄積することが競争力強化のカギとなる。

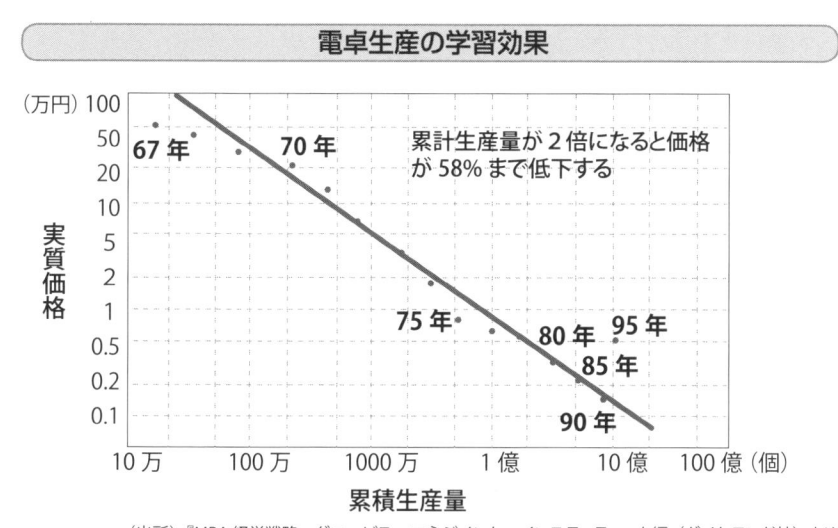

電卓生産の学習効果

（万円）縦軸：実質価格
横軸：累積生産量（個）

67年、70年：累計生産量が2倍になると価格が58%まで低下する
75年、80年、85年、90年、95年

（出所）『MBA経営戦略』グロービス・マネジメント・インスティテュート編（ダイヤモンド社）より

≫「範囲の経済」で棲み分ける「熱帯雨林」

　砂漠も草原（ステップやサバンナ）も、地上面積の相当な部分を占めるし、そこに棲む象やライオンなども大きくて話題になりやすい。しかし、生物のほとんどの種は、熱帯雨林に棲んでいる小型の動物や昆虫だ。

　同様に、砂漠や草原の市場には話題となる大企業が棲んでいるが、ほとんどの会社は「熱帯雨林」の市場に棲む中堅、または中小企業だ。

　熱帯雨林での競争をイメージしてみよう。そこでは樹木ごとに、さまざまな生物種、たくさんの個体がお互い競争しながら自分の縄張りを持って棲み分けている。競争に負けると今までいた樹木からは追い出されるかも

しれないが、他にも居心地のよい餌場はありそうだ。ある生物にとって、他の種がすべて敵というわけではない、1つの樹木にも多くの生物が棲み分け生存しているし、他の種と共存・協力する場合もあるだろう。

ビジネスの世界にも、1つの世界（森林）の中に多くの小さな市場（樹木）があり、多様な業種があり、数多くの会社（個体）がある。多くの会社や事業は生まれて3年以内に消えるが、100年以上続く会社もある。競争環境に適応するとは、多様な生態系の選択肢の中で、周囲のプレーヤーと競争・協力しつつ棲み分け、自分の餌場を確保していくことだ。

たとえば、食品業界や衣料品業界は熱帯雨林の市場だ。ニチレイやユニクロといった大企業も、食品業界や衣料業界の中では、ほんの一部のシェアしか占めない。市場の大部分を占めるのは小さな会社たちだ。

ソフトウェア業界でも、日立や富士通といった大企業がある一方で、ニッチな製品で勝負する中小企業、また1人でウェブデザインをするような個人事業主も頑張っている。

この市場に働くルールは「範囲の経済」と「棲み分け」だ。
ともに、あなた自身に当てはめて説明しよう。

まずは「範囲の経済」に関する質問をしてみよう。あなたには友人が何人いるだろうか。

多い人でも数十人が限度だろう。でも、この広い世界には、もし付き合えば素晴らしく気が合う人は、もっとたくさんいるはずだ。

しかし、新しく友人を作るには、その人をよく知り、自分のことをよく知ってもらうなど、それなりに手間と時間がかかる。今の交友関係でとくに不満がなければ、新たにそんなコスト（「取引コスト」という）をかけるよりは、何かあっても今の友人にいろいろ頼み事をしたり、人の紹介をお願いすると思う。これが**範囲の経済**だ。

ビジネスでもそうだ。お互いの信頼関係がすでにあるならば、そうそう取引先は変わらないはずだ。「別の取引先が圧倒的に安い」とかがないか

ぎり、「私のことをよく知っているXXさんに、ついでに〇〇ができないか聞いてみよう」となるわけだ。

　この範囲の経済は、システムインテグレーターやウェブサイト構築会社、またコンサルティング会社、ケア業界など、一律のサービスではなく、顧客の1人ひとりをよく知ったうえでのカスタマイズしたサービスが必要となる業界に、とくによく当てはまる。

　次に「棲み分け」に関する質問だ。あなたが今週ランチで注文したもの、またあなたの着ている服は、隣の同僚と同じだろうか？
　おそらく違うだろう。こういった個人の嗜好が絡む商品やサービスは、顧客1人ひとりの欲しいものが大きく違う。品質を横並びするわけにもいかないし、値段が安ければそれでよい、という話にもならない。
　このような市場には、さまざまな会社が「**棲み分け**」て生存できる。衣服や食品といった嗜好品的な製品、また多くのサービス業は、このような棲み分けが働き、多くの会社が存在する。

　こういった範囲の経済や棲み分けが効く業界が、ビジネスの世界のほとんどを占める。ビジネスの世界の多くは熱帯雨林であり、だからこそ、数多くの中小企業も生存できるのだ。

Step1-2-4
競争相手を知る

≫ 世界地図の住人を5つに分ける

　業界内の競争パターンを確認したら、もう一度視点を高くして、世界地図の中に住む住人全体を見てみよう。

　ここで使うのは、ポーター大先生が考案した「ファイブフォース」（5F）というフレームワークだ。地図を5つの地区に分けて、そこの住人達と自分との「力関係」を見るものだ。

　この5つの地区とは、①同業他社、②供給元、③チャネル・顧客、④新規参入、⑤代替だ。

　以下、そこの住民との力関係を見ていこう。

ファイブフォース（5F）分析

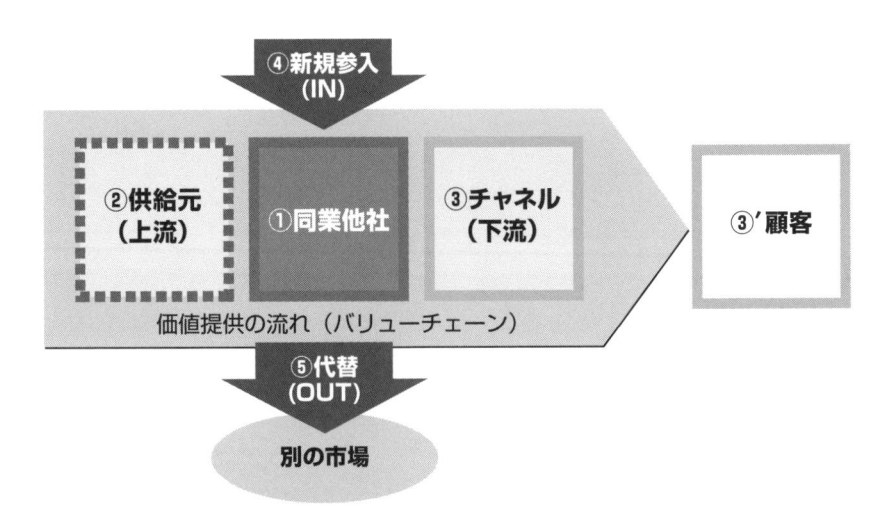

- ④新規参入（IN）
- ②供給元（上流）
- ①同業他社
- ③チャネル（下流）
- ③'顧客
- 価値提供の流れ（バリューチェーン）
- ⑤代替（OUT）
- 別の市場

①同業他社

競合という言葉からすぐに連想するのは、「同業他社」だろう。

伊州屋なら近隣の他のスーパーが気になるはずだ。彼らのチラシも毎日チェックするだろう。ツボタなら同じ医療機器メーカーの動向が最も気になるだろう。

しかし、競合＝同業他社と思うと間違いだ。そのほかにも、競争する相手となる住人がいるのだ。

②供給元

「供給元」とは、商流の上流に位置する人達だ。仕入先といってもよいモノばかりでなく、人材紹介業やソフト開発の場合には、就職希望者やSEといった「ヒト」がここに位置するかもしれない。また、仕入れがとくにない会社なら、この項目は飛ばしてかまわない。

ほとんどの会社は、この供給元よりは強い立場にいる。グローバル化した豊かな成熟社会では、ほとんどの「モノ」や「サービス」はどこからでも買うことができるからだ。

ただし、「ここからしか買えない」という独占的な供給元ならば、供給元の力は大きくなる。よい例がマイクロソフトだ。OSの値段はPCの販売価格の相当部分を占めるが、PCメーカーは逆らえない。またマイクロソフトが評判の悪い欠陥品を出しても（Windows Vista）、PCメーカーは採用せざるを得ない。

その他には、電力会社やレアメタルの採掘業者が力の強い供給元の例に当てはまる。「この会社でしか作れない」という特殊な部品を作っている会社や、生産数限定ですぐに売り切れてしまう食品なども該当する。

このような会社は力関係で優位に立ち、大きな利益を享受できる。

伊州屋など食品スーパーなら、上流の供給者には食品メーカーや食品卸が該当する。食品はどこからでも仕入れられるので、自社のほうが一般的に優位な力関係にある。

ツボタの場合は、基本的に部品は内製なのでとくに川上を考慮する必要

はない。しかし、心臓部となる特殊なセンサーを外注しているメーカーだったら、センサーの供給元が非常に大きな交渉力を持つはずだ。

③チャネル・顧客

商流の下流に位置する「チャネル・顧客」の住人には、流通チャネルや最終消費者が該当する。モノやサービスが豊富に存在する成熟社会では、購買の選択権のある川下の住人の力は非常に強い。

これは家電メーカーとヤマダ電機などの量販店の力関係を考えると、わかりやすい。家電メーカーは、量販店で売れないことにはシェアが伸ばせない一方で、量販店はどのメーカーが売れてもかまわない。電機メーカーは量販店の展示スペースを取るべく最もよい価格条件を出そうとお互い競争するので、利益はほとんど残らない。

食品メーカーと、コンビニやスーパーなどとの力関係も同じだ。圧倒的な集客力のあるコンビニは、食品メーカーに対して価格や納品時間などの交渉に厳しい条件で臨むことができる反面、食品メーカーに残る利益は薄くなる。

これら納入先の力に対抗するには、自社のブランドを確立し、「XX社製の製品が欲しい」と最終顧客に言ってもらうしかない。

伊州屋の場合なら、納入先とは店舗に来て買ってくれる顧客だ。彼らは伊州屋以外にも選択肢はたくさんあるが、伊州屋は彼らに気に入ってもらえなければ商売にならない。まさに〝お客さまは神様〟なのだ。

ツボタの納入先には、2種類の住人がいる。直接的な納入先である病院と、最終的な利用者である一般の患者だ。ツボタの場合、一義的には直接の納入先である病院のニーズを最優先すべきだが、患者のニーズに合わない商品は、結局はそっぽを向かれる。つまり、両者のニーズを満たす必要がある。

④新規参入

「新規参入」とは、新たに競合として参入してくる住人だ。この新規参

入には2つのパターンがある。

1つ目のパターンは、同じ土俵で参入してくる住人だ。

たとえば証券業界なら、20世紀までは野村証券・大和証券・日興証券（それに1997年までは山一証券）といった大手が、いわば長年のライバルといった関係で、お互いの手の内を知った競争をしていた。

この業界に対して1996年頃の金融自由化に伴い、都市銀行が証券子会社を作って参入しはじめた。

これはいわば同じ土俵に上がってくる競合だ。このような相手には、今までと同じ競争ができる。人材やノウハウや顧客といった既存の知的資本が分厚い分、大手証券会社にとって有利な競争だ。

それに対して、2つ目のまったく違う土俵（ビジネスモデル）で参入してくるパターンは怖い。

証券会社なら、インターネットという新大陸から来た異民族がいる。Eトレード（1999年）やマネックス（1999年）といったネット証券だ。

既存の大手証券の個人営業部門が、全国に広がる支店網と数万人規模の営業部隊を擁していたのに対し、ネット証券会社はせいぜい100人規模の会社だ。コスト構造がまったく違う。彼らが登場してから5年くらいで大手に見劣りしない顧客数を確保し、低額の手数料にかかわらず高い利益を上げているのは、ビジネスモデルがまったく違うからだ。

これらの新規参入組に対して、既存の会社の持つ物理的な資産や人的な資産が、逆に簡単に捨てられないシガラミとなってしまう。

大手証券会社が本格的にネットに参入しようとしても、今まで築き上げてきた支店網や代理店、また営業スタッフをすぐに捨てる決心はなかなかつかない。ネットとの共食い（カニバリゼーション）をどう解決するかで、とても悩むことになる。

ネット専業に転換した松井証券の場合、松井道夫社長が強烈なリーダーシップを発揮し、役員の総反対と退職者の抗議を押し切り、強引に業態転

換を決めた。自らの過去を否定し、ビジネスモデルを転換したからこそ、松井証券は成長できたのだ。

　普通の会社はなかなかそこまで踏み切れない。事務機器業界第2位のプラスが、積極的に通販やネットを使って「アスクル」を展開したのに対し、最強の代理店網を誇った業界トップのコクヨがほとんど動けなかったのが、そのいい例だろう。

　何もインターネット関連ビジネスだけが新しい参入ではない。床屋のQBハウスやブックオフも、古い業界に新しいビジネスモデルを持ち込んだ新規参入だ。
　業界の既存企業が彼らに正面から対抗するには、自分たちの今あるビジネスを全面的に転換する覚悟がいる。

▶⑤代替

　代替とは、「別の製品やサービスが登場したから、今のはもういらない」と言われてしまうリスクだ。市場を食い合うのではなく、市場全体がなくなってしまうので、とても恐い。

　代替の例には、音楽メディアではレコード盤からCDへの交替、その後のiPodなどシリコンメディアへの交替がわかりやすい。カメラではフィルムからデジタルへの交替、テレビではブラウン管からプラズマや液晶への移り変わりがある。技術だけでなく、流通でも「デパートから大規模スーパーへ、さらに専門店」といった世代交代がある。
　代替について、ハーバード大学のクレイトン・クリステンセン教授が名著『イノベーションのジレンマ』（翔泳社）で紹介したのが、コンピュータのハードディスクの例だ。
　ハードディスクは、旧式で大型の14インチから、8インチ、5.25インチ、3.5インチ、2.5インチと世代交代につれ小型化してきた。そして、世代交代のつど、主導権を握るプレーヤーが交替していった。

一見、不思議な話だ。その時の技術力に最も優れた会社が、次世代の新しい技術でも主導権を握るのが自然と思える。

実は敗因は、会社が顧客の声を素直に聞き過ぎたことにあった。

今の性能に満足する一般顧客は大きな声をあげないのに対して、先端的な顧客ははハードディスクにさらに高い性能を要求する声をあげる。会社はこの顧客ニーズに応えようとしたのだ。この時点では次世代技術は成熟度が低いため、顧客ニーズを満たす性能は発揮できない。だから、会社はまだ品質の低い次世代技術でなく、現在の技術を改善して対応しようとする。

その一方で、チープな次世代技術も急激に進化する。気付くと一般顧客は、より安い次世代の技術に流れてしまっていたのだ。

会社は顧客ニーズに対応しようと、短期的には合理的な判断をした。しかしその結果、新世代の技術に出遅れて負けたのだ。この**「イノベーションのジレンマ」**は、戦略を作るには未来の環境変化を踏まえることが、いかに大事かということを教えてくれる。

Training 2

小演習2回目

競争環境分析

> **小坪君のメモより**
> 　今日はStep1の2回目の小演習だ。「前回、自分の会社を省みたので、今回は自分の住む世界を見渡そう」ということらしい。この一連の環境分析の結果を、下にメモした作り方に従って、事業環境の「世界地図」(環境マップ)にプロットしていった。
> 　先生はまた、「じゃあ1時間で宿題を共有して作ってください」と言う。
> 　今回は情報量が多かったので、無理じゃないかとも思ったが、前回の知的資本分析と違って客観的な情報が主なので、1時間でも意外と進んだ。逆に時間の短いほうが、些末な情報に埋もれずに重要なことに絞り込みができてよかったと思う。
> 　また、この世界地図が自分たちの住む世界を一目瞭然に表現する、まさに世界地図だということを実感できた。

▶▶競争環境分析のテンプレート(「世界地図」)の作り方

i エスカレーター　上に登っているか、下に下っているかの区別を記入する。登り具合・下り具合も角度で示そう。また、しばらくは上り坂だが、その後は下り坂が予測されるなら、"Λ"のように折れ目を付けるなどの工夫もよい。

ii PEST分析　世界地図を変える可能性のあるPESTの要因を記述しよう。関係ないPESTは記入しないこと。

iii 競争パターン　真ん中の四角の枠に、「砂漠・草原・熱帯雨林」の区別を記入しよう。地図によっては、草原と熱帯雨林の中間の「温帯」であっ

たり、もとは草原だったのが「砂漠化」が進んでいるなどの記述があってもよい。

iv ファイブフォース　まずは、競争や力関係の程度を「○・△・×」で大まかに区別しよう。「○」は競争や力関係のうえで自社が有利な状況、「×」は自社が不利な状況。「△」は中間だ。わからなかったら「？」を置けばよい。そして、その内容をメモする。そのうえで、3年後なり5年後なり、その後の状況がどう変化するかを、同じく「⇒○・⇒△・⇒×」の3つで記述する。

競争環境分析のテンプレート 「世界地図」

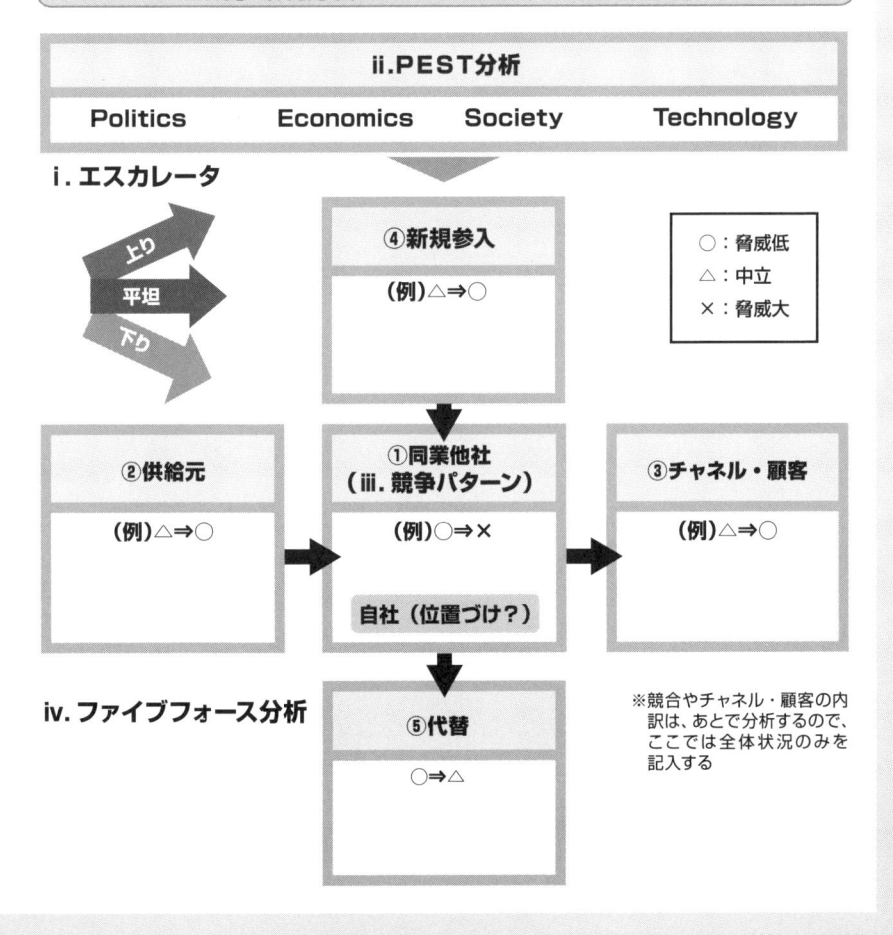

ⅱ.PEST分析
Politics　Economics　Society　Technology

ⅰ.エスカレータ
上り／平坦／下り

④新規参入
（例）△⇒○

○：脅威低
△：中立
×：脅威大

②供給元
（例）△⇒○

①同業他社
（ⅲ.競争パターン）
（例）○⇒×

自社（位置づけ？）

③チャネル・顧客
（例）△⇒○

ⅳ.ファイブフォース分析

⑤代替
○⇒△

※競合やチャネル・顧客の内訳は、あとで分析するので、ここでは全体状況のみを記入する

▶▶ 伊州屋の「世界地図」

伊州屋の伊藤です（拍手）。

えーと、環境は……、（明るい声で）よくないですね（笑）。日本人の胃袋が縮むのに比例して、食品スーパーの世界地図も収縮中です。

まずPESTのSocietyを見てみると、今は個人個人で消費行動がまったく異なります。団塊の世代が高齢化するといっても、必ずしも質素な和食になるわけではないんですよ。むしろ僕らより肉が好き。肉に飢えた青春を過ごしたそうで、僕らの草食系世代と正反対の肉食中高年です。

また、藤原市に多い二世帯同居のご老人では、子どもと一緒に楽しむために地方の名産品とか、孫のためにヨーロッパの綺麗なお菓子とか、割と買うんですよ。うちも親が近くなので、似たようなものです。そんな感じで、個人の行動は今までのように性別とか年代別では、素直に切れなくなってます。えっ先生。なんですか？　「それは顧客セグメント分析で詳しくやる」？　それは楽しみです。

TechnologyとPoliticsは、あんまり関係ないので省略します。

業界は熱帯雨林、というより生物種の少ない温帯かな？　具体的な競合の名前を出す必要はないとのことですが、巨大スーパーから駅前商店街の個人商店まで、まあ賑やかです。でも、車社会の地方都市なんかは、巨大スーパーにみんなお客さまを持っていかれて、砂漠化がどんどん進んでいるようです。

ファイブフォース分析では、先生の言う通り、われわれは生活者を向く必要があるわけで、「お客さまは神様です」（笑）。業界他社とはポジションを違えて棲み分けているので、今のところそんなに脅威には感じていません。新規参入はもうないでしょう。

Step1 登る山を決める

脅威に感じるのはネット宅配です。われわれの得意な領域である、地域や世界の隠れた名品とか、有機食材とかこだわりの逸品にダイレクトに競合しますからね。実際に店内で実物を見て比較するとか、地産地消とかはわれわれが一日(いちじつ)の長がありますが、将来的には脅威です。

でも、やはりファイブフォース分析で最も重要なのは、何といっても消費者です。"神様"にいかに受け入れられるかを真剣に考えることが、ネットへの対抗策にもつながると思います（拍手）。

伊州屋の「世界地図」

ii. PEST分析

Politics	Economy	Society	Technology
とくになし	二極化の進展、というより中流層の下流層へのシフト	ライフスタイルの多様化	とくになし

i. エスカレータ: なだらかな下り

④ 新規参入
○⇒△
店はもう増えそうにないが、ネット宅配サービスは進みそう

② 供給元
○⇒△
将来を考えると食料調達も厳しくなるかもしれない

① 同業他社（iii. 競争パターン）
△⇒△
温帯の中で棲み分けている

③ チャネル・顧客
△⇒△
多様化し変化する顧客のライフスタイルに追いつくことは、今まで以上に大切

iv. ファイブフォース分析

⑤ 代替
○⇒△
高級な弁当宅配や高齢者向け給食サービスなんか来るかも?

○：脅威低
△：中立
×：脅威大

▶▶ ツボタの「世界地図」

ツボタの小坪です（拍手）。

ツボタの環境は、比較的、恵まれていると思います。地図は、日本の高齢化に合わせて、どんどん大きくなっています。

先生は、「成長市場はシニアとアジア。この2つに行けば勝ちのパターンも見えてきます」と言ってましたが、まさにこのシニア市場がツボタのメインの市場です。

PESTを見てみます。

まずSocietyの特徴は、何といっても老人人口の増加でしょう。医療機器は高齢になるほど使う機会が増えるわけですし。あと、Technologyの進歩も大きいといえます。半導体チップを使った個人用の各種分析機器ができるなど、たった10年前には想像できませんでした。

PoliticsとEconomy絡みでいうと、昔は医療機器の取り扱いには医者とか薬剤師とかの資格が必要だったのですが、診断さえしなければ、誰にでもできるようになりました。医療費抑制は必須なので、国としても予防医療に活用するための医療用機器は積極的に活用する方針と聞いています。助成金が出るかはわかりませんが、利用の促進にはなると思います。

業界のルールは、大きなマシンのX線CTスキャナーとかMRI（核磁気共鳴）診断機などの技術開発や生産設備には、ある程度の規模は必要ですので、草原型かな？　でも、技術力があれば何とかなるという領域も一部にはあります。だから、ツボタ医療機器事業部のような新規参入したての"小さな会社"にも、居場所があるわけです。この意味だと、半分は草原ですが、もう半分は熱帯雨林ではないにせよ、森になっている感じかな。

ファイブフォースを書いてみると、重要なのはやはり業界内競争だとわ

Step1　登る山を決める

かります。他社に先駆けて技術を開発することが、やはり最も大切です。今後ともベンチャー企業の参入も予想されますので、ここは優位に立ち続けないといけません（拍手）。

> ※現実の演習の場合、発表はチーム内で持ち回るので、今回の発表者は伊藤君や小坪君ではないのだが、本書では都合上、同一人物が発表する形式をとった（次回以後も同様）。

ツボタの「世界地図」

ii. PEST分析

Politics	Economy	Society	Technology
とくになし	保険負担増大に伴う、病後の医療より予防検査の重視	高齢化のさらなる進展。QOLへの要求	DNAセンサー、マイクロ化学センサー技術の発展

i. エスカレータ（のぼり）

④新規参入
△⇒×
米国ベンチャーばかりでなく、中国が産業政策で力を急速につけてきている

②供給元
○⇒○
親会社がセンサーを提供するので問題なし

①同業他社（iii. 競争パターン）
△⇒△
技術力が必要なので草原型はあまり変わらないだろう

③チャネル・顧客
△⇒△
顧客ニーズに合わせた製品開発が重要に

iv. ファイブフォース分析

⑤代替
○⇒△
自分自身が従来の医療分析の代替サービスを提供

○：脅威低
△：中立
×：脅威大

Step1-3
自分の強みと課題を知る

　自分の姿を知り、いる世界の地図を書いたら、次は自分と競合を比べて自分の強みと取り組むべき課題を確認しよう。

▶▶会社を機能に分けてみる

　自らの強みと課題を洗い出すために使うフレームワークが「バリューチェーン」だ。これもポーター大先生が考案したものだ。
　会社とは、顧客に価値を届ける機能の組み合わせだ。だから、それら機能ごとの競争力を見れば、会社全体の競争力がわかるというわけだ。
　このバリューチェーンで示すのは、あくまで概念としての機能だ。細かな業務プロセスではない。業務の時間軸や組織の枠組みを外して、純粋に機能だけを見てみよう。

　ポーター大先生は、会社の機能を「研究開発・調達・製造・物流・販売・管理機能」と定義し、この機能区分がどんな業界にも当てはまるとした。しかし、これはあまり実用的ではない。現実のバリューチェーンは、業界ごとに、次ページ図のようにカスタマイズして使ったほうがよい。

　たとえば、製造業のバリューチェーンは、一般的に以下のようになる。
　まずは、商品企画やマーケティングといった「企画」機能で、何を作るかを決める。次に「研究・開発」機能で、必要な技術を研究し新製品を開発する。そして、原材料を「調達」して、製品を「製造」し、それを「販売」機能を通じて顧客に届ける。販売後も必要に応じアフターサービスで「保守」をかけるといった流れだ。

バリューチェーンには、顧客に価値を提供するための一連の機能が含まれている必要がある。戦略を作るには、顧客に価値を提供する一連の流れを見渡して、何をすべきか考える必要があるからだ。

〝製造部門だけのバリューチェーン〟では意味がない。仮に自社が製造子会社や販売子会社といった単体機能の会社だったら、親会社まで含めて、顧客に価値を提供する一連の流れ全体のバリューチェーンを検討する必要がある。自社の枠内で、「製造（だけ）を改善しました」「販売（だけ）を頑張ります」といっても、それは戦略ではないのだ。

業種別のバリューチェーン

製造業: 事業戦略・マーケティング・商品企画 → 研究開発 → 調達 → 製造 → 営業・販売 → 顧客

ソフト開発: サービス開発 → 新規開拓セールス → システム開発外注手配 → システム運用 → 顧客の継続的メンテ → 顧客

コンサル会社: ビジョン策定・サービス設計 → 採用・教育 → 新規開拓セールス → サービス提供 → 顧客の継続的メンテ → 顧客

ファストフード: 商品開発 → 物件開拓 → 店長教育 → 食材購買 → バイト管理 → 調理・接客サービス → 販売促進 → 顧客

▶▶ 会社の強みと課題を知る

　自社と競合のバリューチェーンを並べて比較してみると、自社の強みと課題がクリアに見えてくる。

　すべての機能が強いという会社はない。でも、どこかに強みがあるから、市場に認められているわけだ。バリューチェーンを使って自社と競合の特徴を機能毎に比べてみると、自社の強みと課題が確認できる。

　たとえば同じ業界で競争する、S社・P社・H社を下図に比べてみよう。同じ業界でも、会社によって強いところと弱いところは相当違うことがわかるだろう。

　たとえば、S社の独自の強みが商品企画であるならば、その強みを維持し活用するのが原則だ。弱点の補強ばかりに熱心になって、今の強みを失ってしまったら元も子もない。

　その一方で、その強みばかりに集中せずに、バリューチェーン全体を広く見渡してみる必要がある。技術が強い会社が技術バカになるように、どうしても自分の強い部分、課題に思っている部分ばかりに気が向いてしまいがちなのだ。

製造業のバリューチェーン

	企画・マーケ	研究	調達	製造	販売	顧客
S社	◎ ここが生命線	× 実は薄い	?	× 実は不良品も少なくない	△ 販売店網薄い	
P社	○ 最近強化	△ 商品研究特化	○ 大量調達	?	◎ 強烈な販売力	
H社	× 重視されず、人数も不足	○ 基礎研究から取り組み	△	◎ 徹底的に品質保証にこだわる	△	

（会社による強みと弱みの明確化）

》》企画機能を強めよう

　バリューチェーンの中で最も重要なのは、事業戦略・商品企画・マーケティングといった「企画機能」だ。
　仮に研究・開発と製造が強く、「最新の技術で最高品質の商品を作った」としても、企画機能が弱くて顧客のニーズを外していたり、デザインが流行遅れだったら、顧客には価値を認められない。つまり、「いいものを作っても売れない」のだ。
　逆に企画機能が強いと、製造品質や調達原価に若干のハンデがあったとしても、顧客により高い価値を提供できる。
　実際にバリューチェーンを比較してみると、市場シェアや利益率は企画機能の強さに正比例することがわかるだろう。

　この企画機能を強くするのは、必ずしも難しくない。
　企画機能に関わるのは、大企業でも事業の責任者と企画担当者、またマーケティングまたは営業責任者など、せいぜい5名くらいのことが多い（ちなみに本社の企画部門の多くは、企画機能でなく管理機能を担当している）。彼らの企画スキルを徹底的に磨き、また必要なら有能なスタッフを2～3名増員することで、事業の企画機能は一気に高まる。自社の企画機能に課題があることがわかったら、その強化に向けた対策をできる限り早く打ってほしい。効果はすぐに出るはずだ。
　それに対して、開発や製造の機能を強くするには大変な努力が必要だ。生産設備への投資も必要かもしれない。地道な研究活動が成果を出すまでには、また「TQC」や「シックスシグマ」といった新たな製造マネジメント手法を導入して成果を出すまでには、年単位の努力が必要だろう。

　多くの日本企業は、研究・開発と製造の機能が素晴らしい反面、企画機能はおぼつかない面があると思う。ぜひとも企画機能を高めて、グローバルな競争力を回復してほしい。

Training 3

小演習3回目

バリューチェーン分析

> **伊藤君のメモより**
> 　演習も3回目になると、出席者同士も打ち解けて、いい雰囲気になっている。今回はバリューチェーンを描くセッションだ。先生は簡単な説明のあと、また「1時間で描いて、その後は発表に移ります」と言った。受講生もこのスピード感に慣れてきた。
> 　今回は具体的な競合の名前が入ったので、一気にリアリティが増した。
> 　また、競合の情報も「どの機能の話」と切り分けできるので、全体感を持って理解できることが体感できた。これが「フレームワークの力」なんだろうな。

▶▶伊州屋のバリューチェーン

伊州屋の伊藤です（拍手）。

　伊州屋のバリューチェーンを見ると、企画機能でもっている会社だとあらためて感じました。仕入れもオペレーションも他社よりコストが高いし、商品も安くはありません。というか、安物は扱いません。これではマズイと思ったのですが、でも利益率は悪くないのですね。他の機能を補って余りある提案力、つまり企画機能で勝負していることがわかりました。

では、他社のバリューチェーンと比べてみましょう。
　まず大手の佐藤十日堂は、とにかく低コスト勝負ですね。さすが大規模

Step1 登る山を決める

チェーンだけあって、けっこういいなと思う企画をしますし、チラシの量は圧倒的です。とても敵いません。でも、彼らは全面的に高級シフトを進めるわけにもいきません。まあ、いい感じで棲み分けできているんじゃないでしょうか。

面白いのがNGストアです。彼らのバリューチェーンの強みはわれわれとまったく同じです。ただ、われわれとは逆張りですね。われわれは〝こだわり〟を追求するのに対して、彼らは〝わけあり〟を徹底的に追求しています（笑）。だから強烈なファンもついています。何しろ、NGストア自身はウェブサイトを作ってないのに、ファンが作った勝手サイトがあるくらいですから。

競合の中で、一番気になるのはネット通販ですね。何しろ届けてくれるのだから、アクセスは最強です。われわれの強い〝こだわりの逸品〟についていえば、彼らは仕入れ先数をいくらでも増やすことができますから侮れません。まだまだ相手が未熟で助かっているようなものです。将来は油断できません（拍手）。

伊州屋のバリューチェーンと競合比較

	企画	調達	広告・チラシ	店頭販促	アクセス（立地等）
伊州屋	◎「豊かな生活」の提案はよく頑張ってると思う	△コストは安くないがネットワークは広い	×固定客と通過客が多いのであまり力を入れていない	◎その場で買いたくなる提案を全員が心がけている	○駅近くだが、駐車場が遠い
佐藤十日堂（全国チェーン）	○本社の企画力はさすがだが、地元視点はクエスチョン	◎全国規模の無敵の調達力	○水準以上でよくできている	△POPのデザインがみんな同じで、大量生産的	△駐車場は完備だが、駅から5分ほど歩く
NGストア（地域チェーン）	◎ワケあり安い商品に特化、伊州屋と逆張りか？	◎ワケありの安値調達	△「NGはいつでも安い」と定着しているので最低限	◎「ワケあり」を徹底的に解説するPOP	○駅のほど近くだが、ごみごみした地帯
個人宅配	◎ピンポイントの興味に特化している	△特徴ある調達だが、品ぞろえや欠品も	△プロの目から見たら、まだいまいち	−（関係ない）	◎自宅で完結するのだから最も優位

ツボタのバリューチェーン

ツボタの小坪です（拍手）。

ツボタのバリューチェーンの強みは、やはり技術力です。元技術屋の僕が言うのだから間違いありません（笑）。

でも同時に、「ツボタの強みは技術力だけではない」ということに気づきました。これは僕にとっては大発見でした。

検査機器のバリューチェーンを描いてみると、重要な機能にアフターサービスというのがあります。

検査装置を使う側にとっては、おかしな数字がでたときにそれが本当の測定結果なのか、それとも装置の異常なのかを、即座に区別できなければ困ります。何しろ命に関わるわけですから。

でも、検査技師だって機械の専門家ではありません。そういう医者や検査技師からの問い合わせや相談に対応するコールセンターを、ツボタでは24時間365日開設して、常に迅速に対応できるようにしています。

他の会社を見ても24時間対応の会社は少ないですし、できるかぎりウェブで自分で探させようというところが多いようです。でも、急いでいる医者にとって、それは不親切な対応ですよね。おかげで、ツボタのアフターサービスは非常に評判がよくて、それが購買の決定要因にもなっているようです。

ほかに気づいたことは、ライバル会社も単純に技術で勝負しているのではないということです。

安井精機は製品の技術力がいまいちだから安値で販売している、と思っていました。そんな会社なのに何で業績がいいのだろう、嫌な会社だな、と思っていました。でも、バリューチェーンを見てみると、たしかにコストダウンを徹底した生産技術が強みなのですね。こんな行き方もあるのか

と思いました。

あと、HFメディカルは、技術力も高いのですが、それ以上に大学病院の高名な先生とのネットワークが強みですね。そこでニーズを吸い上げて、新しい機器を開発していく。センサーの単体技術で勝負するのでなく、顧客のニーズに応える技術開発が強みだと思いました。この結果、学会論文にもたくさんHFの機械での測定結果が引用されるので、いいマーケティングツールになっているようです。

僕は根っからの技術屋だったので、技術力＝会社の競争力と誤解していました。つまり「よいものを作れば売れる」と思っていました。

でも、それだけが大切なわけではないですね。やはり「**売れる仕組み**」と「**売る努力**」がいかに大切か、あらためて気づかせていただきました。ありがとうございました（拍手）。

ツボタのバリューチェーンと競合比較

	売上順位	企画	技術開発	調達・製造	販売	メンテ
ツボタ（医療機器）	3	×→◎ 企画力は急速に強化中だが、まだ不足。これから頑張るぞ！	◎ 独自のセンサー技術に強み	△ コストは安くない	△ 医療機関への食い込みが弱い	◎ 修理品即時発送や24時間対応のコールセンターなど
HFメディカル（グローバル企業）	1	○ さすがグローバル企業、ユーザーニーズを捉えた新製品を出す	○→◎？ 昔は2流だったが、今は急速に改善中	○ 製造はわからないが、調達コストは相当安いはず	◎ グローバル企業の販売力。国内より海外に強い	△ 融通はきかないメンテには不満も多いらしい
安井精機（安井電機の子会社）	2	△ 安価な汎用的な機械で医療機関にアプローチ	△ 技術的には周回遅れ	◎ 親会社の調達力を最大限に活用。また製造プロセスの改善に注力	○ 親会社のNWを使った販売網。今は中国・アジア市場に力	× 個別のメンテはせず、すべてウェブ対応
ベンチャー企業（米国・イスラエル含む）	無視できる	？	○？ 特許は先進的だが、実装技術には難点	× 製造技術は素人	×⇒△ 商社と組んで売ることになるだろう	× 実質的にはないに等しい

Step1-4
顧客を見定める

　自分の強みがわかったら、次は顧客のほうに向き直ろう。ここでは、ドラッカー博士の「5つの質問」のうち、**「顧客とは誰か」**という問いに答える。

▶▶ 「お寿司の美味しい」パスタ屋さん

　ランチタイム。あなたは客先での打ち合せが終わったあとに、お昼を食べようと、ちょっと賑やかな通りを1人で歩いている。「今日はパスタにしようかな」という気分だ。せっかくはじめての街に来たのだから、チェーン店でなく目新しい店がいいなと思っている。ここで下の2つの看板が目にとまったとしよう。どちらを選ぶだろうか？

おいしい ラーメン をどうぞ！
イタリアのボローニャで修業した
パスタ が自慢です

築地直送の
新鮮なお 寿司 も作れます

お寿司も出す
パスタ屋さん

イタリア・ボローニャ、
そして日本・築地での修業を経て、
辿り着いたコラボレーション

**究極の
海鮮ラーメン**
アルデンテ一本勝負

一本勝負の
海鮮ラーメン

左の「寿司を出すパスタ屋」には、あまり入りたくないだろう。
　「今日はパスタだ」と思っていても、「寿司も美味しいです」と言われると、ちょっと気分が萎える。シェフは本場で修業したと書いてある。でも、ハズレの匂いがプンプンする。

　右の「海鮮ラーメン屋」はどうだろう。今がたまたまラーメンの気分でなくても、かなりそそられる。店主の腕も確かそうだし、一本メニューで勝負しているなら、味も本物だろう。シンプルな看板の構えも真剣勝負の雰囲気を醸し出している。「海鮮ラーメン」というジャンルを聞いたことがなくても、トライしたくなる。
　結局、あなたは最初の〝パスタの気分〟を切り替えて、海鮮ラーメンを注文している可能性が高い。

　「寿司を出すパスタ屋」は、自分がパスタ屋なのか、ラーメン屋なのか、寿司屋なのか、自分でもわからなくなっている。だから不安になって、顧客の欲しがりそうなものをすべてそろえようとしている。
　それに対して「海鮮ラーメン屋」は、「オレは海鮮ラーメン専門だ！」という、明確なエッジが立っている。顧客にアピールする力は強烈だし、わざわざ遠くからリピートするファンもいるだろう。

　経営の視点からも、2つの店を比べてみよう。
　「寿司を出すパスタ屋」のシェフは大変だ。パスタもラーメンも寿司も、どれも手を抜けない。
　また、「何でもできます」と謳っているのだから欠品はできない。いろいろな食材を常に仕入れないといけないし、食材ロスも多いだろう。その分、利益も圧迫される。

　それに対して「海鮮ラーメン屋」は、単品メニューを提供するオペレーションだ。味を確立するまでは修業も試行錯誤も必要だろうが、満足するものができたら、新人に技を仕込むのも難しくないだろう。

それに、材料の仕入れも種類も少なく、材料ロスも少ないはずだ。その分、よい材料を使えるし、材料もすぐに回転するので鮮度もよいだろう。仮に欠品が出ても「スープがなくなり次第終了」と最初に断っておけば、顧客も納得して次の機会には来てくれるだろう。

でも、顧客をより思っているのは、実は「寿司を出すパスタ屋」のシェフかもしれない。

メニューを増やすのも、「今日はパスタの気分でなく、ラーメンの気分の人もいるはず」と、シェフが考えたからだろう。食事をした顧客の「昨日の寿司は美味しかった」という会話を汲み取って寿司を出すのかもしれない。また、料理のレパートリーも、美味しいものを届けようと工夫して広げたものかもしれない。

顧客のあらゆる要望に応えようと、必死で努力しているのだ。でもその結果、顧客はどんどん離れていく。努力の方向が間違っているのだ。

それに対して、「海鮮ラーメン屋」の主人は、実は顧客のことはあまり気にしていないかもしれない。

どうしたら自分がより納得できる味に近づけるか、ダシの配合や麺を練る条件を極めることばかり考えているかもしれない。

しかし、結果として顧客に選ばれているのだ。

ではあなたの会社は、「寿司を出すパスタ屋」と「海鮮ラーメン屋」、どちらに近いだろう。

カタログやウェブサイトで、「あれもできます。これもできます」と謳っていないだろうか。いろいろ扱う商品はあるが、どれもエッジの立たない平凡な商品ばかり並んでいないだろうか。

顧客のことを思っているが、顧客が見えていない会社は多い。努力の方向が間違ったまま、一生懸命頑張っている会社が実に多いのだ。

顧客を選んで選ばれる STP

右の店を、「マーケティングの視点」で考えてみたい。

右の店は、「いつもとちょっと変わったものが食べたいなと思う人」に対して、"海鮮ラーメン"というエッジの立った商品を提案している。

これのステップを、それぞれ以下のように言う。

（1）Segmentation（セグメンテーション：区分け）　顧客を見極める
（2）Targeting（ターゲティング：狙い決め）　　　　顧客を選ぶ
（3）Positioning（ポジショニング：位置付け）　　　顧客から選ばれる

この頭文字をつなげて「STP」という。
このSTPが、マーケティングの基本的なステップだ。
以下、それぞれのステップを見てみよう。

マーケティングの基本ステップ：STP

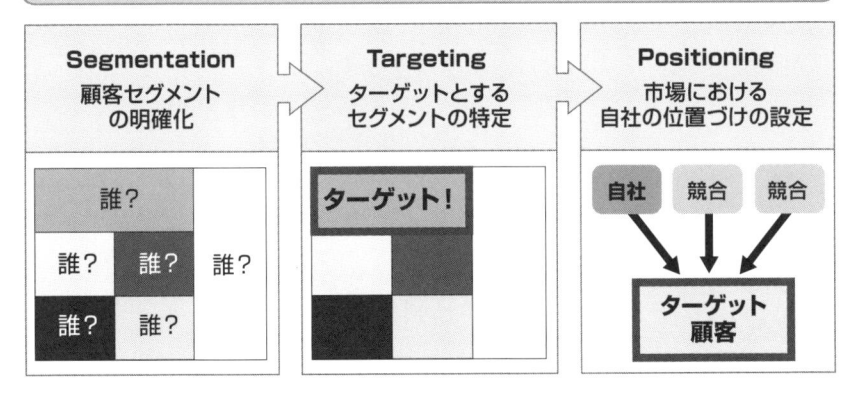

Segmentation	Targeting	Positioning
顧客セグメントの明確化	ターゲットとするセグメントの特定	市場における自社の位置づけの設定
誰？ 誰？ 誰？ 誰？ 誰？	ターゲット！	自社 競合 競合 → ターゲット顧客

▶▶ （1）セグメントごとにKBFを考える Segmentation

　STPの最初は、セグメンテーション（区分け）だ。ひと口に顧客といっても、当たり前だが1人ひとりの欲しいものは違う。
　しかし、一方の会社の立場からしてみれば、1人ひとりのニーズに対していちいちカスタマイズするわけにもいかない。だから、ニーズの似た人を括(くく)って、そのセグメントに向けた商品を提供するのだ。

　セグメントはいろいろな分け方がある。
　個人顧客（「B2C」という）の場合だと、性別とか、年齢別とか、世代別とか、年収別とか、職業別とか、家族構成別とか、地域別（県別、また都会か郊外の区別）とか、趣味・趣向とか、といった属性で分けることができる。
　このほかにも、ライフスタイル、ライフステージ、消費性向、利用頻度、また貢献利益といったセグメントでも分けることができる。このうち、いくつかをのちほど詳しく説明する。
　法人の場合（「B2B」という）だと、業種別、規模別、タイプ別（オーナー、子会社……）、地域別（国内、北米、欧州、BRICs……）、利用頻度、利益貢献などといった区分けが基本的だろう。

　この例では、顧客をランチに対するニーズにより、以下のようなセグメントに分けて考えることができる。

> ①弁当や牛丼などで安くクイックにお昼を済ませたい人
> ②安心で気安い、いつもの行きつけの店に行きたい人
> ③普段とちょっと変わったものにトライしたい人
> ④お金と時間を使って優雅なランチを楽しみたい人

　顧客をセグメントに分けたら、次にセグメントごとに、商品・サービスを買ったり採用したりする鍵となる要素を考えよう。これを「KBF」

（Key Buying Factor：購買の鍵）ともいう。

この例では、セグメントごとに、以下のKBFがありそうだ。

①では、安さと早さ
②では、馴染み客への気配りと飽きのこない定番メニュー
③では、インパクトのあるメニューと味
④なら、サービスと料理の品質、店の雰囲気

ちなみに、KBFを問うと、「安いことです」という反応が条件反射的に返ってくることも多い。
たしかに価格は重要だ。「安いのと高いのとどちらがよいか」と聞けば、ほとんどの顧客は「安いほうがよい」と答えるはずだ。
でも、「安ければ買うのか？」というと、そうでもない。
あなただってそうだろう。欲しい服がバーゲンで３割引になったら飛びつくかもしれないが、趣味に合わない服はたとえ半額になっていたとしても「ちょっとパス」と思うはずだ。

ビジネスでも同じだ。
商談で負けた場合、負けた理由を尋ねると、「他社のほうが安かったから」と言われることも多いはずだ。
でも、あなた自身はどうだろう。何かの取引で選ばなかった会社の営業担当者に対しては、とりあえずは、「いや予算がちょっと……」などと言いわけをするはずだ。そう答えるのが、一番簡単だからだ。

私自身にもこんな体験がある。
ある機械加工会社の社長が、「最近は中国製品が安くて、どんな見積を出しても負ける」と愚痴っていた。しかし納入先の話を聞くと、実際には納入先はその業者の欠陥対応に不満を持っており、同じ工業団地の隣の業者に仕入れを変更していたのだ。〝中国〞は納入先の担当者の言いわけ

で、知らないのは当の社長だけだったのだ。

▶▶ (2) KBFが合うターゲットを選べ　Targeting

　顧客をセグメントして、それぞれのセグメントについてKBFを考えてみると、あらためて市場にはセグメントに応じた多様なKBFがあることがわかるはずだ。

　次のターゲティングではそのうちのどのセグメントを顧客のターゲットとするかを決める。

　このターゲットを決めるときには、自分の独自の強みが生きるKBFを持つセグメントで勝負すると考えるべきだ。

　つまり、市場規模が大きく成長率の高い、かつ自分の強みを活かせる、つまり81ページのSWOT上で「攻める」セグメントを選ぼう。

　いくら機会がありそうでも、自分の強みがアピールできないセグメントは選んではいけない。他の会社に任せておけばよいのだ。

　また、選んだセグメント以外のKBFに応えようとしてはいけない。アッという間に「寿司を出すパスタ屋」になってしまう。

▶▶ (3) KBFに合った価値を提供する　Positioning

　ターゲットとするセグメントを決めたら、選んだターゲットに対して自分がどんな価値を提供し、他社と差別化するかを決める。

　会社がターゲットとする顧客を決めても、顧客から見れば複数の選択肢があるのだ。顧客から見て自分のポジションを決めていくわけだ。

　このポジショニングを決めるには、仮説に基づく創造的な議論が必要だ。これは次章のStep2の中で説明したい。

Step1　登る山を決める

顧客セグメントの切り方

1-4

　136ページに紹介した顧客セグメントの分け方のうち、(1) 消費性向、(2) ライフステージ、(3) ライフスタイル、といったフレームワークについて、もう少し深く紹介しよう。

≫ (1) 消費性向

　新製品や新技術が出現したとき、真っ先に飛びつく人もあれば、「いつまでそんなのを使っているの？」と言われる頃まで動かない人もいる。この新しいものに対する反応のパターンを「消費性向」という。この消費性向によって、顧客全体を以下の5つのセグメントに分けることができる。

消費性向

- 「解決者」から「先進者」への移行は一見連続的だが、両者のニーズはまったく違う。
- ニーズを読み違えると「キャズム（割れ目）」にはまる。

① オタク　② 解決者　キャズム　③ 先進者　④ 一般者　⑤ 無関心

（出所）『キャズム』ジェフリー・ムーア（翔泳社）より

①イノベーター（Innovator）

「技術オタク・新製品オタク」といったらわかりやすいと思う。技術や製品を「それが目新しいから」という理由で買う顧客だ。

デジカメを例にとると、1990年頃に出現したばかりの30万画素の機種を買って以来、最新機種を取りそろえているような人たちだ。コンビニで新しいお菓子に飛びつく人、最新流行のファッションで身を固める人も、一種のイノベーターといえる。

イノベーターは、彼ら自身が進んで新技術のテストユーザーとなって、気に入った商品は自ら熱心に宣伝する「**伝道師（エバンジェリスト）**」となってくれる。彼らの口コミでの評判が新しいヒット商品を作り出したり、ときにはマイナスの評判を立てて商品を殺したりもする。今のネットの時代、彼ら少数派の影響力はとても大きくなっている。

②問題解決ユーザー（Early Adopter）

新技術を活用して、自らの問題を解決しようとする顧客だ。

デジカメの例なら、「ホームページに写真を載せたい」という問題を解決するために、初期のデジカメを買った人達だ。彼らは、カメラとしてのデジカメには優位性を認めないが（初期のデジカメは解像度やメディア容量や電池の持ちに大きな問題があった）、自分の抱える問題を解決する道具としてデジカメを買ったのだ。

③先進ユーザー（Early Majority）

新製品と既存の商品を比較したうえで、新しい商品の優位性を積極的に認める顧客だ。

この例では、フィルムカメラとデジカメについて、機能や利便性と経済性を客観的に比較し、積極的にデジカメの優位性を認めて買った顧客だ。

④一般ユーザー（Late Majority）

先進ユーザーが新技術の優位性を認め、その技術の優位性が広く認められた段階で動き出す人たちだ。数は、この人達が最も多い。

彼らは技術的な優位性を必ずしも客観的には評価できないので、大企業ブランドの安心感や広告によるイメージを重視し、また初期コストや使い勝手といった「取っつきやすさ」を重視する。

▶⑤無関心（Laggard）

技術に無関心であったり、ときには積極的に忌避する人達だ。

世の中のほとんどすべてのカメラがデジカメになった頃に、デジカメだとも意識せずに買う人達だ。ゲーム機や携帯電話を積極的に持たない、買わせない人達も、このセグメントに相当する。

このセグメントは無視されがちだが、たとえば任天堂DSやWiiのように、このセグメントを新たなユーザーとして開拓することができれば、「ブルーオーシャン」という新しい市場を出現させることもできる（216ページ参照）。

消費性向を考えるとき大事なのは、②問題解決ユーザーと③先進ユーザーは、購買動機がまったく異なることだ。

②問題解決ユーザーは、自分の問題を解決する道具としてデジカメを買う。だから、解像度や価格といったカメラとしての基本性能に若干難点があってもデジカメを選ぶのだ。

しかし、③先進ユーザーはデジタル画像技術自体は必要としていない。フィルムに不満があるわけでもない。あくまでカメラとしての利便性と経済性を検討してデジカメを選択しているのだ。

この③先進ユーザーに受け入れられた商品は、自動的に④一般ユーザーにも受け入れられて大きくブレークする。

しかし、②に歓迎されただけでは③に受ける保証はない。②と③の間には、大きな溝（「キャズム」という）がある。そして、②と③の顧客は、属性だけでは区別できない。

新技術を採用した商品を開発する場合は、自社の製品を売るのは、また売れているのは、②なのか③なのか見誤らないようにしたい。

≫（2）ライフステージ

　年齢を重ねるにつれ、人生のステージが変わっていく。
　たとえば、男性なら20代前半には就職し、20歳後半で結婚して、収入も上がった40歳頃には住宅ローンを組む。女性なら20代前半で結婚し、30歳には2児の母を持つ専業主婦となる、その後、夫婦が50歳になる頃には子どもが手を放れ、男性が65歳で定年を迎えると、夫婦ともに隠退生活に入るという図式だ。
　これが次ページに示す「ライフステージ」だ。
　同じ人でも、ライフステージの段階によって、ニーズが次第に変化していく。だから右図のように、提供する商品も、その人のライフステージに合わせて変えていくべきというわけだ。

　しかし、すでにお気づきと思うが、21世紀の現在は、性別と年齢で区切るライフステージですべてが語れるほど、単純ではなくなってきている。
　2006年時点で、30歳の未婚比率は全国平均で男性55％・女性39％だ。また、正社員の夫と専業主婦の妻と子ども2人という標準的核家族の割合も世帯全体の2割ちょっとを占めるにすぎない。
　このように、現代の人生は昔ほど単線では語れない。同じ35歳男性でも、都内の独身サラリーマンのライフスタイルは、地方の既婚・子持ちの公務員とは相当違うはずだ。前者のライフスタイルはむしろ、性別も年齢の違った45歳独身女性のものに近いだろう。

　また、ライフステージの背景には、ステージが進むにつれ、地位も年収も次第に上がっていくという世界観があった。
　だから、若干の年収の差があっても消費性向はたいして違わなかった。カローラかクラウンかの違いはあっても男性は自家用車を数年ごとに買い換えていたのだ。
　しかし、年収の増加が期待しにくい下層社会という階層が出現したとされる現在、こんな牧歌的なセグメンテーションは通用しにくいだろう。

ライフステージは、マーケティングの世界ではまだまだ多用されているし、それなりに有効だ。しかし21世紀の人生がこのように単線では語れなくなった以上、年齢と性別でなく、ライフスタイルによる新しいセグメンテーションも求められている。

ライフステージの変化

	学生 若い独身 社会人	結婚後の 社会人 (子どもなし)	社会人 (子ども同居)	子どもの 独立後	高齢者
住宅ニーズ	●ワンルームなど、広さはないが交通の便がよい物件。賃貸中心	●2DKなど少し広い物件。交通の便は重要。賃貸中心	●郊外の広めの物件 ●持ち家志向も強まる	●今までの家に住み続ける ●リフォームニーズ	●都心回帰、またはバリアフリー化のニーズ
金融ニーズ	●車や旅行などのカード利用、小口ローンニーズ	●子どもの教育資金や住宅頭金などの貯蓄ニーズ	●住宅ローンニーズ ●生命保険ニーズ	●老後に備えた貯蓄ニーズ、財産形成ニーズ	●資産運用ニーズ
外食のニーズ	●とにかく量と価格が大事 ●デート用のオシャレな店のニーズ	●オシャレでリーズナブルなレストラン・ニーズ	●可処分所得が少なく、価格が最も重要に	●若干高価でも質を重視 ●健康面も重視	●質と健康を最重視

≫ (3) ライフスタイル

ライフスタイルの例として、リンクアンドモチベーション社が作成した「Life Style Architecture：LiSA」を紹介しよう。LiSAでは8つのライフスタイルを定義している。

たとえばビールの銘柄に、このライフスタイルを当てはめてみよう。
アサヒのスーパードライのターゲットは「ヘイオン」だろう。1987年に新鮮なイメージとともに登場したが、今ではメジャーな定番商品だ。

キリンのラガーは1世代古い「キハン」をターゲットにしているだろう。また、エビスビールが狙うのは「リョウシキ」セグメントだろう。スノッブな「アチーブ」が求めるのは高価なベルギービールなどだろう。また、「ヤリクリ」になると、税金の高いビールを敬遠し、発泡酒とかチューハイに流れるだろう。

　だから、キリンのラガーは、「キハン」の人々にアピールすべく、少し昭和風のCMを流したりする。エビスビールも「リョウシキ」に正しくアピールすべく、やや高級感のあるCMを流す。

　このように、どのライフスタイルをターゲットとするかによって、とるべきマーケティング戦略を変えていくわけだ。

　食品・衣服・雑貨・雑誌といった日用の消費財だけでなく、クルマや家など高価なもの、また飲食店・書店・衣料品店などの店舗も、対象とするライフスタイルで語ることができる。

　ちなみに、いつもは発泡酒の人が、たまにはエビスビールを飲むときもある。いつもの「ヤリクリ」の毎日から脱け、たまには「リョウシキ」の気分になりたいときだ。その気分の象徴がエビスビールなわけだ。

　このように、ユーザーがライフスタイルに合わせた商品を選ぶことで、自分自身のライフスタイルを演出することもできるのだ。

ライフスタイルの8区分表示

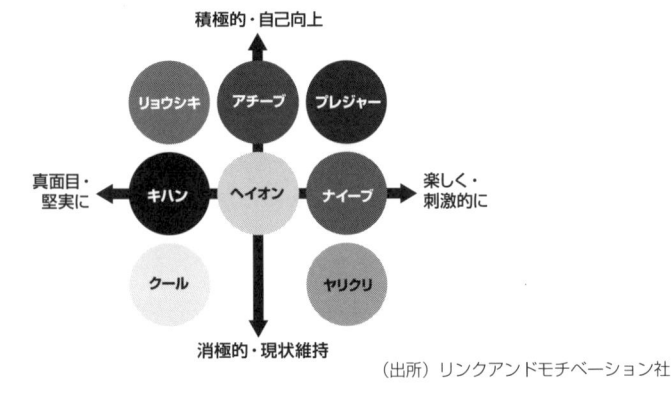

積極的・自己向上

リョウシキ　アチーブ　プレジャー

真面目・堅実に　　キハン　ヘイオン　ナイーブ　　楽しく・刺激的に

クール　　ヤリクリ

消極的・現状維持

（出所）リンクアンドモチベーション社

Step1 登る山を決める

ライフスタイルの例

ライフスタイル	イメージ	定義
リョウシキ 良識社会型		政治・国・環境など、社会への参加や貢献意識が高く、昔から受け継がれる伝統を重視
アチーブ 自立達成型		知的教養、トレンド、アート等、幅広い関心を持ち、達成感を求めて自己向上に投資
キハン 保守規律型		地域の交流やお中元・お歳暮等、慣習やモラルを大切にして地に足がついた日常を送る
ヘイオン 中庸雷同型		家族と過ごす平穏な幸せを大切にし、世間で話題の出来事にも飛びついて楽しむ
ヤリクリ 遣り繰り 倹約型		毎日の生活を上手に遣り繰りしながら、よりゴージャスな生活に憧れを持つ
プレジャー 浪費快楽型		ポジティブ・楽天的に新しい楽しみを探し続け、友人・仲間と共有することを楽しむ
ナイーブ 感性感覚型		物事を感覚的にとらえて判断し、他人と違う個性的な自分を認められたい
クール 静的無関心型		人生に達観した冷静な視点を持ちつつ、特定の関心領域には造詣が深い

（出所）リンクアンドモチベーション社

Training 4

小演習4回目

顧客セグメント分析

> **小坪君のメモより**
> 　今日の先生は、いつもと違って「時間無制限、ガチンコ勝負！」と言って演習を始めた。
> 　たしかに、今日の演習は大変だった。議論を始めてみると、メンバーによってセグメントの認識はバラバラで、まずそれを合わせるのにすごく時間がかかった。大体まとまってきたのは、1時間以上過ぎたころだった。でも、フレームワークがなかったら、何時間たっても、いつもの堂々めぐりの議論になっていたと思う。
> 　この分析は、セグメントを分けることが目的でなくて、ターゲットを決めることが目的だ、と先生は何回も強調していた。
> 　たしかに、最後にターゲットを決めるときは、今までの分析結果がそのまま役にたった。この分析をすると、どこを攻めてどこを捨てるべきか、はっきり見えてきた。他のチームも同じ感想を述べていた。
> 　最後に先生は、僕のチャートを「教科書になるような模範的な作品です」とほめてくれた。ちょっと嬉しかったな。

≫顧客分析の方法

（1）まずは①セグメント（左側の列）を決める。

　市場をさまざまな切り口でセグメントに分けてみる。1段目は国内と海外に分けて、「国内は業種で、海外は国別で」などと2段階の区分でもOKだ。ポイントは市場全体を区分すること。自社の今の顧客だけをこねくり回しても意味はない。

　また、たとえば自動車部品の会社など、マーケットに顧客（＝自動車会

Step1　登る山を決める

社）が数社しかない場合は、トヨタとか日産とか、個別の顧客名を直接入れればよい。

　特例として、特定の官庁や自治体、また、巨大企業の一部門のみを顧客とする会社は、このステップを飛ばしてよい。

（2）次に、②セグメントの特徴（中央の列）を記述する。

　市場規模やニーズなど、わからないことがあっても仮説ベースで埋めていく。ポイントは、「背景」と「KBF」を区別することだ。顧客の「こんなことをしたい、こんなことに困っている」ということが背景だ。それに応じて、「だからこんなものが欲しいんだ」というKBFが決まる。

（3）以上がすべて埋まったら、③方針決定（右の列）に移る

　市場の可能性と自分の強みとKBFの相性を見て、81ページで説明した「攻める」「守る」「退く」「参入する」「傍観する」の5つの方向性を決めていく。

顧客分析のフォーマット

①セグメントの検討	②セグメントの特徴の記述				③方針決定	
セグメント（線引きは例示）	市場規模	市場成長	顧客の特徴・背景・事情 何を考え、何に悩み、何をしたい人達か？	顧客のKBF 悩みがあるから「売り」がある	現在の顧客	方針
網羅的に市場全体をカバーする	大	→	主要業務でないITについては面倒なことはしたくない	即効性と導入・運用の容易さ	○	守
	中	↑			×	攻
					△	捨
					×	傍
					△	参

▶▶ 伊州屋の顧客分析

伊州屋の伊藤です（拍手）。

今回はライフスタイルを使って顧客分析をしてみました。このフレームワーク、よいですね（笑）。

今までは、お客さまを性別・年齢別・地域別といった属性で考えていたのですが、正直しっくりしませんでした。でも、ライフスタイルを使ったおかげで、今までのモヤモヤがスッキリと晴れました。

伊州屋のターゲットは、ずばり「リョウシキ」です。
「リョウシキ」のKBFは、〝本物に対するこだわり〟だと思います。本物、つまり無農薬や自然農法の野菜、手をかけて育てた家畜の肉、昔ながらの製法にこだわった味噌や醤油などは本当に美味しいですし、産地や製法に偽りのない本物なら間違いなく安全です。

伊州屋はここが強い。「リョウシキ」のKBFに応えることこそが、伊州屋の生きる道と確信しました。ちょっとはみだして「アチーブ」にもアピールできるかもしれませんね。

ついでに、他社の狙っているセグメントも描いてみました。
佐藤十日堂の狙っているのは「ヘイオン」ですね。今まで、佐藤十日堂の企画を横目で見ながら、「さすがにスーパー最大手は打つ手が違う、これに似た企画を打たなければマズイかな」と悩むことも多かったのです。でも一気に吹っ切れました。

伊州屋には「安いことがKBF」というお客さまは来店しません。高いですから（笑）。さらにいうと、このセグメントは狙ってもいけないこともはっきりわかりました。

やはりターゲットを絞って、KBFにきちんとアピールしているからこそ、伊州屋はこの不況の中、比較的好調な業績を維持してきたのだと思い

ます。

いや、どうもありがとうございました（拍手）。

伊州屋の顧客分析

①セグメントの検討	②セグメントの特徴の記述				③方針決定		他社の顧客		
	市場規模	市場成長	顧客の特徴・背景・事情	顧客のKBF	現在の顧客	方針	佐藤十日堂	NGストア	地元商店
リョウシキ 良識社会型	中	→	ロハス的生活、欧米志向から日本伝統志向へ	本物・自然志向日本食への回帰	◎	攻	△	×	△
アチーブ 自立達成型	中	→	エコへの積極的参加。グローバルな生活	本物・自然志向エスニックや海外高級品	◎	攻	×	×	×
キハン 保守規律型	大	↘	健康や日本の伝統の重視へシフト	素食 自然志向	○	守	○	△	◎
ヘイオン 中庸雷同型	大	↗	健康に興味あるが、コストはかけたくない	自然志向にシフトするが、低価格も重視	△	捨	◎	△	△
ヤリクリ 倹約型	小	↗	出費をとにかく抑えたい	低価格	×	捨	◎	◎	○
プレジャー 浪費快楽型	中	↘	美味しいもの、珍しいもの、健康には無関心	海外の珍しいきれいな食品・小物	○	守	×	×	×
ナイーブ 感性感覚型	小	→	個性を出せる変わったテイストが好き	エスニック食材海外のキレイな食品・小物	×	捨	△	◎	△
クール 静的無関心型	小	↗	美食には興味なし。何事にも手間をかけたくない	素食	×	捨	○	×	◎

▶▶ ツボタの顧客分析

ツボタの小坪です（拍手）。

ツボタチームは、入口のセグメントの切り方で激論になりました。そして、セグメントの切り方次第で、見える世界も違ってくることもわかりました。今回は収穫が多かったと思います。

僕たちは、最初は医療機関を診療科というセグメントで分けようとしたのですが、結局うまくいきませんでした。

でも議論しているうちに、「ニーズは診療科より規模に左右されないんじゃないか」ということが、だんだん見えてきました。

医療機関は、大雑把にいって最先端の大学病院、地方毎の拠点病院、ベッド数20以上の病院、ベッド数20未満の医院や診療所に分かれます。また、病院以外にも健康診断のセンターにもニーズがあります。老人ホームも新たな顧客セグメントと考えてもよいと思います。

ツボタの疲労度計は、センサー技術は最先端ですが学術的な面では差別化できる最新の診断機能を持っているわけではありません。実はこれを認めるのには相当心理的に抵抗あったのですが……。大学病院ばかりをターゲットにすべきではないのかなとも思いました。

むしろ、機械の信頼性が重要でコールセンターとかサポートの充実が求められる老人ホームとか健康診断センターなどが、ツボタの得意分野とフィットするかもしれません。実はこの分野は技術的な面白さがないので、今まで営業も後回しにしていたのです。

でも、市場規模も大きいですし、KBFを考えると本来はもっと力を入れるべきターゲットだという結論になりました。

また、最近登場の可能性があるのが、家庭用の市場です。今までの疲労度計は採血時に痛くて感染の危険もある注射針を使わざるを得ませんでし

たが、光学センサーなどでも相当高度に推測できるようになってきました。

家庭市場のセグメントは、まずは性別と年齢である程度分けるのかなと……。KBFはよくわからないので、あくまで仮説ということで。

え、先生。なんですか？

そうですか、仮説は次のStep2で深めていけばよいのですね。わかりました。Step2でのチャレンジが楽しみです（拍手）。

ツボタの市場セグメント

①セグメントの検討		②セグメントの特徴の記述				③方針決定	
		市場規模	市場成長	顧客の特徴・背景・事情	顧客のKBF	現在の顧客	方針
病院検診機関	大学病院・大病院	小	→	自分で機器を使いこなす	医療機器としての精度と多様なオプション	○	守
	中規模病院	中	?	さまざまな検診をしたい	治療方針に使える指標が多数出されること	×	傍
	診療所	大	?	あまり投資余地がない	安くて故障しないこと	×	傍
	健康センター	小	↗	顧客サービスの向上と付帯的な収益源の確保	機器の信頼性とメンテナンスのしやすさ	×	参
	老人ホーム	中	↗				
個人	未婚女性	大?	↗?	疲れに対して癒しを求める	癒しのコミュニケーションツール	×	参
	中高年主婦	中?	↑?	健康への関心	継続的な疲労モニタリング	×	傍
	若い男性	小?	?	肉体疲労が中心	クイックな疲労回復	×	傍
	中年男性	中?	↗?	疲れに対して健康対策を打つ	健康対策に向けたガイド機能	×	参
	高齢者	中?	↗?	日常の健康配慮が必要	継続的なモニタリング	×	参

Step1-5
立ち位置を決める

　今までの４つの分析で、市場や競合といった外部環境、そして自分自身の強みや課題といった内部資源がクリアに見え、またターゲットとすべき顧客セグメントを決められたはずだ。

　このステップでは、「競争戦略」と「成長戦略」という２つのフレームワークを使って、市場という世界地図の中での自分の立ち位置を確認し、どの方向に向いて進むべきかを決める。

　このステップを終えると、自分の腰を据えることができた感覚になる。ただし、ハズレる場合も少なくない。「使えるようなら使う」いうスタンスで臨めばOKだ。

競争戦略分析

		対象市場（環境軸）	
		市場全域	特定領域
製品・サービス（資源軸）	強い 高いシェア フルライン展開 ブランド確立	①ガリバー （例）DoCoMo	③ニッチャー （例）E-MOBILE
	弱い 低いシェア 狭い選択肢 安値戦略	②チャレンジャー （例）au、Softbank	④フォロワー （例）昔のTUKA、今後のWILLCOM

（①←③ ×行かない／②→① 挑戦する）

Step1-5-1
競争戦略分析

▶▶▶ 「立ち位置」を決める

　前ページに示したのが、この競争戦略のフレームワークだ。
　考案したポーター大先生に肖って「ポーターのマトリクス」とも言う。
　この横軸には、市場のすべての領域で勝負するか、または地域や顧客など市場の一部で勝負するかを区分する。
　また縦軸には、自社の相対的な優位性、たとえばシェアの大きさや製品の競争力、また利益率の高さをプロットする。

　自分がこのマトリクスの①から④のどの象限にいるかによって、自分の立ち位置が決まる。
　①市場の全域で優位に立つのが「**ガリバー**」だ。本来〝リーダー〟という用語だが、本書では別の意味でも使うので便宜的に変える。
　②市場の全域で勝負するが、まだ優位性を確保できていないのが、ガリバーに挑む「**チャレンジャー**」だ。
　③競争する市場を限り、そこでの優位性を確保するのが「**ニッチ**」だ。
　④市場も限られ、優位性にも欠けるのが「**フォロワー**」だ。

　携帯電話のキャリアを、競争戦略のマトリクスにプロットしてみよう。
　①ガリバーに相当するのは、市場シェア50％（2010年1月）を誇るNTTドコモだ。対抗する②チャレンジャーは、シェア28％のKDDI（au）とシェア20％のソフトバンクだ。
　③ニッチといえるのは、イー・モバイルだろう。全体のシェアは低いが（2％）、モバイル通信という特定の市場では優位に立っている。
　④フォロワーに相当するのがウィルコムだろう。もともとはニッチにい

た会社だが、2010年3月には事業再生ADRを申請することになった。

　自分の立ち位置によって、とるべき戦略が決まる。
　①ガリバーは、人材にも技術にも資金にも最も恵まれているはずだ。だから、市場をくまなくカバーする「**フルライン戦略**」を手がけるべきだ（ポーター大先生はこれを、なぜか「コストリーダーシップ戦略」という）。
　②チャレンジャーならば、果敢にガリバーに挑戦すべきだ。高性能な商品や斬新なデザイン、または低価格といった「**差別化戦略**」をとって、ガリバーの牙城を崩していこう。
　③ニッチならば、特定のニーズにフォーカスする「**集中戦略**」をとるべきだ。しかし、間違ってもガリバーに挑戦してはいけない。ニッチの市場を守る壁を厚くし、守りきることが重要だ。
　この立ち位置と戦略を正しく認識しないと、どっちに向かうのか混乱してしまう。チャレンジャーとニッチは、シェアの数字だけ見ても区別できない。自分がどちらに立っているかを、まずは正しく認識しよう。

　では、携帯電話のキャリア各社の戦略を見てみよう。
　①ガリバーのドコモは、たしかにフルライン戦略であらゆる顧客のニーズをカバーしようとしている。
　②チャレンジャーのKDDIは、音楽携帯といった差別化戦略でシェアを伸ばしてきた。同じくチャレンジャーのソフトバンクは、ホワイトプランなどの低価格、および魅力的な製品であるiPhoneの投入という2方面からの差別化戦略をとっている。
　③ニッチのイー・モバイルは、通信の市場での優位性を守り抜くべく、さまざまなPC連動型の新製品をラインナップとしてそろえている。携帯電話という主戦場には、端末は少数そろえるものの本格的に進出しないし、してはいけない。

▶▶▶ ニッチの市場の No.1 を狙う　ランチェスター戦略

　リーダーやチャレンジャーといった会社は、業界の外からでもよく目立つ。それらの競争に目が行きがちだ。しかし前述したように、市場のほとんどは熱帯雨林か温帯だ。そこではほとんどの会社がニッチのポジションで競争している。

　小さなニッチだからといって、必ずしも利益が出ていないわけではない。顧客のニーズをしっかりと満たせば、外敵の少ないセグメントで利益率の高い商売ができる。

　これは会社数の少ない携帯の業界よりも、多様な会社が棲息するIT産業を考えるとイメージが湧くと思う。

　ガリバー格はNTTデータやIBMだろう。次に富士通、日立、NECといった会社が控え、CSKやTISといった、ガリバーに挑むチャレンジャーもいる。しかし、こういった大きな会社は業界内でも数えるほどしかない。その他のほとんどの会社は、特定の製品や特定の顧客に特化したもっと小さな会社たちだ。

　小さな会社でも、ニッチとして美味しい市場をがっちりつかまえれば、十分高い利益率を享受できる。しかし、それができないフォロワーになると、価格競争で勝負するしかなくなって利益がどんどん薄くなる。

　広大な市場の真ん中で戦う、リーダーやとチャレンジャーは少数だ。ほとんどの会社にとって競争とは、いかに美味しいニッチを見つけ、そこで顧客をしっかりつかむかという「棲み分け戦略」なのだ。

　これが、小さな会社の戦い方である「**ランチェスター戦略**」の基本だ。

　小さな会社は、大手と全面戦争したら必ず負ける。全面戦争の局面をできる限り避けて、守れる陣地を見つけ、そこでNo.1の位置を築くというのが戦略の基本だ。小さな市場でも、その中でNo.1になれば高い収益性を期待することもできる。

　小さくて（＝市場に量的な魅力が少ない）、守りの堅い（＝参入障壁の

高い）陣地なら大手企業が本気で攻略してこないし、仮に来ても守りやすいというわけだ。

　No.1になるには、商品か顧客のどちらかに軸足を置く必要がある。
　「**商品でのNo.1**」では、たとえば携帯電話用の特殊金型、建設機械用特殊シリンダー、業界特化型のソフトウェアなど特殊な商品でのNo.1を狙うものだ。
　商品でのNo.1になるには、商品の用途や特性をグッと絞り込んで、その分野では絶対に負けない強みを持つ必要がある。この強みを確立できれば、ガリバーが来ても守りきれる。このような特殊な技術やノウハウが必要な分野こそ、ニッチの企業にふさわしい。
　「**顧客でのNo.1**」とは、たとえば藤原市No.1の地元密着型の高級スーパーとか不動産会社といったものだ。顧客と密接な関係性を持っていることを新規参入の防波堤とする場合だ。
　注意しなければならないのは、地元でNo.1の規模を誇るだけではガリバーにとっては参入障壁にはならないことだ。大事なのは、ガリバーが来ても守りきれるだけの密接な関係を顧客と築いていることだ。

　ただし、このニッチな市場を守る壁は必ずしも盤石ではない。
　たとえば携帯会社のウィルコムを考えてみよう。安価なPHSや（当時としては）高速通信といった特色あるサービスで、2000年頃にはニッチの地位を築いていた会社だ。しかし2007年にはソフトバンクのホワイトプランが登場し、低価格という防御壁が崩されてしまった。また、同じく2007年には、イー・モバイルが登場し、高速通信というニッチの優位性を守りきれなくなった。ついにウィルコムは2010年に事業再生ADRの申請をするに至った。
　このように、技術革新の波の前ではニッチな市場を守る壁が消えてしまうことも、ままあることだ。

Step1-5-2
成長戦略分析

》》成長する方向を決める

　競争戦略分析で自分の立ち位置を決めたら、どっちに向かって成長するか、体を向かわせる方向を確かめたい。そのために使うのが成長戦略分析だ。発明者の名前をとって、アンゾフのマトリクスとも言う。

　このフレームワークはシンプルだ。下図のように、縦軸に提供価値の軸を、横軸に顧客の軸をとる。そして成長するための3つの選択肢から、どの選択肢を選ぶか決めるというものだ。

　次ページで具体的な方向の選び方を見てみよう。

成長戦略分析

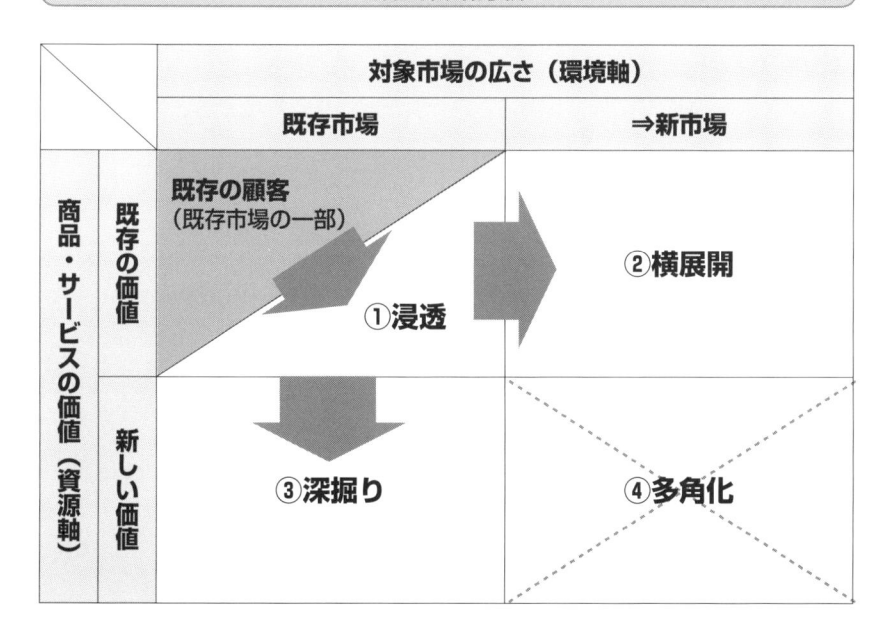

		対象市場の広さ（環境軸）	
		既存市場	⇒新市場
商品・サービスの価値（資源軸）	既存の価値	既存の顧客（既存市場の一部）　①浸透	②横展開
	新しい価値	③深掘り	④多角化

▶①浸透

　ターゲットとする顧客セグメントも提供するサービスも（ほぼ）現在と同じままシェアを高める選択肢だ。とくに、まだ競合も少ない未開拓の市場では、今の市場の中でシェアをどんどん広げていく「浸透」が正解だ。

▶②横展開

　既存の商品・サービスを、新しい顧客セグメントに向けて展開する「横展開」という選択肢だ。今まで大企業向けに商品を売ってきた会社が、中小企業も開拓する。また、国内市場がほぼ飽和してきたので中国市場の開拓を図るといった例が当てはまる。

　この横展開が有効なのは、基本的に107ページで紹介した「規模の経済」が効く事業だ。展開範囲が大きくなると、さらに競争力は増す。

▶③深掘り

　既存の顧客セグメントに対して、より幅広い商品、または掘り下げたサービスを提供する「深掘り」という選択肢だ。たとえば、PCを納入していた会社がネットワークの設定やメンテナンスを請負うなどだ。

　この深掘りが有効なのは、基本的には109ページで紹介した「範囲の経済」が有効な事業だ。深く顧客のニーズにマッチすればするほど、他社の参入が難しくなる。

▶④多角化

　論理的には4つ目の道、つまり新しい顧客セグメントに対して新しい商品・サービスを展開するという「多角化」という選択肢もある。

　しかしこの領域は、顧客に対する知見も浅く、商品に関する強みもない。ほぼ確実に失敗する事業となる。また仮に成功しても、本業とのシナジー効果は薄い、純粋な研究開発分野と位置づけるならともかく、とるべきではない選択肢だ。

Step1　登る山を決める

Training 5

小演習5回目

競争戦略分析・成長戦略分析

1-5

伊藤君のメモより

　今日は職場の同僚から「また東京ですね、急がないと」と、見送られて出てきた。毎回楽しみになってきたのが表情にも出てきたのかな？

　先生から昨日メールで「今日の演習は早めに終わるから、そのあとセミナールームで軽く飲み会をしましょう」との提案があった。そこで、出がけに伊州屋自慢の商品をいろいろ買いこんで、電車に飛び乗った。

　今日の演習で競争戦略と成長戦略のフレームワークを使ってみると、自分の進むべき道をあらためて確認することができた。先生の言うとおり、なんとなく腰が座ってきた感じだ。

　演習のあとのパーティは楽しかった。
　僕はワインと日本酒の蘊蓄を語り出すと止まらない。みんな結構グルメなんだけど、生産方法や原材料とかをあまり知らないのは、ちょっと意外だった。でも、そんなものかもしれないな。それに、そういう知識があれば、もっと美味しくお酒が飲めることは十分わかってくれたようだ。
　みんなの質問に答える形で延々話し続けたから、僕はほとんど飲めなかったけど、みんなの健康にも役立ったと思えば、まあよいかな？
　帰りもグリーン車で小坪君と楽しく飲みの続きをした。

▶▶ 伊州屋の競争戦略・成長戦略

伊州屋の伊藤です。今日は伊州屋からの差し入れがあります！　といっても自腹です。僕自身も発表を終えるのが楽しみです（拍手・歓声）。

競争戦略では、伊州屋のポジションは、先生に指摘された通り「ニッチ」です。これには、藤原市周辺という地理的な集中、また「リョウシキ」という顧客セグメントへの集中の２つの意味があります。

規模では業界大手の佐藤十日堂や大栄、東友さんには敵いません。でも、利益率ではこっちが上です。「ニッチで勝つ」というランチェスター戦略の理屈通りだと思いました。

伊州屋と似たニッチのプレーヤーは、高級スーパーのキノクニヤや成城岩井、クイーンズシェフやガーデンズあたりでしょうか。彼らが藤原市に進出してきたら脅威ですね。でも、リッチな藤原市民の心はがっちりとつかんでいるので大丈夫です。顧客No.1で勝負します。

あと面白いのがNGストア。関東全般に展開していますが、「ワケアリ品を望む」顧客にフォーカスしたニッチです。好きな人にはとても人気がありますね。そしてニッチ同士、伊州屋はNGストアさんとは、明確に陣地を棲み分けて、共存しています。

成長戦略でとるべき方向は「深掘り」です。

まず、浸透はないですね。すでにターゲット内のシェアは高いですから。また、「リョウシキ」に集中する以上、「ヘイオン」とかのセグメントにいたずらに横展開する戦略はとりません。そんなことしたら、今のお客さまは全部逃げてしまいますよ。それは他のスーパーに任せます。

深掘りは、まだいろいろできそうです。食品以外にも、たとえばカラフルなヨーロッパのキッチングッズや、シックなアジアンテイストの食器を

提案したり、また料理教室などで新しい素材の使い方を広めたり、「伊州屋ファンクラブ」を作ってグルメ旅行とか、まだまだ今のお客さまとの関係を深めることはできると思います。そうそう、ネットや宅配への対応も忘れてはいけません。

　「伊州屋はニッチを狙う！」と、あらためて宣言すると、なんか気持ちが吹っ切れて道が見えてきた感じです。ありがとうございました（拍手）。

伊州屋の競争戦略・成長戦略

競争戦略（ポーターのマトリクス）

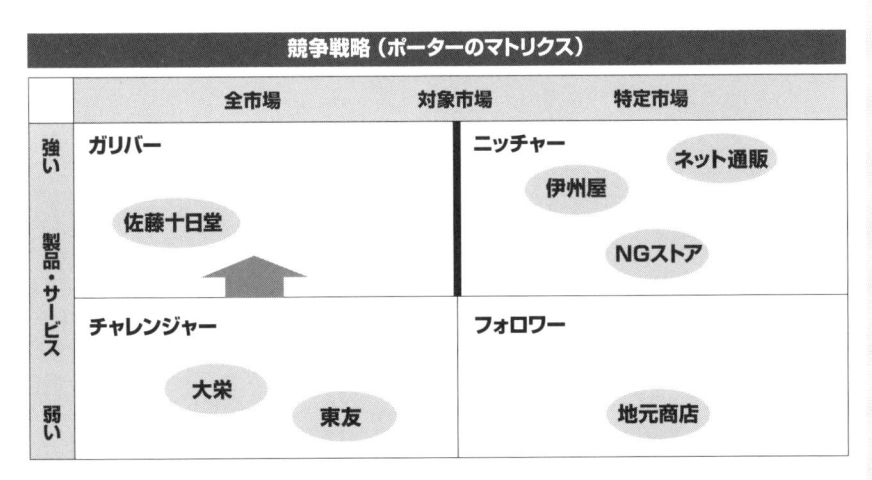

	全市場	対象市場	特定市場
強い（製品・サービス）	ガリバー／佐藤十日堂		ニッチャー／伊州屋、ネット通販、NGストア
弱い	チャレンジャー／大栄、東友		フォロワー／地元商店

成長戦略（アンゾフのマトリクス）

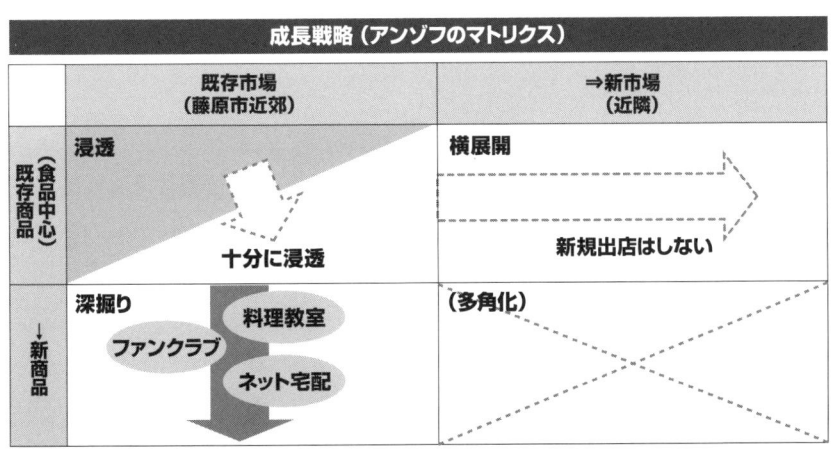

	既存市場（藤原市近郊）	⇒新市場（近隣）
既存商品（食品中心）	浸透／十分に浸透	横展開／新規出店はしない
↓新商品	深掘り／ファンクラブ、料理教室、ネット宅配	（多角化）

▶▶ ツボタの競争戦略・成長戦略

ツボタの小坪です、伊州屋さんからの差し入れがあるので手短に（拍手・笑）。

みなさん、ニッチが多いようですね。ツボタも「ニッチ」です（笑）。

医療機器業界のガリバーは、米国のHFメディカルとか日本メディカルです。X線のCTスキャナーとかMRI（核磁気共鳴装置）などは、やはり相当の資本がないと研究開発が続きません。

でもツボタは、小さなニッチとして、商品No.1を目指したいと思います。ツボタのセンサー技術は、他の会社にはなかなかまねできませんし、ガリバーは量が期待できないから、そもそも参入してくる可能性は少ないです。これならランチェスター戦略を地でいけそうですよね。

成長戦略の基本は「横展開」だと思っています。今のツボタのおもな顧客は大病院ですが、これはあくまで初期段階の研究開発が主目的のマーケットと思っています。やはり次は、よりシンプルな機器を開発して、一般病院や検診センター、さらには家庭用の市場に行くべきだと思います。

ちなみに先生には、「新しいシンプルな機器は新しい価値として扱うべきですか？」と質問したのですが、先生からは「でも測定器ですよね。それなら既存の価値として扱ってください」と指示されました。

実は、同じチームの中坪君は、最初は「もっと大学病院の先生のニーズを深く聞いて、診断機能とかカルテ連携とかあらたな付加機能を提供すべき」という「深掘り」論者でした。たしかに営業部隊の一員としては、今の顧客のニーズにとことん付き合いたくなるのは、よくわかります。

そこで、ものすごい激論となりました。

でも、成長戦略のフレームワークで考えてみると、新しいスキルを身につけて深掘りをするより、横展開して新しいセグメントを攻めるほうが、ずっと優先順位が高いです。これには中坪君も納得したようです。

中坪君は心情的には相当不本意だったかもしれません。あ、何でしょう？　もう納得してる？　それならよかった（笑）。　でも、こういった理性的な話ができるのが、フレームワークの力なんでしょうね。

とにかく、ここで腹を決めて基本的な方向性を明確に示さないと、開発が振り回されるばかりです。あらためて進むべき方向が見えました。どうもありがとうございました（拍手）。

ツボタの競争戦略・成長戦略

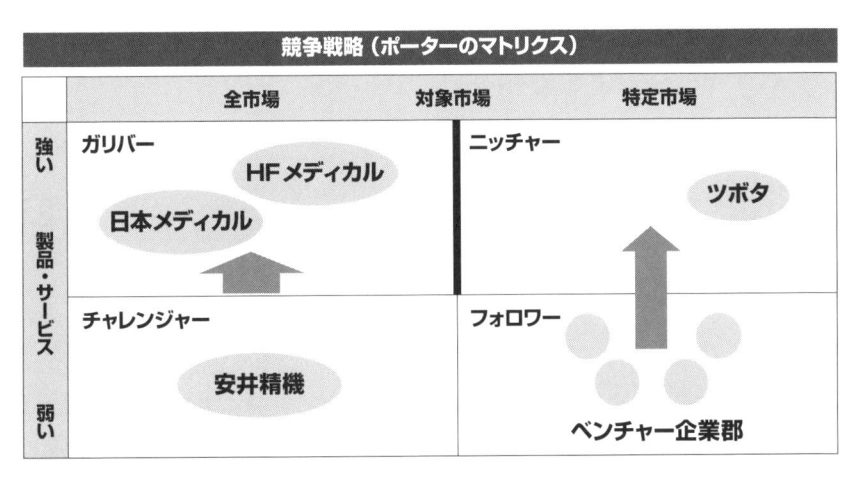

競争戦略（ポーターのマトリクス）

	全市場	対象市場	特定市場
強い 製品・サービス 弱い	ガリバー HFメディカル 日本メディカル チャレンジャー 安井精機		ニッチャー ツボタ フォロワー ベンチャー企業郡

成長戦略（アンゾフのマトリクス）

	既存市場 （大病院）	⇒新市場	
		（他の医療機関）	（家庭市場）
（既存商品（疲労度計））	浸透 （大学医学部）	横展開 個人用	次ステップ 個人用
↓新商品	深掘り 診断機能 追わない	（多角化）	

Step1-6
事業を仕分けする

　自分の立ち位置と進むべき方向が明確になったら、最後に真打ちといえる「ポートフォリオ分析」の登場だ。ここでは、会社を持続的に成長させるために、どの事業を伸ばし、どの事業を捨てるかを仕分けしていく。

▶▶ポートフォリオ分析

　「ポートフォリオ分析」は、ボストンコンサルティンググループが発明した有名なフレームワークだ。この名前は知らなくても、「負け犬」とか「金のなる木」とかいう言葉は聞いたことはあるかもしれない。略してPPM（プロダクト・ポートフォリオ・マトリクス）ともいう。

　このポートフォリオ分析は、次ページの図（上半分）のように、縦軸に事業（や製品やサービス）ごとの市場成長率を、横軸に事業ごとの市場シェアをとったグラフだ。プロットする円の面積は事業ごとの売上高を示す。

　このポートフォリオ分析は、実は80ページのSWOTをそのままグラフにしたものだ。
　横軸にとる当該製品の市場シェアとは、強み（S）と弱み（W）の軸だ。シェアが「高いならば強い」「低いなら弱い」と読む。市場シェアが算出しにくいときには利益率などで代替すればよい。優位な事業は利益が高く、そうでないなら赤字というわけだ。
　また縦軸にとる市場成長率は、機会（O）と脅威（T）の軸だ。成長しているなら機会が大きく、そうでなければ脅威が大きいわけだ。
　また、円の面積（売上高）で事業の重要性がわかる。
　このようにポートフォリオ分析をすると、事業ごとの重要性と位置づけ

Step1 登る山を決める

事業ポートフォリオとライフサイクル

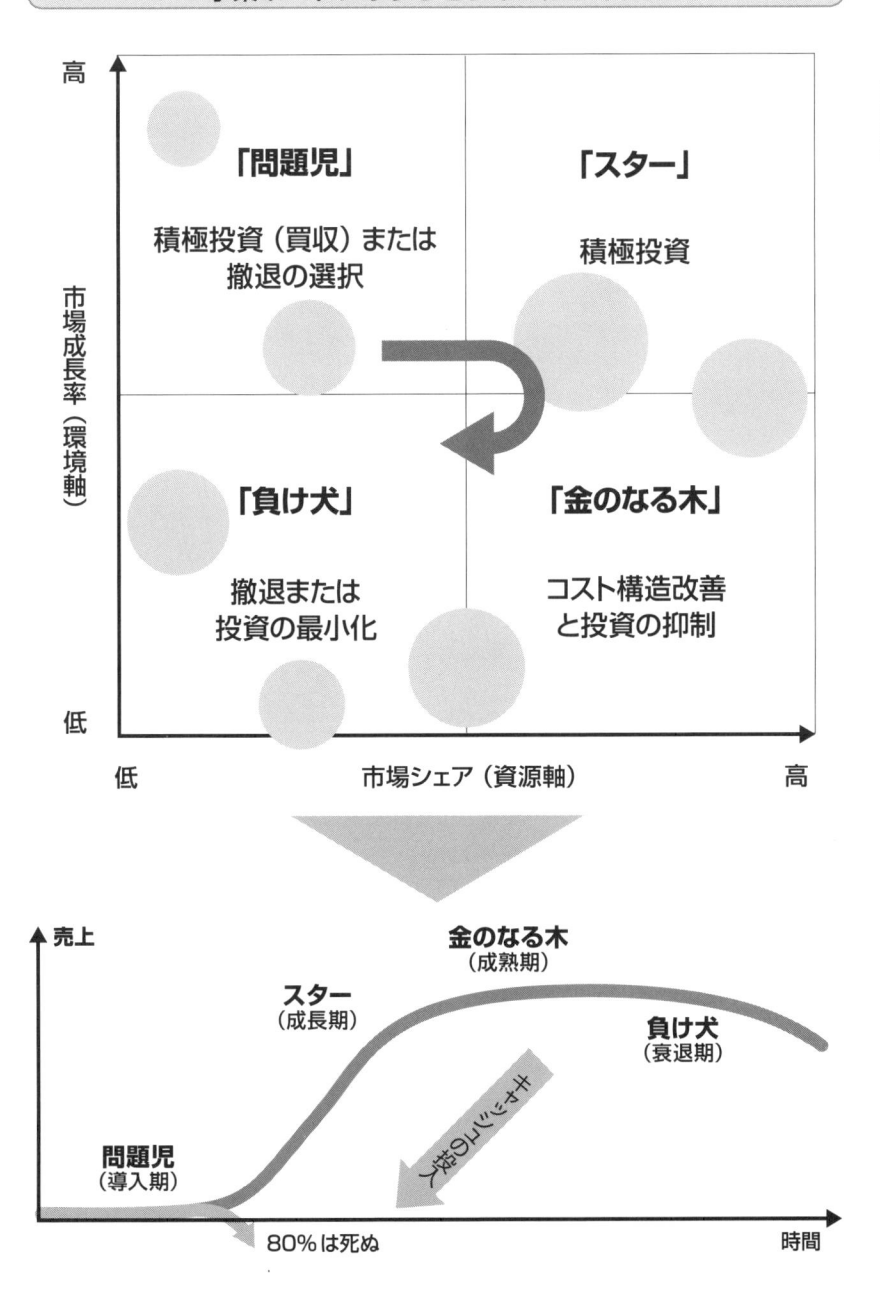

市場成長率（環境軸）／市場シェア（資源軸）

- 「問題児」：積極投資（買収）または撤退の選択
- 「スター」：積極投資
- 「負け犬」：撤退または投資の最小化
- 「金のなる木」：コスト構造改善と投資の抑制

売上／時間

- 問題児（導入期）
- スター（成長期）
- 金のなる木（成熟期）
- 負け犬（衰退期）

キャッシュの流れ

80%は死ぬ

1-6

がグラフの上で一目瞭然となる。

ポートフォリオ分析の結論はSWOTと同じだ。象限ごとに、「①問題児」「②スター」「③金のなる木」「④負け犬」という。

▶①「問題児」（左上の象限・W×O）

この領域は成長期待値は高いものの市場が未成熟だったり、また市場はあっても自社が本格的に参入していない領域だ。

このセグメントに該当するのは、将来の成長を期待して「参入」した事業だ。しばらくトライしても次のスターに成長しない事業は、どこかのタイミングで見切りをつけて畳む必要がある。

▶②「スター」（右上の象限・S×O）

市場も魅力的で自社も強く、積極的に「攻める」べき領域だ。ここでは市場の成長速度や技術革新に追いつくべく積極的に打って出よう。そうでないと、今は強くても他社に追いつかれてしまう可能性がある。

▶③「金のなる木」（右下の象限・S×T）

成熟した市場で、盤石のシェアを保つ領域だ。安定的に収益を生み出す事業として「守る」必要がある。工程改善やコスト削減等の施策を打ち、利益を確実に稼ぐことを優先すべきだ。

▶④「負け犬」（左下の象限・W×T）

市場の成長率も低いし、自社の競争力も不足している。基本的には追加の経営資源をかけずに「退く」べき領域だ。

負け犬だからといって、「すぐに撤退すべき」という短絡的な話にはならない。しかし、5年後も存在している事業かと問われると、答えは否定的だろう。優秀な人材を配置し続けるわけにはいかない。

この領域の事業に対しては、新たな投資をせずに人も次第に引き上げ事業が「自然死」するのを待つか、もしくは「売れるうちに売却する」とい

う積極的なスタンスで臨むか、もしくは最後までしぶとく残って「残存者利益」を狙うか、いずれで臨むかを明確にすべきだろう。

▶▶ ライフサイクル

　市場ではいろいろな商品・サービスが生まれては消えていく。また、会社の中でも新しい技術や事業が誕生し、古い技術や事業は撤退していく。この推移を事業や製品の「**ライフサイクル**」という。

　ポートフォリオ分析が有名なのは、この「ライフサイクル」と深く関係していることにある。165ページの図に下半分に示すライフサイクルとポートフォリオ分析の関係を、もう少し見てみよう。

　ライフサイクルは、人の一生になぞらえて、「①導入期（幼年期）」「②成長期（青年期）」「③成熟期（成人期）」「④衰退期（老衰期）」と説明できる。ひと昔前ならデジカメや大画面テレビ、今ならハイブリッド車・電気自動車や太陽電池を思い浮かべるとリアリティが湧くだろう。

▶① 「導入期」（PPMでは①「問題児」に相当）

　製品や試作品が市場に登場しはじめる時期だ。将来の市場成長の期待値は高い。しかし、研究開発などでお金がかかる割に市場はまだまだ小さく、収益は確保できない。数多くの会社がいろいろな技術とともに参入し、どれが将来の主流になるかまだまだ読めない。しかし、ゆっくり様子を眺めていると参入障壁はどんどん高くなる。

　多くの事業はこの導入期の段階で脱落する。バラ色の将来も描けるが、険しい道も待っている。

　この導入期は、ポートフォリオ分析では「問題児」に相当する。どんな大きな事業でも、まずは小さな問題児として生まれてくるのだ。

▶② 「成長期」（PPMでは②「スター」に相当）

　死亡率の高い導入期を生き残った事業は、「成長期」のステージに入る。市場が形成され製品の品質も安定し、顧客からの認知もシェアも高まり、

事業が本格的な成長を始めるわけだ。成長期はポートフォリオ分析では「スター」に相当する。

ただし、このステージでは、まだまだ生産設備や技術開発への積極投資が必要で、話題性の割に利益率は低いことも多い。しかし、ここで投資をケチると豊かな将来はない。より事業を大きくしたいと思ったら、大胆な投資、それもお金以上に優秀な人材の投入が必要だ。

▶③「成熟期」(③ PPMでは「金のなる木」に相当)

大きく成長した市場で一定のシェアを確保した事業は、安定した利益を生み出す盤石な事業となる。ポートフォリオ分析では「金のなる木」に相当する。このステージではコスト構造を改善し、分厚い利益を確保することが重要となる。成人として、きちんと稼ぐ義務があるのだ。

▶④「衰退期」(PPMでは④「負け犬」に相当)

どんなに盛んな事業もいつかは市場が縮小し、また代替技術や代替商品が登場してきて衰退が始まる。事業全体が衰退しなくても、旧技術を利用した商品は代変わりしていく。

ポートフォリオ分析では、「負け犬」に相当するステージだ。

▶▶ポートフォリオは変遷する

ポートフォリオの変遷の実例をシャープの例で見てみよう。

シャープは次ページの図のように事業の変遷を積み重ねてきた。1970年代には〝電卓のシャープ〟であり〝カラーテレビのシャープ〟だったのが、80年代には〝白物家電のシャープ〟となり、90年以後は〝アクオスのシャープ〟となっている。おそらく2020年頃には〝太陽電池のシャープ〟になっているだろう。

このようにポートフォリオを描いてみると、会社は事業の内容をダイナミックに組み変えながら成長することが実感できると思う。

Step1 登る山を決める

シャープの事業ポートフォリオの変遷

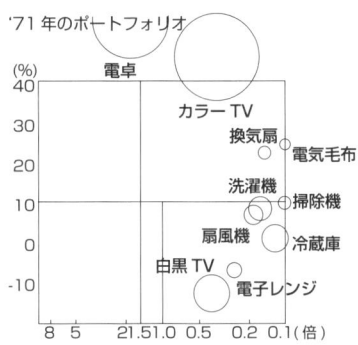

'71年のポートフォリオ

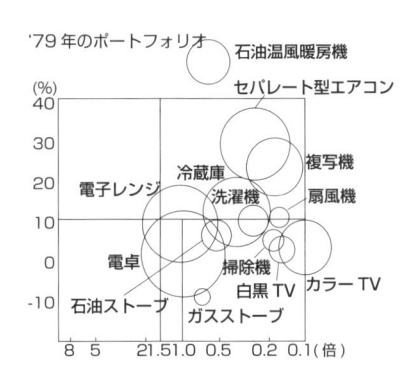

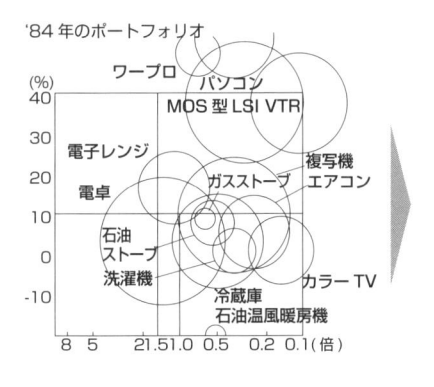

縦軸: (%), -10〜40
横軸: 8 5 2 1.5 1.0 0.5 0.2 0.1 (倍)

- 電卓
- カラーTV
- 換気扇
- 電気毛布
- 洗濯機
- 掃除機
- 冷蔵庫
- 扇風機
- 白黒TV
- 電子レンジ

'73年のポートフォリオ

R&D →

- 電子レンジ
- 換気扇
- 電卓
- カラーTV
- 洗濯機
- 冷蔵庫
- ガス炊飯器
- ガス湯沸器
- 石油ストーブ
- 扇風機
- ラジオ

'79年のポートフォリオ

- 石油温風暖房機
- セパレート型エアコン
- 冷蔵庫
- 複写機
- 電子レンジ
- 洗濯機
- 扇風機
- 電卓
- 掃除機
- カラーTV
- 石油ストーブ
- 白黒TV
- ガスストーブ

'84年のポートフォリオ

- ワープロ
- パソコン
- MOS型LSI VTR
- 電子レンジ
- 複写機
- 電卓
- ガスストーブ
- エアコン
- 石油ストーブ
- 洗濯機
- 冷蔵庫
- カラーTV
- 石油温風暖房機

'89年のポートフォリオ

- コードレス電話
- MOSメモリ
- 発光ダイオード
- ファクシミリ
- MOSロジック
- ワープロ
- エアコン
- ビデオカメラ
- 光電変換素子
- パソコン
- カラーTV
- CRT
- 電卓
- 洗濯機
- 電子レンジ
- 複写機

'99年のポートフォリオ

- 液晶ディスプレイ
- PDA
- ビデオカメラ
- MOSロジック
- 洗濯機
- 光電変換素子
- 電子レンジ
- 冷蔵庫
- エアコン
- 発光ダイオード
- MOSメモリ
- カラーTV
- 電卓
- ファクシミリ

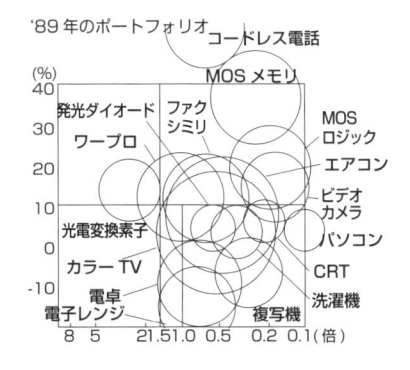

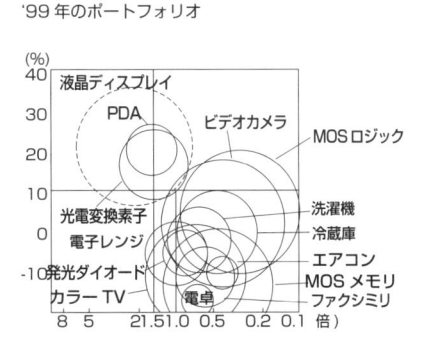

（出所）『最強の経営学』島田隆（講談社現代新書）より

▶▶ 事業仕分けの押さえどころ

　ポートフォリオ分析をすると、積極的に投資して伸ばすべき事業と、投資を引き揚げて捨てていく方向にある事業がクリアに見えてくる。この「事業仕分け」において、押さえるべきポイントを以下にあげてみよう。

▶儲かっている間に子どもを作り、育てろ

　経営では当然のように利益が求められる。だから複数の事業ラインや製品ラインがある会社では「今、稼いでいる事業があるのだから、それに集中すればよいではないか」と考えがちだ。

　この考え方は、一見正しく見えるが長期的には会社を滅ぼす。

　利益が大きい事業とは、金のなる木の事業だ。この金のなる木は、時間とともに次第に負け犬にシフトしていく。ポートフォリオに金のなる木しかない会社は、今は順調でもそのままでは次第にじり貧になっていく。

　だから、金のなる木の事業で稼いでいる間に問題児をスターに育てあげ、その次のスターに成長するかもしれない問題児を仕込んでおく必要があるのだ。

　問題児は赤字だ。だから「やめてしまえ」という圧力が強くかかる。しかし問題児を作っておかないと、次第に「少子高齢化」が進行して、そのうち何も稼ぐ事業がなくなってしまう。

　儲かっている間に子どもを作り、育てる。このようにして事業や製品の世代交代を積極的に進めていくのだ。

▶子どもはたくさん生め

　事業のスタート時期がなぜ「問題児」かというと、赤字である以上に子どもの死亡率がかなり高いのだ。稼いでくれる大人になるまでに、8割近くは死んでしまう。

　問題児、つまり新しい技術や事業のタネを稼げる大人の事業とするまで

には、「魔の川」「死の谷」「ダーウィンの海」という３つの関門がある。
　「魔の川」とは研修段階の技術を製品開発に結びつける関門だ。たとえば、画期的なディスプレイ技術があっても、それでパネルやテレビが作れなければ事業にはならない。また、どんな新しいサービスのアイデアがあっても、その価値が利用者に理解されなければ事業は始まらない。
　次の「死の谷」は、試作品を製品化する関門だ。画期的なディスプレイでも生産歩留まりが数％だったり、画期的なサービスでも収益を上げるビジネスモデルが作れなかったら事業にはつながらない。ここはある程度の投資をして、試作やテストマーケティングが必要かもしれない。
　最後の「ダーウィンの海」は、事業化の関門だ。新しいディスプレイ技術を使った画期的な製品も、新しいサービス事業も、既存製品や競合製品と比べて優位性を認められなかったら売れない。

　新しい事業はリスクが高い。だから、どうしても慎重になる。大切に育ててしまうと、途中で放り出すわけにもいかなくなる。しかし、リスクが高いからこそ、新しい事業はたくさん仕込まなければいけないのだ。そして、育たないことが明らかになれば早めに見切りをつけるのだ。

▶成長段階により経営を変えろ

　ポートフォリオの位置づけにより、異なる経営スタイルを当てはめる必要がある。
　金のなる木と負け犬は、ほぼ安定した事業だ。だから投資を極力抑え、改善的手法やコスト削減で収益を最大化するのが定石だ。こういった経営を実践するためには、管理型の人材が求められる。
　一方、スター事業に求められることは、大胆にリスクをとり、市場の変化に機敏に応じて、事業を成長させることだ。スター事業でも必要なタイミングで事業投資を躊躇すると、市場の伸びに追随できなかったり、また製品化が遅れて他社にシェアを奪われてしまう。こういった経営に必要なのは、マーケティングに優れた企画型の人材だ。
　また、問題児の事業は、そもそもが赤字事業だ。技術開発や製品開発も

試行錯誤の連続といえる。独創的な技術開発力や、技術開発に対するの目利き力が求められることも多い。また、赤字のプレッシャーの中を事業が芽吹くまで黙々と何年も堪（た）えていく覚悟も必要だ。こういった問題児事業に求められるのは、起業家精神の高い研究開発型の人材、くだけた言い方をすると〝熱意あるオタク〟だ。

　事業のライフサイクルに応じて、このように人材を適材適所に配置し、また適した経営スタイルを適用する必要がある。

　これを間違えると、事業は成功しない。
　たとえば、手堅い管理型の人材が問題児事業の責任者に配置されると、出費を最小限に抑えて、そのまま殺してしまう。スター型事業に配置されても、投資を控えてどんどん優位性を落としてしまう。
　また、問題児事業をスター街道に乗せたオタク人材も、その後のスター事業の経営に必要となるマーケティング能力があるとは限らない。
　このように、ポートフォリオ上の位置づけの変化に応じて、今まで成功してきた人材の配置や経営スタイルを変えていく必要がある。

Step1　登る山を決める

Training 6

小演習6回目

ポートフォリオ分析

1-6

小坪君のメモより

今日は Step1 の最後の小演習だ。
1週間に1回の演習だったから、1か月以上かかったけれど、たしかに集中すれば1～2日で方向性は全部決められそうだ。

今日のポートフォリオ分析では、事前に配られた「作り方のコツ」（次ページ参照）を参考に、各自が作ってきたポートフォリオをチーム内で共有して1枚にまとめた。そして Step1 全体の検討の結論として目指す山を決めた。この作業は比較的スムーズに進んだと思う。
フレームワークで合理的に切り分けていくと、みんなが納得できる結論がほとんど自動的に出てくるんだな、とあらためて納得した。

ちなみに、ある受講者から「私の会社ではコンサルティング会社が入って、半年がかりでポートフォリオを作っている。こんな1時間で決めるなんて乱暴すぎないか」という質問があった。
先生は、「大まかな方向性は1日で決められます。ただ、それで事業再編まで踏み込もうとすると、当然ながら痛みが伴います。分析結果により、仕事がなくなる人が出るのです。ですから、じっくりと時間をかけるのです。1時間で決めても1年かけて決めても、結論は同じです。判断に時間が必要なのでなく、納得に時間が必要なのです」と答えていた。なるほど。

あと、自分の会社のポートフォリオを描いてみると、意図したわけではないのに、ライフサイクル通りに事業が象限をクルクルと回っていた。理屈って、けっこう正しいんだと、あらためて感心した。

ポートフォリオ分析の進め方

▶過去・現在・未来の３枚を描く

　ポートフォリオ分析は、現在の状況をスナップショットのように切りとるだけでなく、169ページのシャープの例のように事業の変遷を時間軸で見渡すことに価値がある。「過去・現在・未来」と３枚のポートフォリオを描こう。

　過去と未来のタイミングは、変化の激しい業界なら１年前と１年後、そうでなければ３～５年前と同じく３～５年後あたりで考えればよい。

　未来のポートフォリオは、もちろん仮説として描くものだ。この未来のポートフォリオは、将来目指すべき会社のビジョンそのものだ。未来の事業や製品をポートフォリオの上に具体的に想像しながら描いていこう。

　過去・現在・未来のポートフォリオを描いてみると、今の主力事業に注力するだけではなく、将来の成長の種をまいておくことがいかに重要なことかが、あらためてよくわかると思う。

▶粒の分け方

　ポートフォリオにプロットする事業や製品の粒は、全部で５～15個程度を目安にしたい。シャープの例では製品単位で括っているが、もっと細かな区分をしたほうがよい。たとえば、「電卓」とひと括りにするより、初期の大型の机上型計算機から小型の関数電卓まで、製品の世代や分野別にプロットしたほうが、事業の変遷がずっとわかりやすくなる。

　事業や製品の種類があまりない場合は、たとえば対象顧客セグメント別に粒を作ればよい。そうすれば、単一事業の会社でも、その事業内容は時代により変遷していくことがわかるはずだ。

▶縦軸の数字の置き方

　縦軸の数値は、外部環境の魅力度の代理変数だ。だから、市場の成長率がとれないからといって、自社の売上成長率などに使ってはいけない。

もし市場成長率がとれないなら、適当に想定すればよい。ポートフォリオ分析で大事なのは、相対的な位置づけだ。だから「まあ、かなり成長しているから10％くらい」とラフに置けば十分だ。ここで、成長率が13.2％か8.6％かという議論をしても、それでポートフォリオ上の意味づけが変わることはないはずだ。

また、未来的な技術や製品については、「**期待成長率**」を使うべきだ。たとえば、太陽電池は20年以上前からあったが、市場というほどの市場はなかったので、市場成長率はたいして高くなく、ときにはマイナスになったこともあったはずだ。だからといって、「太陽電池は市場が成長していないから、撤退すべき負け犬」という話にはならない。誕生期の事業の成長率は、今後の発展を見込んだ期待成長率を使ったほうがよい。

▶横軸の数値と円の大きさの置き方

横軸は内部資源の強さの代替変数だ。シェアや利益率でなくても、他に適切な変数を使いたければ、それで代替すればよい。

あと、たまたま今年だけ数字がよい・悪いということもよくある。その年の数字が異常値のようならば、必ずしも数字そのものにかかわらず、たとえば前後1年分を合わせた平均値、などを使ったほうがよい。そのほうが正しいメッセージが得られるからだ。

また、円の大きさも事業の規模を示すものなので、場合によっては、事業に紐付く投下資本の大きさや、事業に関連する社員数などを使ってもよい。

▶中心線の置き方

グラフの象限を切り分ける中心線は、基本的には「会社の求める水準」に置く。つまり、「その基準以上ならOK。それ以下なら問題あり」という意味を持つ。だから、ある事業が仮に成長率も利益率もプラスだったとしても、ともに会社の求める水準未満ならば、その事業からは撤退して別の、より儲かり成長する事業に資源を回すという判断だってあり得るわけだ。

伊州屋のライフサイクルと登る山

伊州屋の伊藤です（拍手）。

伊州屋の場合、商品シェアは意味がないですし、恥ずかしながら商品別の利益率もよくわからないので、先生に相談して今回はライフサイクルを使いました。

ライフサイクルを見ると、商品の栄枯盛衰が実によく見えますね。

気づいたのですが、今の売れ筋商品を多量に並べた店よりも、これから流行の兆しのある、最先端の目新しい商品がいろいろ置いてある店のほうが魅力的ですね。

そういえば、しばらく前にエスニックフェアで、東南アジアのカレーをアピールしたのですが、目玉を「スター」のタイカレーにしました。そうしたら、お客さまの興味を最もひいたのは「問題児」的な次のビルマやベトナムのレシピでした。でも、実際に一番よく売れたのは「金のなる木」の日本的な高級カレーだったのです。でも、金のなる木的な日本のカレーだけを積み上げても、全然売れなかったでしょうね。

ポートフォリオを新しく入れ替えていくのは、われわれのようなスーパーでも大切だということがわかりました。

では次に、これまでの6回の検討の結果見えてきた伊州屋の登るべき山を説明します。

鍵となったフレームワークは、4回目の顧客分析と、2回目の世界地図、それに5回目の成長戦略です。

まず顧客分析の結果、伊州屋が集中すべき顧客セグメントは「リョウシキ」ということがクリアになりました（149ページ参照）。また成長戦略分析の結果、成長する方向は、「リョウシキ」をさらに深掘りしていくことだとわかりました（161ページ参照）。競争環境を見ると、今は比較的安定

していますが、近い将来はネットの宅配が脅威です（121ページ参照）。ですので、今回は伊州屋が先手を打ってしかけるべく、「リョウシキ」へのネット宅配を登る山として設定しようと思います（拍手）。

伊州屋の製品ライフサイクル

◎酒類：高級ワイン・地酒的ワイン・高級日本酒・希少日本酒・高級焼酎
★食品：欧米高級品・アジアの食材・南欧の食材・国内高級品・地産地消食材・有機食材

問題児 ＞ 成長期 ＞ 成熟期 ＞ 老衰期

5年前
- ★東南アジア食材
- ◎高級ワイン
- ◎高級焼酎
- ★欧米高級品
- ◎高級日本酒

現在
- ◎希少日本酒
- ★南欧食材
- ★地産地消
- ★東南アジア食材
- ★有機食品
- ◎高級ワイン
- ◎高級焼酎
- ★欧米高級品
- ◎高級日本酒

5年後
- ◎地酒的ワイン
- ★有機食品
- ★地産地消
- ★南欧食材
- ★東南アジア食材
- ◎高級ワイン
- ◎希少日本酒
- ★欧米高級品
- ◎高級焼酎

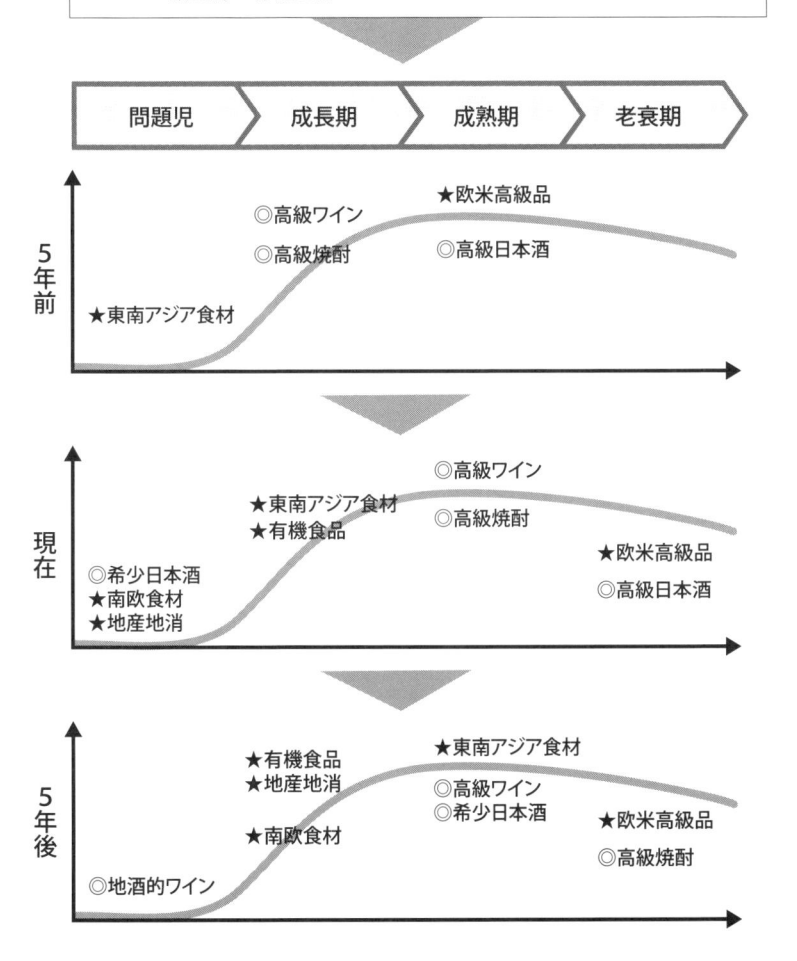

▶▶ ツボタのポートフォリオと登る山

ツボタの小坪です（拍手）。

私のいる疲労度計部門は、それこそ問題児しかいないので、ちょっとパスして（笑）、ツボタ医療機器事業部の全製品について語ります。

こうやってポートフォリオを描いてみると、教科書のように見事にクルクルと回っていますね（笑）。いや、別にわざとやったのではなくて、描いてみたら自然にそうなってました。他の方も、そんな感じでしたよね。

これを見ると、あらためて新しい事業の種を育てていく重要性がわかります。会社の中では、売上の大きな事業部が「俺たちが会社を支えてんだ」と鼻息が荒いのですが、われわれだって「そのうち俺たちが面倒をみてやるからな」という意気込みで頑張りたいと意を強くしました。

では、これまでの6回の検討の結果で見えてきた、ツボタの医療機器事業部が登るべき山を説明します。

まず、競争戦略から見えたツボタの立ち位置は、明らかに「ニッチ」です。でもグローバルな巨大企業にも、疲労度計というニッチ商品で対抗できると意を強くしました（162ページ参照）。

次に、顧客セグメント分析からの示唆です（150ページ参照）。現在の疲労度計の顧客は病院などのB2Bです。ここでは大学病院を攻めようとむやみに頑張るよりも、小さな診療所や検診センターなどを攻めるほうがよさそうとの結論が見えてきました。また将来は、新たにB2Cの市場がより成長する可能性もあります。とくに若い女性や中高年男性向けにアピールできるのではと考えております。

ただ、医療機関向けの戦略は少し専門性が高いので、この研修では以後、「疲労度計のB2C市場の新規開拓」について検討を深めたいと思います。

Step1 登る山を決める

ツボタの事業ポートフォリオ

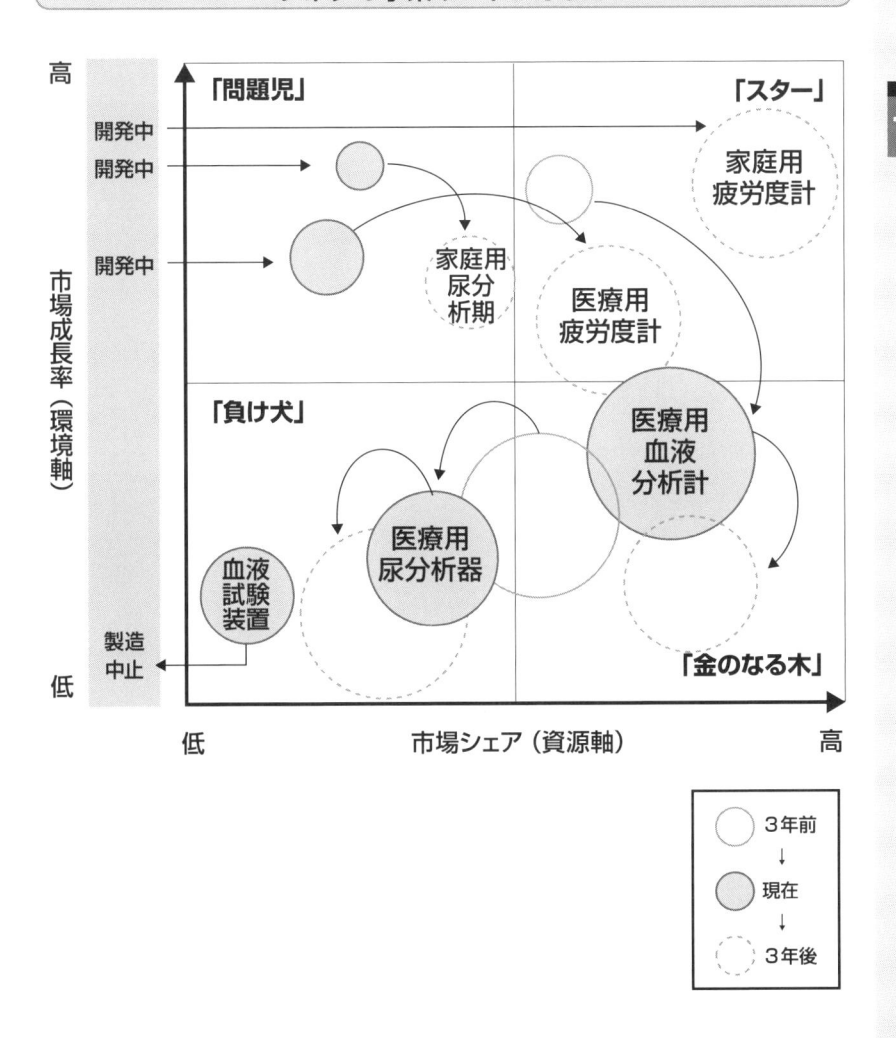

市場成長率（環境軸）／市場シェア（資源軸）

- 「問題児」：家庭用尿分析器（開発中）
- 「スター」：家庭用疲労度計（開発中）
- 医療用疲労度計（開発中）
- 「負け犬」：血液試験装置（製造中止）、医療用尿分析器
- 「金のなる木」：医療用血液分析計

凡例：
○ 3年前
● 現在
○（破線） 3年後

Step1のコーチング

　Step1の「登る山を決める」のパートはこれで終わりだ。ひと休みしたら、この章の先頭の80ページに戻って、もう1度ざっと目を通してほしい。疑問に思ったところはないだろうか。以下、実際の研修の場での受講者との質疑応答をまとめたので参考にしていただきたい。

❖ **事業ラインが複数あるような複雑な会社では、どのように検討を進めればよいのか？**

　戦略は基本的に、バリューチェーンを共有する事業（「事業ドメイン」と言う）ごとに作る。

　事業ドメインが違う事業、つまりバリューチェーンの形自体が違ったり、またバリューチェーンの機能項目が一緒でも、競合や関係者（ステークホルダー）がまったく違う事業ならば、戦略は別々に作るべきだ。

　たとえばツボタなら、製品自体は違っていても、病院向けの血液検査計と疲労度計は同じバリューチェーンの上で語れ、またステークホルダーもほぼ重なっているだろう。その場合、この2つを同じ事業ドメインとして扱って、1つの戦略を立てることに違和感はない。

　これに対して、同じ疲労度計といっても病院向けと一般の家庭向けでは、バリューチェーンもステークホルダーもかなり異なる2つのドメインの事業だ。これを1つの戦略で語るのは無理があるだろう。

　このように、事業ドメインで切り分けて、戦略を検討していけばよい。

❖ **製造子会社など単機能組織の戦略はどう作ればよいか？**
　複数の会社が絡む場合はどうするのか？

　これは125ページで述べたとおりだ。単機能組織で閉じた戦略を立てることは無意味だ。バリューチェーンを一貫する戦略を立てるべきであって、

もしそこに複数の会社が絡むなら、絡ませなければならない。

複数の会社といっても、緊密な協力関係にあるグループ会社であることがほとんどだろう。もしも、組織を越えた議論ができないなら、それは「バリューチェーンを通して戦略を作ることができない」ということだ。そんな企業グループには、はじめから勝ち目はない。

❖ 結論の選択に迷っている。拙速（せっそく）には結論を出せない。

「結論を出せない」という場合、同じところで立ち止まったまま迷っていることが多い。少々拙速でも「仮決め」して、次のステップの検討に進んでみよう。検討を進めていくと、その仮決めが正しかったか、間違っていたか、次第にはっきりと見えてくる。

もし２つの選択肢で迷っていたなら、２つの選択肢について、並行して次の検討を進めていけばよい。そうすると、２つの選択肢のうちどちらがよいのかが明確に見えてくる。

もし２つ以上の選択肢がともに「ぜひやるべき」という結論なら、２つ以上の山を目指してもよい。

ところが、ここで次のステップに進まないまま、より多く正確な情報とかを求めはじめると、さらに迷いが大きくなり、さらに結論が出せなくなる。これは67ページに示した内田和成氏の語る通りだ。

❖ フレームワークの書き方が原典に忠実でないようだが……。

よく細かいところに気がつきましたね。さすがです。

これは単純に、オリジナルのままでは使いにくいからだ。フレームワークは、考え方の本質さえ押さえていれば、細かいところは使いやすいように工夫するのがよいと思う。

この本で紹介するフレームワークの書き方は、今まで数百社に当てはめてきた経験をもとに、かなり使いやすく改善したものと自負している。でも、みなさんがもし、まだ使いにくいと思ったら、適宜アレンジして使っていただきたい。

Step2

山頂を描く
仮説思考でビジョンを

　Step1で登るべき山を決めたら、Step2では山の頂上をイメージしよう。山頂ではどんな会社になっているのか。つまり、「どんな顧客にどんな価値を提供しているか」をクリアに描いていくわけだ。
　Step2では、ドラッカー博士による「5つの質問」の中で2つ目の「顧客は誰か?」、3つ目の「顧客にとっての価値は何か?」、4つ目の「われわれの成果は何か」という質問に対しても答えていく。
　Step2こそが「元気になる戦略」で最も重要なステップだ。

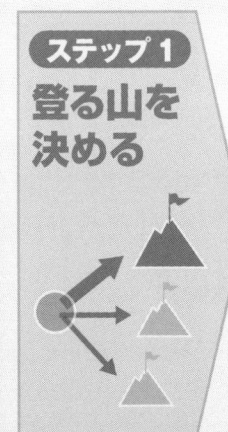

作る

ステップ1	ステップ2	ステップ3	Action
登る山を決める	山頂を描く	登る道を考える	山に登る

Step2-0
顧客とは誰か

≫ 成熟の時代の主役は「顧客」に移る

　会社とは、商品やサービスを買う「顧客」があってナンボの存在だ。だから顧客のことを「真剣に」考えなければならない。
　「当たりまえじゃないか」と思わないでほしい。顧客のことを真剣に考え、かつ本当にわかっている会社などごくひと握りしかない。

　それでは、なぜ顧客のことを知らないで済んだのだろう。それは20世紀の日本が、成長する工業社会だったからだ。
　成長する社会とは、大雑把にいうと、需要（所有欲）が供給（生産力）を上回っていた時代だ。また工業社会とは、工業生産物というモノ自体に価値があった時代だ。だから、顧客より供給者である会社のほうが強かった。社員は会社の偉い人を見ていれば、顧客のほうを見なくてもよかったのだ。

　しかし、21世紀の成熟した知識社会には、この力関係は逆転する。
　モノもサービスもあふれる一方で、ネットでお互いに情報を交換する生活者は、プロ顔負けの情報武装をしている。成長の時代には話題にもならなかった不祥事が大企業をもつぶしかねない。
　成長を続ける海外市場でも同様だ。日本とは勝手の違うグローバル市場で存在感を示すには、なおさら顧客のことを知らなければならない。
　成熟の時代には、顧客こそが主権者だ。顧客を真剣に理解しないと、どんな大企業でも滅んでしまう。
　時代は完全に変化したのだ。

▶▶▶ 21世紀の戦略とは「マーケティング」

　20世紀の工業社会とは、「**よいモノを作れば売れる**」時代でもあった。当時のおもな経営課題とは、（売れる）よいモノを作るための品質管理と、それを安く作る（＝利益を上げる）ための生産管理だった。ともに日本企業が精魂をかけて磨き上げ、最も得意としてきた領域だ。

　しかし、21世紀の知識社会には、顧客に自社や自社の製品・サービスの価値と魅力と伝える「**マーケティング**」こそが、会社の最も重要な活動となる。どんなに「よいモノ」を作っても、マーケティングが弱ければ顧客に価値が伝わらない。まさに、マーケティングこそが企業戦略の中心となるのだ。

　このマーケティングとは、本質的には戦略と同じものだ。

　下の図を見てほしい。

戦略とマーケティングは一心同体

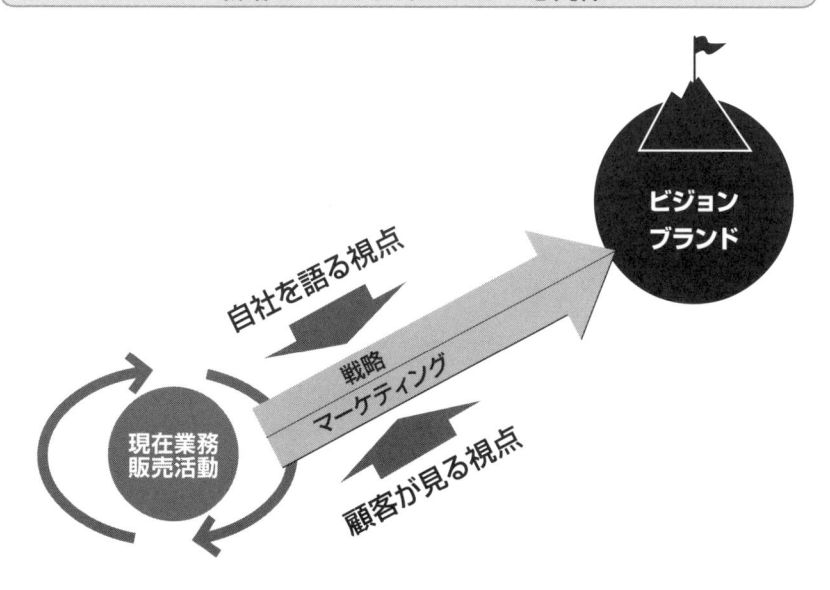

（図：現在業務・販売活動 → 戦略／マーケティング → ビジョン・ブランド／自社を語る視点／顧客が見る視点）

ビジョンを達成する道を設計するのが戦略だ。**戦略を顧客の視点から語るとマーケティングとなる。**

ドラッカー博士による5つの質問の中で、「顧客は誰か」と「顧客にとっての価値は何か」を決めるのが戦略の核心だ。まさに、顧客の視点からこの2つの質問に答えること、つまりマーケティングを考えることが戦略を語ることになる。

戦略でビジョンに相当するのが「**ブランド**」だ。顧客に「自社ならではの価値・ブランド」を認知され自社を選んでもらうことが、マーケティングの目標だ。

一方で、戦略だと日常業務に当たるのが〝今の営業活動〟だ。今まで通りの営業活動を一歩抜け出して、ブランドを確立していく活動こそがマーケティングなのだ。

ドラッカー博士は、「マーケティングの最終目標は、日常の営業活動をなくすることだ」と述べている。日常の営業活動がなくても、顧客が自社を選んでくれるブランドを確立することを目指したい。

ところが、このマーケティングは工業社会のもとでは非常にイメージが悪かった。よいモノを作れば売れた工業社会では、マーケティングとは、そのままでは売れない粗悪品を売り込むための方便だった。だから古い世代には、今でもマーケティングという言葉に嫌悪感を持つ方も多い。

そのためか、マーケティングは、日本企業の最も弱い領域ともなっている。21世紀に日本企業が存在感を失っているのは、まさにこのマーケティングを軽視してきたからにほかならない。

▶▶マーケティングとは「顧客の思い」を叶えること

マーケティングとは、「顧客の思い」(ニーズ)に答えることだ。

マーケティングの本質とは、「**顧客1人ひとりの思い・願い・期待を叶えること**」、これ以外の何ものでもない。

顧客の思いとは、必ずしも贅沢なものばかりではない。

　たとえば、吉野家に対する顧客の思いとは、「いつもの（気安い）味で、満腹するボリュームを、素早く、安く」というものだ。厳選した素材や最高クラスの料理人、贅沢なインテリアやファーストクラス並のサービスでは決してない。いつものくつろげ安心できる味とサービスこそが、顧客の求める思いなのだ。吉野家が工夫して「ビーフストロガノフ、ラタトゥユ添え」なんかを出したら、仮にそれがとても美味しいものだとしても、顧客の思いには合わないだろう。

　ところが顧客は場面で思いを変える。昼は吉野家に行った人も、夜のデートや接待では別の思いを持つ。デートのときには多少のお金を張り込んでも（吉野家では求め得ない）ムードを求めるだろう。夜景が見えるとポイントが高くなるかもしれない。接待のときには、ゆっくりとビジネスの話ができる隠れ家的な個室と、料理とサービスの質を求めるだろう。

　こうした顧客の思いにぴったりはまり、期待以上の感動を与えることができれば、多少は値段が張っても顧客は大満足するし、リピーターにもなってくれる。また、他の人にも推薦してくれる。

　マーケティングの第一歩は、こうした「顧客の思い」を知ることだ。

　そのための最初の問いが、「顧客とは誰か」ということだ。

　こういうと、「すでにStep1-4の顧客分析で、ターゲットとすべき顧客セグメントを特定した。この分析で、顧客が誰だか決めたはず……」と思う方もいるかもしれない。

　しかし、顧客分析で特定したのは顧客のセグメントだ。伊州屋ならば、藤原市在住の可処分所得の高い「リョウシキ」と括っただけだ。そのセグメントの中の1人ひとりが、どんな人で、どんな家庭を持ち、どんな生活をして、どんな買い物をしているかまでは踏み込んでいない。

　「顧客とは誰か」に答えるには、具体的な顧客1人ひとりについて踏み込んで、その「思い」を理解しなければならないのだ。

　次ページから、そのステップを進めていこう。

Step2-1
「ペルソナ」をして語らしむ

▶▶ すれ違う会社の思いと顧客の思い

　「顧客の思いを知る」というと、「もう顧客の思いなどわかっている」と内心思う人もいるはずだ。だが、それは大きな勘違いだ。
　次ページの図を見てみよう。ある会社でやっている研修の例だ。

　この図に登場する2人は、実は両方ともカメラ量販店の成績優秀な販売員だ。ただし、右の人は「今日は顧客の役をしてください」といわれて、事前に3分ほど説明を受ける。「あなたはどんな人で、今日は何をしにきた、何で立ち寄ったのか」という背景をインプットされるのだ。
　左の人はいつも通り、流暢な営業トークを繰り広げる。しかし、それを聞く右の人は、だんだんと頭にくる。そして愕然とするのだ。なぜなら左の人は、いつもの自分そのものだからだ。
　左の人はどうだろう。説明しても理解されないと、「仕方ない、値下げを提案しよう」などとなりがちだ。それでも顧客が反応しなければ、「この商品のよさを理解できない顧客はバカだ」と逆切れしかねない。
　この2人は販売のプロだ。商品知識は豊富で営業成績も優秀だ。「顧客のことはよく理解している」と、当然のように思っている。そんな彼らでさえも、顧客のことを実はまったく理解していないのだ。

　私自身が、ある商社で行なった研修の事例を紹介しよう。
　ある部門の子会社の、地方の観光バス会社の戦略作りがテーマとなった。
　戦略の方向性は明確で、顧客ターゲットには子育て終了後で時間もお金もある50歳前後の主婦層を選択した。そこで、彼女たちに対する「東京行きバスツアー」の仮説を企画してもらった。

Step2 山頂を描く

　活発な議論となり、面白いアイデアがたくさん出た。メンバーも、「こりゃいけそうだ。収益性も高いし、早速実行しようよ！」と、大いに乗り気になった。

　ふと気づくと、出席メンバーは各部門の部長クラス、50歳前後の男性だ。ターゲットとする顧客は、まさに自分たちの奥さまではないか。そこで、その場でさっそくみなさんの奥さまに、電話をかけていただいた。

　メンバーはみんな、「これならうちの妻は行きますよ！　もう検証なんか必要ないくらい」と、自信満々で携帯電話を取り出した。

会社と顧客はすれ違う

- このP社の「VXZR」なら、こんな小型でも1000万画素、パソコンの画面で拡大しても十分な画質です。
- 1世代前の「ZVJG」タイプと比べて、起動時間が0.8秒と、35％も短くなっているのが特徴です。あと画像処理が優れているので、画質も十分納得いただけます。
- お子さまをお持ちの方には、やはり手ぶれ補正の機能が欲しいですね。この機種の売りですよ。
- 比較機種はS社の「JKタイプ」ですが、電池寿命と携帯性からいったら、断然こちらのほうがおすすめです。
- それはメディアは大容量のほうがいいですよ。最近は1ギガも安くなってますよ。

- この前、久しぶりに大学の友達と会ったら、みんな小さくて可愛いデジカメで写真を撮り合ってて、うらやましかったなぁ。
- 家の（夫の選んだ）デジカメは大きくて、どこにでも手軽に持っていくって感じじゃないし…。とにかく手軽にサクっと撮れるのがいいな。「いかにもカメラ」ってのはやだなぁ。
- 秋子も冬太も可愛いから撮ろうと思っても、動き回るからいつもタイミングがずれちゃって、変な写真ばかり。
- 電池とかフィルム（⇒実はメディア）とかの交換は今まで夫がやってたけど、自分で簡単にできるのかな？
- 電気屋ってあんまり来ないけど…、商品がガチャガチャ並んでるだけで、何見ればいいかさっぱりわからないわよ。音楽もウルサイし、店員もオタクばっかり。女の人はいないのかな？

やったぜ、丁寧に説明したら、やっぱりお客もうなずいているぜ。俺は天才的な営業マンだぜ！

何よ、この人は！　私の言うことを聞かないで話してばかり。何言ってるんだか、全然わからないわよ！

で、どうだったか？
　5分後、全員がしょげかえっていた。5名の奥さまの答えはすべて同じ。「わたしは行きません。あなた1人で行ったら？」だったのだ。
　メンバーには気を取り直してもらい、次に「ではどんな企画なら興味があるか」という質問で、電話をかけ直してもらった。
　すると5名の奥さまの答えは、示し合わせたわけでもないのに、これも全員が同じだった。奥さま方は、共通する明確なニーズを持っていたのだ。
　しかし、それまでの議論の中に、そんなアイデアはいっさい出てこなかった。部長さん達はみんな、「まさかうちの妻がそんなことを望んでいたなんて、今まで考えてもなかった」と本気で驚いていた。
　いや、考えが及んでいなかったのは、そこに参加した方だけではなかった。その場でネットを検索してもらうと、5名の奥さま方のニーズに合ったバスツアーは、いかなる会社のメニューにもなかったのだ。
　ここに参加した方々は、夫婦仲もよく会話も多いほうだったと思う。それでも、奥さまが何を望んでいるかを、実はまったく知らなかったのだ。
　20年以上もほぼ毎日顔を合わせている相手のニーズだって、わからないのだ。ましてや、せいぜい数年くらいの付き合いの顧客ニーズを「わかっている」と思うなど、傲慢以外の何ものでもない。

　「顧客のことをわかっていない」。これが世の中のスタンダードだ。
　だからこそ、顧客のことをよく知ろうとすること、わかろうとすることが価値を持つのだ。

▶▶▶ ジャパネットたかたなら…

　顧客のことをよく理解している数少ない会社の1つとして、ジャパネットたかたの例を紹介しよう。
　先ほど例に出したカメラ店の販売員は、顧客に1000万画素のデジカメの価値を伝えることができなかった。ではジャパネットたかたの高田明社長なら、同じ1000万画素のデジカメの価値をどう伝えたのだろう。

高田社長は、「自分が納得して買いたくなる商品しか紹介しない」というポリシーを持っている。自分が買いたくないものを他人が買いたくなるわけがないからだ。

高田社長は、最初は1000万画素のデジカメの価値がまったくわからなかった。たしかに画素数は違うが、普通にプリントしたら300万画素と1000万画素のカメラに品質の違いはない。

どこに使い道があるのか、高田社長はメーカーの技術者に食い下がって聞いたらしい。そして放映直前に、ようやくある顧客のイメージを持って納得し、テレビで次のように商品の説明を始めた。

> テレビの前の、お父さん、お母さん。可愛いお孫さんが生まれましたね。その可愛いお孫さんも、20年後30年後にはお嫁に行きます。そのときに、可愛い赤ちゃんだったお孫さんの姿を、大きな新聞紙サイズの写真にして、贈ってあげてください。お孫さんはきっと、「おじいちゃん・おばあちゃん、ありがとう！」と、感激してくれますよ。大きな新聞紙サイズで隅々までピントの合った写真。そのためには1000万画素、このカメラが必要なんです。

この放送のあと、このデジカメには注文の電話が鳴りやまず、用意したカメラはすべて売り切れたそうだ。

高田社長のすごいところは、いつも徹底的に顧客起点で考え抜くことだ。そうすれば、今まで気づかなかった商品の価値が見えてくる。

▶▶ 「ペルソナ」になりきる

顧客起点で仮説を作るためには、まずは1人の顧客になりきって、彼（彼女）自身のストーリーを語ることから始める。

ここで設定するのが「**ペルソナ（仮面）**」だ。ペルソナはあくまで「1人の人格」というのがポイントだ。

たとえば、「30代の女性向けバッグ」を売る仮説を作るとしよう。
　ここで、漠然と「30代の女性」を思い描いてしまうと、商品は設計できない。地方在住の子どもがいる既婚女性と、都心のバリバリの独身キャリアウーマンでは、ライフスタイルも商品に対するニーズもまったく違う。さらに、同じ都心のバリキャリ女性といっても、勤務する職種によって商品に求めるものは少しずつ違ってくるだろう。
　ここらへんを曖昧にしたままだと、結局は全員のニーズに合わせた「寿司を出すパスタ屋」仮説ができてしまう。

　だから、シャープに1人のペルソナを設定するのだ。
　若い女性なら、まずは年齢を設定しよう。ペルソナは1人なのだから、「30代前半」とするのではなくて、たとえば「32歳」とする。また、仮の名前、たとえば「阿藤さん」とでも付けてあげよう。
　この阿藤さんは結婚しているだろうか？　もし結婚しているなら、子どもはいるだろうか？　何歳だろうか？　また、住んでいるところは、都会なのか地方なのかを考えてみよう。仮に藤原市在住なら、アパートかマンションか一戸建てか、賃貸か持ち家か、その広さと価格も考える。
　この阿藤さんは働いているだろうか？　夫の職種は何だろう。また夫婦の学歴はどうだろうか？　勤務先を想定したら、仕事の内容や帰宅時間、家族の年収を考えてみよう。さらに、性格や服装の趣味、家族や友人との関係、部屋のインテリア、クルマの有無と車種を、イメージしてみよう。そして、帰宅後や休日の過ごし方などについても、具体的なイメージを作っていく。

　この作業を「**プロファイリング**」という。この段階でリアルな顧客のイメージを持つことが、正しい仮説を作る第一歩だ。
　もちろん阿藤さんと寸分違わない人などいない。しかし、ここまで具体的な顧客のイメージを作ると、彼女がどういうものに興味を持ち、どのようにメッセージを伝えたら売れるかといった、判断基準が明確になる。
　つまり、「阿藤さんならこの商品を欲しがるか」とか、「阿藤さんの生活

にこの商品はどうフィットするか？」とか、「阿藤さんは、どこでこの商品を買い、どんなアピールに反応するだろう？」といった質問に対して、クリアに答えられるようになるのだ。

相手が会社でも、ペルソナの設定は有効だ。なぜなら、組織の意思決定は、1人ひとりの人間がするものだからだ。

ただし、経営者、技術担当や購買担当者、社内の利用者、さらにその先の利用者など、複数のペルソナを作る必要がある。

彼らのペルソナを作るには、彼らの私生活を妄想する必要はない。そうではなくて、会社全体がどんな経営環境にあり、それぞれの部門がどんな課題を抱えて、どんな目標に向かって動いているかを彼らの立場になりきって考えてみるのだ。そして、個々の担当者がどんな判断基準で行動するのかを想像してみるのだ。

直接の相手先となる技術担当や購買担当と話していると、どうしても価格と仕様の話ばかりになる。こうなると最後は、「いくら値引くの」という話になりがちだ。

しかし、彼らも本当は部門の目標や課題などを背負っているのだ。ペルソナを設定することで、はじめてそこに目を向けて議論することができる。経営者や技術責任者の持つような視野で、相手の会社全体にとっての新しい価値を提案ができれば、単なる納入業者ではなく事業パートナーとしての、まったく別の付き合いができる。

▶▶▶ 半日の手間でペルソナをイメージする

ところで、ペルソナを設定する前に、「お客ってそもそもどんな人」ということについて、あらかじめある程度のイメージを持ちたい。

そのために役に立つのが、まずは書籍と雑誌記事、そしてネット上の情報だ。

まずは本と雑誌をネットで検索する。できれば近くの大きな本屋に出向いて、実際の本をいろいろ見繕ってほしい。そして、仮説作りに役立ちそ

うな本や雑誌があれば迷わず買おう。伊州屋の例なら、『豊かな団塊の世代の消費行動（仮）』とか、「月刊ストアーズレポート、リッチシニア特集号（仮）」などだ。全部、買ってもせいぜい数万円なのだから、「買ったがハズレ」という本が半分以上だったとしても投資効果は高い。

　並行してネットでも情報を集めてみよう。いろいろとキーワードを考えながら1時間も検索すれば、相当な情報が得られるはずだ。検索結果は玉石混淆（ぎょくせきこんこう）だが、まずは質を考えずに全部を印刷してしまおう。ざっと斜め読みしながら、面白そうなところだけをじっくり読めばよい。
　ネットの調査で直接欲しい情報があればベストだし、さらにリアルな世界にリンクを飛ばすこともできる。たとえば、業界団体があったり業界に特化した会計士やコンサルタントがいたら、そこに話を聞きに行こう。
　また、意外と社内や関連会社にも優れた情報源があることが多い。人づてに話を聞いていくと、いろいろ教えてくれるはずだ。

　顧客が会社なら、顧客の会社のビジョンや経営計画は、最低限、押さえておこう。顧客の属する業界のニュースや分析レポートからも、さまざまな示唆（しさ）が得られる。
　こういった簡単な調査なら、おそらく全部で半日程度で済むはずだ。このちょっとした手間をかけるだけで、顧客のイメージはグッと具体的に身近になり、現実感のあるペルソナを設定できるようになる。

▶▶ペルソナの感情と動きを追う

　ペルソナを設定したら、次はペルソナがどんな感情を抱いて、どんな行動をとるかを追ってみよう。
　想像を膨らませて「ストーリー」を描いてほしい。
　たとえば、先ほどの阿藤さん（藤原市在住32歳主婦、高卒、子どもなし、県庁所在地にある中小企業で総務事務、世帯年収750万円、ライフスタイルは「ヘイオン」）が、バッグを買うときを考えよう。

Step2　山頂を描く

　まずは、プラダやエルメスといったブランド品のバッグで考えよう。こうしたブランド品なら、阿藤さんも高校生の頃からその存在を知っている。

>　テレビで芸能人や活躍する女性が持つのに目をとめて、「さすが成功した人はいいものを持っている」と思う。「私も欲しいなぁ」と思うと同時に、「私にはちょっと無理かなぁ」という惨めなあきらめの気分も湧いてくる。
>
>　しかし、親しい友人（高校同期の伊藤さん）がそのバッグを買ったりすると、俄然、新たな欲望が芽生えてくる。「私にだって、そのくらいのバッグは買えるわよ」と思い直す。電車の中でも自然にバッグに目がとまり、持ち主の女性を値踏みしては一喜一憂する。ファッション雑誌で値段をチェックし、ネットで中古品の値段を調べる。そして、自分は伊藤さんよりちょっと高いものを買う決心をして、必要なら貯金もする。
>
>　そして、ようやく都心の一等地のブランドショップに、ちょっとオシャレして出向いて、ショップの扉を内心おそるおそる開ける。美しい店員にかしずかれ、高揚した気分で銘柄買いし、ようやく希望を叶えるわけだ。
>
>　買うまでに何年もかかるかもしれない。その分、満足は後々まで続く。クローゼットを開いてバッグを見るたび、ちょっとオシャレをして身につけるたび、ふと思い出すたびに高揚した気分になる。いつも「ヘイオン」の自分も、そのときばかりは「アチーブ」になれるのだ。

　これが安いバッグだと、まったく違う。

>　地元の繁華街を歩いているときに、店頭の陳列を見て、「あっ、カワイイ」と思う。瞬間的に「これ、欲しい」と思って、その場で値段を確認して、鏡で合わせて気分が高まっているうちに、レジに進むわけだ。最初に目に留めてから５分も経っていないだろう。

でも、そのバッグを身につけると、「ヘイオン」の阿藤さんなりに、ちょっと幸せな気分になる。

　そして、仕事用のバッグは、これもまた違うストーリーがある。

　総務全般の仕事を任されている阿藤さんは、ときどき家まで持ち帰るA4サイズの書類用クリアケースが入るサイズのバッグが欲しい。携帯や定期券用のポケットもあったら便利だ。そして何より、駅までけっこう歩く阿藤さんには、いろいろなものを詰め込んでも肩に食い込まないことが重要だ。だから持ち手が細いのは、他がすべてよくても却下だ。とにかく軽くて型くずれしない疲れないバッグが欲しい。
　この条件を満たして、なおかつ"色気のある"バッグがあれば、かなり高くても即買いなのだが、こんな理想のバッグはどこにも見あたらない。

　この３つのバッグは、"モノを入れる"という機能はまったく変わらない。しかし、この同じバッグという商品を買うときの顧客の感情や行動はまったく違ったパターンをとる。だからこそ、それに合わせたマーケティングを考える必要があるのだ。
　ちなみに、３つ目の仕事用バッグの例は、私自身がアパレルメーカーで体験した話だ。出席者はバッグの商品企画を10年以上担当したベテランだった。彼は競合ブランドとの比較は怠りなかったものの、ユーザーの話を聞くのは実ははじめてだったのだ。
　そして、その場で同席してもらった同じ会社の女性から「欲しいバッグがどこにもない」という声を聞いて、とてもショックを受けていた。
　でも、彼らを笑うことはできない。そういう会社が普通なのだ。

　ビジネスにおける意思決定でも、こういった「感情」は重要だ。
　小坪君が、自社の製品用に（ツボタでは作っていない）センサーを買おうと思ったとする。

メーカーを選ぶに当たっては、ウェブサイト、商品カタログ、専門雑誌でのPR記事などで、ある程度のイメージを作ったうえで、「よさそう」と思った先に見積もり依頼をする。最初の電話での応対や、商談に対応する担当者の印象に大きく左右されるはずだ。

　もちろん、最後に価格は重要だ。しかし現実的には、価格競争のプロセスに至るまでの課程で、意思決定はほとんど済んでいる。

　あなたも他の会社との取引を始めるときに、「担当者も気さくな感じだし、一緒に仕事をしたら楽しいだろうな」とか、「大手だけど担当者の腰が低くて、誠実そうな人だな」などといったプラスの感情を持てば、仕事や商談をスムーズに進められるはずだ。

　逆に、「担当者がやる気なさそう」とか、「大手だからって、横柄で人を見下した嫌な感じの担当者だ」といったネガティブな感情が湧いてきたら、合見積もりの候補から、さりげなく落としたりするはずだ。

　ペルソナを設定してストーリーを走らせることを、神戸大学の沼上乾教授は「頭の中のこびとに箱庭で動いてもらう」と表現している。まさにその通りだと思う。

▶▶▶ペルソナを主語にして現実感を持って語れ

　ペルソナを設定してストーリーを走らせるためには、当然、ストーリーの「主語」がペルソナでなければならない。しかし、これは一見簡単なようで実はとても難しい。

　たとえばデジカメの企画を検討する場合も、まずはペルソナを設定し、ペルソナの視点での議論を始めてもらう。5分もすると「必要な画素数は」「ズーム倍率は」など、メーカーの視点に戻っていたりする。

　また、新しい施策を考えてもらうと、「支店のないところに出張所を作ろう」とか「チラシをまこう」などと言って、それ以上に何も考えようとしない人がほとんどだ。どうやら、「出張所を置けば顧客が列をなして並

ぶ」とか、「チラシをまけば問い合わせがどんどん来る」などと、本気で思っているらしい（ちなみに、チラシやDMに対する応答率は平均で0.02％といわれる。1万枚まいて2件の問い合わせが来る程度だ）。

　これでは、「コンサートホールを造ったら市民が聞きに来る」「道路を造ったらクルマが走りに来る」「システムを入れたら市民が使いに来る」と思っている（のかな？）お役所の感覚と変わらない。

　また、ペルソナの生活を想定してもらうと、"お茶の間"とか"ファミリー向け商品"とか、現実感のない安易な言葉を平気で使う。
　大家族の集まるお茶の間なんて、「サザエさん」と「お昼のワイドショー」以外では絶滅したと思う。ファミリー向け商品が想定する夫と専業主婦、子ども2人の核家族世帯も、すでに少数派だ。

　ペルソナを走らせてストーリーを作っているうちに、いつのまにか主語が会社にすり替わっていないか、ときどき振り返ってチェックしよう。

Step2-2
仮説を作る

▶▶ 仮説作りはアイデア出しから始める

　戦略を考えるには、あなたが最終的に顧客にどんな価値をどのように提供しているかを具体的に考える必要がある。
　いくら机上で数字を合わせて戦略を作っても、顧客にとって納得できる価値を提供できない限り、その戦略はうまく動くわけがないからだ。

　ここでいう顧客とは、まさに先のステップで設定したペルソナだ。
　このペルソナがあなたの商品やサービスをどう使って、どのように喜んでいるのか。また、顧客はどうやってあなたの存在を知り、使うまでに至ったのかを、ありありとイメージして、「**アイデア**」をたくさん出していくのだ。
　そうやって出したたくさんのアイデアを絞り込んで、1つの「仮説」としてまとめていく。そして、その仮説を実現する方法を戦略として考えていくのだ。

　仮説とは、みんなでいろいろなアイデアを寄せ集めながら、「ああでもない、こうでもない」とか、「そうだ、こうしようか」などと議論しながら作り上げていくものだ。いろいろな夢や期待といったアイデアを寄せ集めて、仮説というイメージを形作っていく作業といってよい。
　しかし、「仮説を作るもととなるアイデアを出そう」というと、尻込みする人が多い。「すみません、僕にはそんな豊かな発想はないです」というわけだ。こんなところで謙虚になられても困る。
　なぜなら仮説を作るためには、たくさんのアイデアが必要だからだ。
　日本を代表する高名なコンサルタントである大前研一氏も、同じことを

言っている。

> 　事業を起こすには、膨大な数のアイデアがなければならない。一つのヒット商品が誕生する裏には、アイデア段階、評価段階、開発段階、マーケット段階とさまざまな絞り込みが行われるが、そのたびにアイデアは、数の上では、10の三乗、10の二乗、10の一乗、10の〇乗（すなわち一）という形で減っていく。これほど極端ではないにしろ、感覚的にはそんな感じである。つまり、1000のアイデアの中から成功するものは一つ、というのが世の常である。（中略）
> 　アイデアを絞っていくときには、なるべく上流で絞ったほうがコストがかからない。（中略）下流まできて明らかにダメ、というものに、マーケット費用をかけてもどうしようもないのである。だがアイデアの乏しい人は、自分のアイデアがいいと思うと、最後までこだわる癖がある。開発型の人というのは、いいと思ったアイデアにしがみつくと成功するまで離さない。（中略）
> 　アイデアを生み出す力というのはそれほど重要である。繰り返しになるが、アイデアの乏しい人は自分のアイデアが正しいと思いがちだから、それに最後までこだわって失敗する可能性が非常に高い。逆にアイデアがたくさん出てくる人というのは、絞り方の研究をしていけば、成功の可能性はかなり高まるのである。
> 　大企業というのは、アイデアを殺す機械である。開発が終わってから先の上市までのシステムは、比較的うまくできているのだが、研究開発の段階でアイデアを絞っていくことは下手である。下手であっても、開発体制ができてしまっているので、スタートしたら止まらない。予算がついたら止まらない役所と同じである。
> （『ニュービジネス活眼塾 アタッカーズ・ビジネススクール講義録』大前研一、プレジデント社より）

しかし、「出せ」と命令したところで、そう簡単にアイデアが出るわけでもない。アイデアを出すためにはコツがある。そのコツを教えよう。

▶▶▶（1）質を問わずに数を出せ

　多くの人は、仮説を作るためのアイデアを出すというと「よい」アイデアを出そうと必死になる。そもそも、ここから間違っている。

　野球にたとえてみよう。
　あなたには、よいアイデアという「ヒット」を打つことが求められている。しかし、どんな凄いバッターでも、3割打てる人はまれだ。この打率を高めようとすると、血の滲むような努力が必要だ。
　ではヒットを打つには、どうすればよいか？
　答えは簡単。打席に多く立つのだ。そしてヒットを狙わず、とにかく打つのだ。
　打率1割でも問題ない。100打席に立てばヒットは10本生まれる。

　戦略を検討するとき、「必死に練った珠玉のアイデアが3つあります。これを煮詰めていきたい」という人と、「とりあえず100個考えてみました。当たるかどうかわかりませんが、まあここからやりましょう」という人がいたとしよう。
　前者は真面目だ。しかし、「珠玉のアイデア」の成功率が仮に30%としても（あり得ないほど高い）、ヒットとなるのは3打席×30%＝0.9本。実質的には1個も仮説のタネがない状態から出発することとなる。
　それに対して、後者は不真面目な態度かもしれないが、仮にアイデアの成功率が5%としても仮説のタネは5つ残る。成功するのは後者だ。

　よいアイデアなんて、そもそも出ないものだ。あきらめたほうがよい。
　よいアイデアを出そうと頑張らずに、数を出すことに挑戦しよう。
　しょうもない、くだらないアイデアでもよい。その中にはよいアイデアの原石が必ず混じっているのだ。

▶▶ （2）ビジョンから出発する

　仮説で作るものは未来のビジョンだ。
　それを現在の状況から発想しようとすると、どうしても現実の些末な問題に足をとられて、そこから議論が一歩も進まずに、何もよい考えが出ないまま行きづまりがちだ。
　「経費が削減される中、こんな設備投資が通るわけない」とか、「運営できる人材がいないから実現できない」とか、「部長の頭が古くて、新たな事業開拓の提案などできっこない」とかいう話になりがちだ。
　これらはたしかに、今は大きな障害かもしれないが、でもビジョンという山頂から俯瞰して見れば、山に登る手前のモグラ穴で躓いているような感じだ。こういった〝赤提灯での憂さ晴らし〟みたいな話でいくら盛り上がっても未来のビジョンは見えてこない。

　こんなときには、たとえば5年先10年先といった、ビジョンが実現した「未来」に時間軸を合わせて、今を振り返って見てみよう。
　そのとき、世界と日本はどう変わっているか、生活や技術はどう変わっているか、顧客はどうなっているか、取引先はどう変わっているかを考えてみよう。Step1-2-2（102ページ）のPEST分析が、ここでも役に立つ。
　そうやって描いた未来の中で、自分たちがどうあるべきか、どうなりたいかを考えてみよう。そして、未来の自分たちの姿を実現するために、今、何をすべきかを考えるのだ。

　そうなると、今の困難も、懐しい昔話で語ることができる。
　「あんな経費が厳しいときに、経理部をよく説得して通したよな」とか、「今まで駄目だと思っていた若手が、このプロジェクトを通じて、どんどん育ったんだよ」とか、「今は改革の旗手をされる執行役も、部長時代にこの企画を聞いたときには、すごい反対していたんだ」などと、新しく（仮想の）エピソードを加えてしまおう。
　このように考えていけば、新しいアイデアも湧き出してくるはずだ。

▶▶ （3）アイデアは勝手に進化する

　実際にワークショップを開いてみると、最初に出てくるアイデアは、しょうもない、変なモノ、箸にも棒にもかからないものばかりだろう。ガッカリするかもしれない。

　でもOKだ。議論するうちに、アイデアは勝手に進化するからだ。

　以下の例を見てみよう。彼らは「人気の高い研修」を考えている。

宇藤：うーん、研修か。やっぱ先生だな。スッチーと女子アナなら俺は行くよな……。内容は英語かな？

江藤：スッチーなら、海外はちょっと遠くても沖縄なら行けそうだね。次の女子アナは沖縄でか。どんなコンセプトがいいかな？　青い海……じゃ厳しいよな。何だろう。

尾藤：そういえば、環境問題とか話題じゃない？　沖縄なら豊かな自然と迫り来る脅威を実感するとかね。

加藤：いいね！　環境保護のボランティア活動とかして女子アナがそれをテレビに流す！

鬼藤：それだけじゃなくて。環境分野でわが社の技術を使える分野って意外とたくさんありそうだね。

宇藤：実際に1泊2日のプログラムを書いてみようか。意外と詰め込みだね。英語の時間は取れないよ。

江藤：女子アナ呼ぶより地元の環境活動やっている人とかのほうが、いろいろ話を聞けるんじゃないかな？

尾藤：なるほど、そういう環境PR的な活動を入れれば予算も付きやすそうだね。

　　　次ワイワイ・ガヤガヤ（続く……）

　最初のアイデアは、正直なところ、しょうもないものが多い。〝スッチー〟とか〝英語〟とか、バカ話の域を出ない。このレベルで人事部に提案したら、ブラックリストに載りかねない。

でも、どうだろう。議論をしていくうちに、どんどん内容はまともになっていく。スッチーとか女子アナはなくなったが、仮説はどんどん現実味を増している。

　このように、最初の時点では、できる限り可能性を大きく振っておくのが大事なのだ。最初に大きく振って、さまざまな可能性を検討すると、よいものに収斂・進化していくのだ。また、仮に順当な結論に落ち着いたとしても、「これだけいろいろ可能性を追求してやっぱり順当なものになるのなら、やっぱりこれが正しいのだ」と納得感が高まる。
　だからこそ、バカなアイデアを最初から殺してはいけないし、変なことを言いはじめた人は、むしろ暖かく認めなければならない（もちろん、最後まで〝スッチー〟にこだわるのは大バカ者だが）。

　ここを、最初から、「成果を求めるためには……」などとクソ真面目に考えはじめたり、「結論はコンプライアンス教育だ」とか落としどころを決めて横にそれた議論を封殺してしまうと、結局、何もよいモノは出てこない。また、個人が持っていたさまざまな（変な）アイデアが封殺されたままになるので、フラストレーションが高まったままになる。第一、ワークショップをしていて面白くない。

　このような発散的な議論は、通常の会議ではよしとされない。真面目な人には、先が見えないバカバカしい議論は、耐え難いものと感じるかもしれない。でも、大丈夫。77ページに示すように、最後には、必ず、よい方向に収斂していく。そのことを信じて、まずは思い切り発散してほしい。

　このように議論していくと、短ければ2～3時間くらいで仮説のタネであるアイデアが出そろい、仮説もようやく形になりはじめる。

▶▶▶（4）具体化の質問がアイデアを膨らませる

　アイデアを膨らませるには、より内容を具体的にしていく質問が役に立つ。たとえば、誰かが「納期を短縮したらどう？」といったアイデアを投げかけたとしよう。下の例のように、他の人が時間とかお金といった質問を投げかけていくと、アイデアはどんどん具体的になっていく。

工藤：納期は今、どのくらいなの？
毛藤：今の納期が30日なら、それが半分の15日になると、顧客はどう嬉しいの？
古藤：そんなに嬉しいなら、お金に直すとどのくらいなんだろう？
全員：（計算して）うーん、年間10億円くらいあるかな？
佐藤：ところで、何で今はそんなに納期がかかるの？
志藤：（プロセスを説明する）
工藤：ここのプロセスって、省略するか、並行してできない？
毛藤：並行してやるための設備投資はどのくらいかかるの？
古藤：一緒に設計プロセスから入れば、そもそも納期なんかゼロにできない？
佐藤：今までやっていなかった積極的な理由はあるの？
志藤：（いろいろ考えて）う～ん、できそうだね。
全員：じゃあ、やろうよ！

　質問の中では、とくに金額イメージは大事だ。「これは1万円の話なのか、1億円の話なのか」が見えると、グッと現実感が増してくる。

　また、こういった質問をしていくと、捨ててもよいアイデアも見極めがつく。たとえば、現在の納期が1日とか、すでに十分短かったとしたら、このアイデアにこだわる必要はなさそうだということがわかる。

▶▶案ずるより産むが易し。まずはやってみる

　今まで長々とアイデアの出し方と仮説の作り方を説明したが、これを読んであなたが「仮説作りは難しい」などと思ってしまったのなら、それは本意ではない。
　また登山を例に考えてみよう。
　高価な道具のカタログ、熟練者の経験談、遭難の記事などを見ていると、どうしても自信が萎えてくる。「自分に登れるだろうか」「装備に見劣りしないだろうか」と不安になるのだ。
　しかし、ほとんどの登山コースでは重装備は必要ない。だから、まずは気楽にトライしてみよう。そんな山に登る経験を積んでいくと、さらに高い山に登るために必要な装備や技量もわかってくる。
　戦略も同じだ。ちょっとやってみるだけでも、今までの検討と同じレベル、またはそれ以上の結論がすぐに出てくる。その中で、「そうか、仮説作りとは、こういうことなんだ」「顧客の立場になるのは意外と難しいなぁ」など、新しい発見があると思う。
　そんな軽いトライを繰り返し、ときどき本を読み返して反芻していくうちに、戦略作りの方法論が自分のものになってくる。そして、戦略作りが楽しいと感じてくる頃には、知らないうちに戦略作りのスキルも上がっているのだ。

　また、できればペルソナに近い人や、顧客の状況をよく理解している人が参加したり、また顧客の声のアンケート集計などがあると、より議論が生産的になる。

　このステップで「顧客とは誰か」という質問に答えたら、次のステップでは「顧客にとってのわれわれの価値は何か」という問いに答える。次のステップこそが、「元気になる戦略」で最も大事なところだ。

Step2-3
UVPを考える

▶▶ UVPの例

先に説明したようにUVP（Unique Value Proposision）とは、顧客に提供する「自分らしい価値」を簡潔に述べたものだ。具体的なUVPの例を、いくつかあげてみよう

▶吉野家のUVP ➡ "早い・うまい・安い"

この3つの言葉の並びには意味がある。最優先なのが"早い"だ。席に着いてせいぜい1分以内に出てくるからこそのファストフードだ。

その早さを前提としたうえでの"うまい"だ。だから、高級レストランのような美味しさでなく、かっ込む感覚での「お、意外とうまいじゃん」という驚きのうまさのアピールになるのだ。

そして、この早さとうまさを前提としたうえでの"安さ"だ。安ければいいというわけでなく、"早い・うまい"で十分満足した人に対して、たとえば「おっ！ コンビニ弁当より安いじゃん」ということをアピールできる安さだ。

顧客に対する吉野家ならではの価値を謳った、よいUVPだと思う。

▶スターバックスのUVP ➡ "サードプレイス"

スターバックスのUVPは、家と職場の間に続く第3の居場所、「サードプレイス」だ。美味しいコーヒーもリラックスできるイスや、テーブルも気持ちよい音楽も感じのよいスタッフも、すべてがお客さんに「第3の居場所」を提供するための道具立てだ。だから、何時間いても気持ちよく過ごせるのだ。スタバが世界中で人気なのは、濃厚なカフェインと油脂と砂糖に病みつきになるだけではなく、このUVPのおかげなのだ。

▶▶意外と見えない自社のUVP

自分たちの独自の価値提供（UVP）とは何だろう。
「そんなものは知っている」「わかっている」という声が返ってきそうだ。
でも違うのだ。ほとんどの会社は自分たちの価値をわかっていない。
戦略が機能しない根本的な原因がここにある。

大手のプラント設計会社N社で、こんな例があった。
当時のN社は、必ずしも順調でない業績に悩んでいた。そこでまずN社の経営陣に、自社の提供する価値を聞いてみた。
彼らは、「自分たちのUVPとは、最高の技術を駆使し、最高の品質の設計をすることだ」と考えていた。だから、N社のパンフレットもPRも〝最新技術の誇り〟を正面に打ち出していた。
ところが、実際にN社の顧客に話を聞いてみると、どうも違うのだ。
顧客は「N社の技術はたしかに高度だろうが、別にどんな技術を使っていても、設備ができれば関係ない」と言っていたのだ。
その一方で、顧客はN社を絶賛していた。「N社のおかげで、工程が改善し、要員数が３割減った」「歩留まりが70％から99％に上がって、損益面でとても大きなプラスとなった」と、手放しでほめていたのだ。
しかし冗談のようだが、N社の経営陣は自分の会社がそのようにほめられているという事実を、まったく知らなかったのだ。
この調査を機にN社の経営陣は、自分たちのUVPが「生産プロセス革新のパートナー」であったことを、あらためて認識した。そして、顧客に対しても、高い技術力ではなく顧客のプロセス改善の成果を前面に出すようにしたのである。これだけで、引き合い数は数倍になったのだ。

また、電機メーカーA社でも、こんなことがあった。
A社の新製品は、筐体（きょうたい）に従来のプラスチックに代わり、全面的にステンレスを採用した。この結果、製品の性能は格段に上がり、また使い勝手もとてもよくなった。

A社が、新製品のUVPを「ステンレス採用による技術優位性」と考えたのも無理もない。だから、A社は新製品のパンフレットも、全面的に「ステンレス」の文字で埋め尽くして積極的に宣伝した。
　そして、その新製品は、期待通りのヒット商品になった。
　そこでA社は、新たに顧客の声を集めた販促パンフを作った。そのパンフは、パワー向上、静かさ、掃除のしやすさやといった、およそ100人の顧客の喜びの声であふれる素晴らしいものとなった。
　では、そのパンフの中に「ステンレス」の文字は何個あっただろうか。

　答えはゼロだ。
　顧客はA社の新製品を高く評価していたにもかかわらず、A社がUVPと考えるステンレスには、何の価値も感じていなかったのだ。
　こんな勘違いは、どこでも起こっている。

≫ 仮説から UVP を探求する

　Step2-2でアイデアをいろいろ出して、このStep2-3でそれらアイデアをもとにUVPを探求していく。
　こういうと、「順序が逆ではないか。まずUVPを定めて、それを実現するために、いろいろな仮説を出すべきだ」と思う方もいるはずだ。
　おっしゃる通りだ。私自身も本来そうあるべきものと思う。しかし現実の世界では、UVPが定まっていない、もしくは誤解している会社がほとんどだ。間違ったUVPをもとにいくら仮説を作っても、何の役にもたたない。
　だから、まずペルソナから見て自社に期待する姿を仮説として出し、それをUVPの形で探求するほうが、ずっと有効なのだ。ここは、「そんなもんなんだ」と理解してほしい。

　では、次にUVPの3つのパターンについて簡単に説明したあと、具体的に仮説からUVPを見つけるプロセスを紹介しよう。

▶▶ UVPの3つの軸 商品軸・手軽軸・密着軸

　UVPは、大きく分けると3つの種類がある。マーケティング・コンサルタントの佐藤義則氏は、この3つをそれぞれ「商品軸・手軽軸・密着軸」という言葉で紹介している。この本でもこの言葉を使わせていただく。

　1つ目の「**商品軸**」は、商品そのものに独自の価値があるものだ。たとえば、圧倒的に高性能なクルマ、最先端の電子デバイス、有名なブランド品などが該当する。
　2つ目の「**手軽軸**」は、商品が安価で、かつどこでも売られている顧客にとって身近な存在である場合だ。商品自体のよさよりも、いつでも・どこでもアクセスできることが価値となる。
　3つ目の「**密着軸**」は、会社がターゲットとする顧客や顧客セグメントのことをよく知っており、それにきちんと応えることが価値を生む場合だ。

　ほとんどすべての業界で、この3つの軸に沿って、会社や商品が棲み分けられている。たとえば、クルマなら、商品軸には高級車やスポーツカー、手軽軸には軽自動車やリッターカー、密着軸にはその他ほとんどの乗用車が該当する。また、外食なら、商品軸には高級レストランや料亭、手軽軸にはファストフード、密着軸にはその他ほとんどのレストランや食堂が該当する。同じ業界にいても手軽軸の会社と商品軸の会社のとるべき戦略は、まったく異なったものとなる。だから、自社の提供価値の基軸をどの軸に合わせるかを決めることが、とても大切になるのだ。

　以下、この3つの軸について順次説明する。そしてUVPの発展形といえる「ブルー・オーシャン戦略」について説明する。

①「商品軸」の基本戦略

　商品軸のUVPを持つ商品・サービスは、その存在自体が独自の価値を提供する。

　たとえば、最新の技術、最高の品質やクラフトマンシップ、斬新で最先端のデザインを持つ製品、または今までになかった生活スタイルを創造する最高の「おもてなし」といったサービスだ。さらに、商品軸のUVPを提供するという評価が定着すれば、会社や製品のブランド自体が、商品軸のUVPを提供する。

　商品軸のUVPで勝負してきた会社の代表がソニーだろう。

　ソニーのUVPは「最新の技術を活用し、時代の一歩先を行く製品」を生み出すことだ。ソニーは、創業期のトランジスタラジオから、高品質テレビ（トリニトロン）、ビデオカメラ（8ミリ）、高性能ゲームマシン（プレイステーション）といった、常に時代を先取りする製品を生み出してきた。また、ウォークマンでは「音楽を持ち運ぶ」という新しいライフスタイルを提案した。音楽（ソニー・ミュージック）や映画（ソニー・ピクチャーズ）といったコンテンツでも最先端を走っている。こういった伝説的な製品こそがソニーのUVPだ。

　そして、品質軸のUVPを貫いてきたソニーという歴史が、ブランド力というUVPに転化している。たとえば、個別の商品ではソニーの製品も、シャープやサムソンに負けるものもあるだろう。でも、「ソニーのほうがいい」と思う人も多いのはブランド力のたまものだ。

　現在、昔のソニーの位置を占めているのは、米国のアップル社だろう。アップル社は、パソコン黎明期にApple Ⅱやマッキントッシュといった他社を圧倒する最先端のマシンで鮮やかにデビューした。しかし、その後の販売戦略の失敗や社内の混乱などにより、ほとんど身売り寸前まで落ちぶれていた。それが1999年、創業者であるスティーブ・ジョブス氏が暫定CEOに返り咲き、アップルは再びクールな会社として復活した。

まずはスタイリッシュなiMacで最初の成功をおさめ、iPodでは「音楽をダウンロードして聴く」という新しい生活提案をして、他社の追随を許さない揺るぎない地位を確保した。iPhoneも製品としての美しさとともに圧倒的な使いやすさといった機能デザイン面で、他のスマートフォンと一線を画している。iPadもPCや出版コンテンツ流通の世界を変革する可能性を秘めた革新的な製品だ。

　日常的な商品の中で、商品軸で勝負する会社の例としては、ハーゲンダッツがある。単位容積当たりの価格が普及品の5倍くらいする高額なアイスクリームだ。しかし、〝品質と美味しさ〟という商品軸のUVPを追求した結果、アイスクリームの銘柄では最大規模のシェアを握っている。

　商品軸の戦略の基本は、商品を差別化し続けることだ。
　往年のソニーは、世の中の一歩先を行ったような新製品を、矢継ぎばやに出してきた。ソニーはすべての製品が商業的に成功したわけではない。しかし、それでも最先端の商品を投入することこそが、ソニーのUVPだったわけだ。
　アップルも現行モデルがまだ売れているのに、次世代モデルを矢継ぎばやに投入してくる。これは、財務的には愚かな戦略に見えるかもしれない。しかし、商品軸で勝ち続けるには、他社を振り切り、かつ顧客を飽きさせない新製品投入が必要なのだ。このためには、自社の売れ筋商品を陳腐化させることも厭（いと）ってはいけない。
　ハーゲンダッツも品質という差別化を堅持しつつ、いろいろなフレーバーの商品を矢継ぎばやに展開し、顧客を飽きさせず、他の参入を寄せ付けない。と同時に、定番のバニラでは「他社のアイスより美味しい」というポジションを維持し続けている。

　このように、商品軸のUVPで勝ち残るためには、まさに商品とサービスで差別化しつづけることが必要なのだ。

②「手軽軸」の基本戦略

　手軽軸をUVPにする場合、提供する商品やサービス自体はとくに差別化できるものでなくてよい。ただそれを、「どこでも、手軽に、安く」手に入れたい・使いたいというニーズに応えることに価値を置く。

　この「どこでも、手軽に、安く」というUVPを実現するための戦略の基本は、規模の経済の活用と効率的なオペレーションの2つだ。
　これを手軽軸の代表選手である、吉野家とマクドナルドで見てみよう。

　まず、「どこでも」という要件自体が「規模の経済」と表裏一体の関係にある。吉野家は日本中「どこでも」、マクドナルドは世界中に「どこでも」あるという規模の経済を活用して、低コストでの原料調達ができるのだ。
　また、この規模で事業を行なうためにも、標準的なオペレーションは必須だ。吉野屋もマクドナルドも、店舗オペレーションを極限までに効率化し標準化している。だから、「安く」で勝負をかけても十分な利益を上げることができる。
　また、吉野家でもマクドナルドでも、ほぼ同じ商品を同じ方法で「手軽に」注文することができるのは、この標準的なオペレーションのおかげだ。あなたにも、はじめての国や地方に出張したときなど、地方の名物にトライしたいと思う一方で、マクドナルドの看板を見て「あそこなら、気安く食べられるよな」という安心感を覚えた経験があるだろう。
　このように、規模の経済と効率的な標準オペレーションを戦略の基本として、吉野家もマクドナルドも「どこでも、安く、手軽に」というニーズを満たしている。

　ちなみに、面白いのが品質レベル、つまり味だ。
　というのは、品質は実現可能な「ベスト」を追求せず、わざと一段下げているのだ。なぜなら、人は美味しいものに対しては、（無意識的に）身

がまえるし、美味しいものにはどうしても飽きがくるからだ。何となく吉野家に足を向ける気安さと、「何か美味しいものを食べに行く」気がまえを比較してみるとよい。また、吉野家には毎日行く人も珍しくないが、〝美味しい店〟には、週1回以上行くと飽きてしまう。仮にしばらく通いつめても、しばらくするとなぜか足が遠のいてしまうことも多いはずだ。

　吉野家社長の安部修二氏が『吉野家の経済学』（日経ビジネス人文庫）で、「〝美味しいもの〟というのはどうしても個人の好き嫌いが入る。美味しいものを追求すると、〝万人受け〟からは遠のいてしまう」ということを語っている。吉野家の品質（味）はいたずらに高品質を追うのでなく、多くの人が満足するレベルを意図的に作っているわけだ。

　コンビニやスーパーの定番商品でも、探せばもっと味のよいものがあるだろう。しかし、彼らはわざわざ味のレベルを一段落とすことで、「気張らない、よく見知った」という手軽軸のUVPを実現している。

　また、手軽軸の商品は下手に高級品狙いをしてはいけない。たとえば、吉野家が「高級和牛丼」を出しても、トヨタがヴィッツに「高級革張り仕様」を設定しても顧客にはアピールしないだろう。

　このように、手軽軸を目指すならいたずらに高品質を求めてはいけない。顧客に聞けば、「高品質のほうがよい」「高性能のほうがよい」という答えが返ってきがちだ。でも現実には、「プロ向け高性能」より「普段使い」のほうが、より多くの人にアピールするのだ。

　また、手軽軸のUVPをとる会社は、基本的には業界1位か2位の会社だ。このUVPを実現するには、規模の経済を活用する必要があるので、ガリバーが圧倒的に優位に立つのだ。

❸「密着軸」の基本戦略

　商品軸の勝者とは話題となる最高の商品を作ることができる会社、手軽軸の勝者とは規模の経済で勝る業界のガリバーだ。では、話題となる商品を作る力もなく、規模の経済にもほど遠い「普通の会社」は、どうすればよいのだろうか。

　答えは、密着軸にある。
　顧客のニーズや好みをよく知っていて、応えてくれる。いわば、顧客のわがままを聞くのが密着軸のUVPだ。一律の商品やサービスではカバーできない顧客の細かいニーズに応えるわけだ。
　飲食店の例でいうと、商品軸の高級レストラン、手軽軸の吉野家やマクドナルドなどが目立つが、市場にいるプレーヤーのほとんどは地域に密着したレストランや定食屋だ。
　小売店も、全国規模の大規模スーパーと並んで、地域特性を押さえた商売で頑張る地元スーパーも全国各地に無数にある。伊州屋もその1つだ（伊州屋は、UVPを商品軸にも少し振っている）。
　とくに（109ページで説明した）「熱帯雨林」の業界では、ほとんどが密着軸で競争する会社となる。

　B2Bでも同じだ。
　あなたの会社にも親密な取引先があるはずだ。彼らは必ずしも最高の品質や最安値を常に提供するわけでもないだろう。しかし、あなたの会社の状況やニーズをよく知っており、最小限の指示で、かゆいところに手が届くような仕事をしてくれる。だからこそ仕事を頼むのだ。これこそが「密着軸」のUVPだ。

　密着軸をUVPとする会社は、特定の顧客や地域にフォーカスしたニッチな会社だ。だから、155ページで説明したランチェスター戦略を基軸に戦略を考えるとよい。

▶▶ UVPの発展形　ブルー・オーシャン戦略

　最近よく耳にする「ブルー・オーシャン戦略」とはUVPを再定義する戦略だ。

　ブルー・オーシャンの例として必ず紹介されるのが、ソニーの「ウォークマン」だ。ウォークマンはソニーが1979年に発表し、大ヒットした携帯型のカセットテープ専用再生機だ。

　ところが、ウォークマンの開発に当たって事前に行なったマーケティング調査の結果はすべて「こんな商品は売れない」というものだった。普通の会社ならこの時点で開発がストップするが、ソニーは当時の盛田昭夫社長のリーダーシップのもと開発を続行し、大ヒット商品としたのだ。

　では、なぜマーケティング調査が見誤ったのか下図に見てみよう。

ブルー・オーシャン戦略

	レッド・オーシャン （既存の過当な競争領域） 「高品質音楽の録音・再生」					ブルー・オーシャン （新しい価値の提供） 「外で音楽を聴く」			
	価格	音質	録音機能	調整等機能	ブランド	持ち出し可能	屋外利用	シンプルさ	ファッション性
高い	●	●	●	●	●	★	★		★
↑					▲			★	
↓	▲	▲	▲	▲	★				
低い	★	★				▲	▲	▲	●
無い			★	★		●	●	●	▲

●：高級オーディオ
▲：ラジカセ
★：ウォークマン

そのときの市場調査は、当時の売れ筋だったラジカセ（ラジオとカセットテープとスピーカがついた持ち運びできる小型ステレオ）と、開発中のウォークマンを比べていた。

ラジカセのUVPは「高品質の音楽を楽しめる（手軽な）機械」ということにあった。手軽さ自体よりも品質のほうに重点があったのだ。だからラジカセは、手軽さ以上に品質や機能を競い合っていたのだ。

こういった項目で判断すると、ウォークマンは実にお粗末な製品だ。録音機能もないし音質もよくない。「こんな製品が売れるわけない」という話になる。

しかしウォークマンのUVPは、「外出中にも移動中にも手軽に音楽を楽しむ」というものだ。これは、従来のラジカセにはできなかった新しいライフスタイルを提供するものだった。

既存のラジカセ市場を「レッド・オーシャン（赤潮の海）」という。競合は数多く、商品の差別化も簡単ではない。競争もどんどん激化する。このような市場で高い利益を上げるのは至難の技だ。

それに対して、ウォークマンが見つけた新しい市場が「**ブルー・オーシャン**」だ。自分たちが新しく切り開いた、まだ誰も参入していない市場だ。ここなら高い利益を期待できる。

最近なら、任天堂の「ニンテンドーDS」（2004年登場）や「Wii」（2006年登場）が、ブルー・オーシャンの例に当てはまる。

DSやWiiが登場する前のゲーム機のUVPは、ソニーの「プレイステーション2」にせよ、マイクロソフトの「XboX」にせよ、また任天堂自身の「ニンテンドーゲームキューブ」にせよ、「高性能なハードウェアで最先端のゲームを楽しむ」ことにあった。

この品質軸を極めるために、各社とも高度なグラフィック性能や速度を追求したマシンを開発していた。また、ターゲットとする顧客も最先端のソフトを好む若い男性に片寄り、長大な習熟時間を要するロールプレイン

グゲームや複雑な技巧が必要となるアクションゲームに、どんどんシフトしていた。

　また、ゲーム機の高性能化にともなって、ソフトの開発もどんどん大規模化する。ソフト開発には百億円規模の資金が必要となっており、まったく新しいソフトを作るリスクも負えない。そこで、今までの顧客に対してシリーズの続編を提供することになりがちだ。これでは今まで使っていなかった顧客には敷居が高くなり、なかなか入ってこれない。
　この状態を佐藤義典氏は「**マニアトラップ**」と呼んでいる。袋小路にはまってしまうのである。まさに、レッド・オーシャンの典型的な姿だ。

　それに対して、同じゲームマシンでも、DSやWiiは、「家族みんなが楽しむ」「体を動かす」「頭を鍛える」という、まったく新しいUVPを提供した。
　ゲームマシンを、個人を殻に閉じこめるようなマシンから勉強のための道具、家族がコミュニケーションするための道具としたのだ。この結果、今までゲーム機に縁遠かった人まで巻き込むブルー・オーシャンを作り出し、DSは80週間で、Wiiは60週間で2000万台出荷という大変なヒット商品となったのだ。

　さらに、その後に登場したモバイルゲームも、「いつも持ち歩く携帯電話で、いつでもゲームできる」というUVPで、移動中などにちょっと暇を持て余した人たちというブルー・オーシャンに進水した。
　モバイルゲームは商品自体は差別化できるものではないが、バラエティに富んでいて飽きさせない。開発費も安いものだと10万円くらいに抑えられるので、作る側も低コストでいろいろ冒険できる。

　このように、ブルー・オーシャンという市場に進水できれば、明るい未来が開けてくる。酸欠のレッド・オーシャンでもがき苦しむことはない。
　このブルー・オーシャンは、戦略の教科書の中にだけあるわけではない。

Step2 山頂を描く

戦略作りのワークショップでUVPを議論していくと、半分くらいのチームでブルー・オーシャンの仮説を見つけることができる。ぜひともあなたにも、ブルー・オーシャンに進水してほしい。

Step2-4
UVPを探り結晶化する

▶▶ 仮説の山からUVPを探る

　ペルソナを設定し、さまざまなアイデアを出し、また仮説を作って一段落したら、まずは、いったん冷静になろう。そして、「自分の業界や顧客の経営環境はどう変わっていくだろう」「顧客はそもそも何を求めているのだろう」、また「自分たちは顧客に対して一体どんな本質的な価値を提供できるだろう」といった問いに対して答えを探っていこう。

　仮説やアイデアの種をいろいろと結びつけたり、深めたりしながら探索するうちに、次第に答えが見えてくる。

　この探索は、単に今まで出てきた仮説を整理・整頓することとは違う。
　今までの検討を、少し離れた高いところから眺めながら、問いを深めていくうちに秩序がだんだんと見えてくる。「あぁ、そういうことなのか」と気づく感覚だ。77ページのU理論を思い出してほしい。
　このとき、すべてのアイデアや仮説を使おうとしてはいけない。どのみちアイデアの8割は"カス"なのだ。むしろ、キラリと光るアイデアや仮説が自然につながると新しい価値が見えてくる。

　この議論を通じて作られるUVPは、今まで考えていたUVPとはかなり異なり、もっとワクワクするようなものである。
　長丁場の議論になるかもしれないが、ぜひとも最後にはUVPが見つけられることを信じて、頑張ってほしい。

▶▶ UVPを「コンセプト」として「結晶化」させる

　この「UVPらしきもの」が見えてきたら、それをさらに深めていこう。そして、統一感ある「**コンセプト**」にまとめ上げるのだ。この作業を「**結晶化（クリスタライズ）**」という。

　下の図の左側にあるのが、出てきたアイデアや仮説の束だ。これを眺めてみると、「やっぱり、省エネかなぁ」というUVPらしきものが見えてくる。

　さらに、「どんな省エネ？」とか、「顧客にとって何が嬉しいの」と問いを深めていくと、だんだんと言葉もシャープに研ぎ澄まされていく。

　そして最後には、「顧客のエネルギー利用を最適化するパートナー」というコンセプトができてくる。

　このように、自分たちが最もしっくりする言葉を選びながら、UVPの概念をより明確にしていくわけだ。

UVPを「コンセプト」として結晶化させる

- 電気料金を…%削減する
- 納期を…%短縮する
- 綺麗な水と空気を提供する
- 顧客の製造歩留まりを…%上げる
- …という技術を採用する

→ 顧客のエネルギー利用を最適化するパートナー

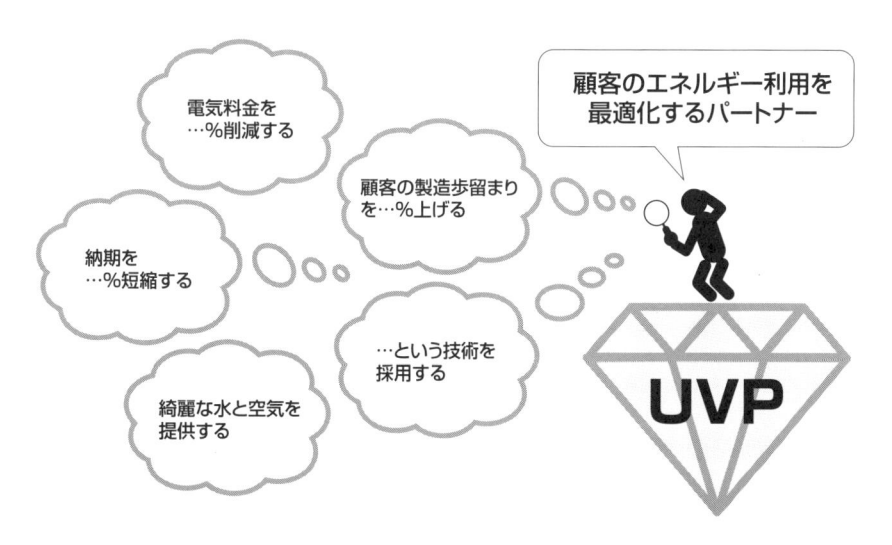

UVP

▶▶ UVPを1枚のパンフレットに描く

　UVPの原案ができたら、それを下図のような1枚か2枚の紹介パンフレットにして書いてみよう。UVPとは顧客に提供する価値なのだから、それが表現できない限り、そもそもUVPとはなり得ない。この作業は、作ったUVPの有効性を検証するための"試金石"だと思ってほしい。

　このパンフレットの中には、顧客にとってどのようなメリットがあるのか、金銭面を含めて明確に打ち出していく。たとえば「納期を半減する」ことを謳うなら、それが「XX億円の機会創造」となることも示すのだ。顧客は最終的には売上や利益などの数字で判断するので、ここを明確に示さないといけない。

　そして、必要なら2枚目以後は、そのUVPを実現する技術や仕組みを記述する。しかし、この部分はあくまで補足だ。大事なのは顧客にとっての価値であって、実現する技術や仕組みではない。

UVPの確認

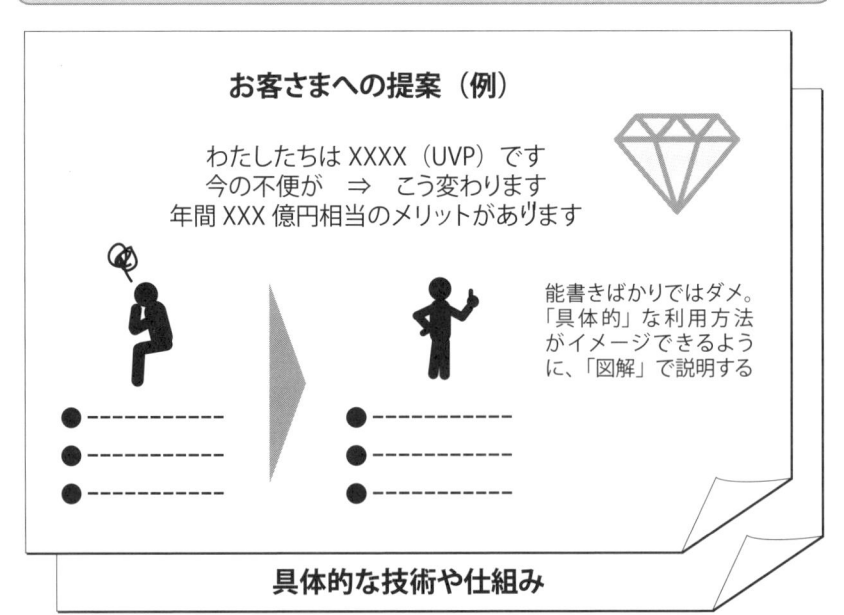

お客さまへの提案（例）

わたしたちはXXXX（UVP）です
今の不便が　⇒　こう変わります
年間XXX億円相当のメリットがあります

能書きばかりではダメ。「具体的」な利用方法がイメージできるように、「図解」で説明する

具体的な技術や仕組み

Step2-5
UVPを検証する

▶▶仮説はサクっと検証する

　Step2-3でUVPの仮説ができたら、さっそく検証してみよう。

　UVPがすべての戦略の機軸になるのだから、ここで的外れの仮説で突っ走ってしまうと、後の作業がすべて「やり直し」になってしまう。できる限り早い段階で、最初の検証を入れよう。

　現代の仮説の検証はネット検索が基本になる。ネットを探しても目星のつかない情報は早めに見切りをつけて、これから説明するフェルミ推定であたりをつけるか、直接顧客に聞いてみるほうがよい。

　ところで、「検証は大変な作業」だと思い込んでいる人も少なくない。数百人を対象としたアンケートとか、大規模なデータベースの統計分析などを思い浮かべてしまうのだ。

　そんな大げさな調査は必要ない。なぜなら、この段階で確認するのは精緻な数字でなく、全体のストーリーだからだ。

　仮説は「サクっと検証」できるし、そうすべきなのだ。

▶▶数がなければ「フェルミ推定」する

　仮説を検証するには、まず本や資料などさまざまな情報源に当たろう。

　たとえば総務省統計局の検索サイトには、国の各種統計が掲載されている。有料サービスなら「日経テレコン21」が有名だ。主要な新聞と雑誌の記事が過去にさかのぼって検索できる。こういったサイトを検索すれば、仮説検証に必要な情報は、かなり拾うことができる。

　もちろん、調べても求める数字が直接拾えるとは限らない。しかし、直

接わからないデータは、推定すればよいのだ。

　たとえば、伊州屋のネットスーパーを利用する顧客の数は、次のように因数分解できるはずだ。

> 想定顧客数　＝①藤原駅近くなど伊州屋の商圏に住む人の比率
> 　　　　　　×②伊州屋の対象である「リョウシキ」層の比率
> 　　　　　　×③ネットを常時利用する人の数
> 　　　　　　×④ネットスーパーの利用意向

　①は市役所の統計データをあたればすぐわかる。仮に20万人としよう。
　②はさまざまな情報を参考にしながら、常識的に推定するしかない。まあ、藤原市民は比較的裕福だから、20％くらいと考えよう。
　③もさまざまな情報を参考にして推定しよう。サクっと半分かな？
　④は伊州屋の提供するサービス内容に大きく左右されるが、ザックリと4分の1くらいで考えてみよう。
　すると想定顧客数は、①20万人×②20％×③50％×④25％＝5000人くらいと推定できる。

　このように、要素を因数分解して推定する方法を、米国の理論物理学者の故エンリコ・フェルミ博士にちなんで、「**フェルミ推定**」という。
　このフェルミ推定の結果は、統計データと違って正確な数ではない。推定によっては倍・半分くらいの違いは普通に出る。
　でも、仮説を検証するには問題ない。仮説検証で求められるのは、数字の精度ではなくて、レベル感だからだ。つまり、「お客さんって、藤原市内にせいぜい100人しかいないの、もしくは10万人くらいいそうなの？」といった質問に目安がつけばよいのだ。結果がせいぜい100人くらいならやめたほうがよいし、1万人以上いきそうなら「ぜひやろう」という話になる。
　だから検証は、「**桁がわかれば十分**」くらいの気分で当たればよい。

▶▶▶ 3人に聞いて「当たり」をつける

「この新商品って、どうよ？」といった、仮説検証の鍵を握る質問は、ネットをいくら検索しても答えは見つからない。こんな質問は、顧客（になる人）に、直接話を聞いて確かめていこう。

このヒアリングは、仮説をよくするためのアドバイスを求めるものだ。

仮説を提示して、それに対する反応を確認していくわけだが、これは単純にYes・Noに答えてもらうのではない。「どんな場面なら使いたいだろうか？」「他と比べるとしたらどんなものか」「買うのを躊躇するなら、それはなぜか」といったように、ヒアリング対象者の回答に合わせて、対話を通じて洞察を深めていく。これを、**深掘り（インデプス）インタビュー**」という。

このヒアリングは、「**とりあえず3人**」くらいから始めればよい。

その中で、誰かがOKを出した仮説は、改善すればもっとよくなる可能性が高い。2名以上がOKを出したら、かなり筋がよい仮説だ。

しかし、3名がすべて〝駄目〟を出した仮説には成功の芽はない。いくら検討チームが思い入れている仮説であっても、ここは潔く捨てて新しい仮説で検討すべきだ。

こんな感じでまずは3名に聞いて、仮説のスジのよし悪しについて「当たり」をつけていく。そして仮説を改善して、もう少し他の人にも聞いてみる。10名程度にヒアリングしてみると、仮説はほぼ確実なものになってくるはずだ。

この「3人に聞く」方法は、ちょっと乱暴だと思う人もいるだろう。

しかし、これは実践で証明された方法論だ。世の中のコンサルティング会社も、こんなやり方で仮説を検証しているのだ。あなたもぜひともマネしてほしい。

▶▶仮説とは外れるもの。挫(くじ)けずトライしよう

　仮説は仮の説、だから外れるのが当たり前だ。
　ヒアリングして顧客から駄目出しされても悪びれることはない。むしろ、早い段階で駄目出しされたと思って喜ぶべきだ。

　実際に、ある商社での新規事業開発でこんな例があった。
　全員MBAという優秀な選抜チームが、成長著しい携帯電話のコンテンツをテーマに、女子高生を対象とした商品企画を検討した。彼らは3か月間、さまざまな分析手法を駆使して、ついに新しいサービスを設計した。

　そして、彼らが企画したサービスを検証する段取りになった。
　メンバーは「成功はデータが保証している。検証なんて必要ない」と自信満々だ。そんな彼らに、マジックミラーで相手の反応が見える、グループ・インタビュー専用の部屋に入ってもらった。そして、ミラーの向こうに座る女子高生数名に、彼らの商品サンプルが手渡された。

　一気に女子高生の黄色い声があがった。
　「ダッセー!」「何だこれ?」「馬鹿じゃないの?」
　隣の部屋で聞いているメンバーの顔は、見る見る青ざめていった。絶対の自信を持って顧客ヒアリングに臨んだ結果がコレである。

　でもOKだ。「最初の仮説なんて外れるものさ」と開き直るくらいのほうがよい。どんな素晴らしい戦略も、最初の仮説は必ず外れるものだ。
　このプロジェクトも、女子高生に叩きに叩かれた結果、何とかものになる商品ができてきた。今では花形事業である。
　叩かれることは怖くない。怖いのは、間違った仮説のまま突っ走ることだ。

Step2-6
ビジョンを描く

▶▶▶ ビジョンこそが成果

　ドラッカー博士の4つ目の質問は「われわれの成果とは何か」だ。
　われわれが追求する「ビジョン」こそが、この成果にあたる。
　このStep2-6ではUVPを提供する自分たち、また、われわれと顧客や取引先との関係を「ビジョン」として描いていく。

　ビジョンとは単なる夢物語や戯言(たわごと)ではない。
　ビジョンとは「未来のスケッチ」だ。クリアなイメージとして描かれ、見る人がありありと具体的に語れるものとする必要がある。
　このビジョンは、たんに言葉として並べるものでなく、できればまさに絵(スケッチ)として描きたい。そうすることで、ビジョンが生命力を持って息づいてくる。

　絵を描くといっても、特別な道具はいらない。下手でもまったく問題ない。形式も問わない。
　ホワイトボードをキャンバスに見立てて、みんなで寄ってたかって描けば十分だ。もちろん紙でもよいが、そのときにはA3より大きな紙に目一杯に書き込んでいこう。
　文章でもよい。たとえば、「2030年、私が朝起きて、ベッドの中でiPadで新聞を開くと、その1面に……」といった物語を紡(つむ)いでもOKだ。要はイメージを共有できればよいのだ。
　次に示すようないろいろな方法を使うのもおすすめだ。

　まずは気軽に、恥ずかしがらずにスケッチを始めよう。

▶▶ 「スケッチ」の例

　ビジョンは、「スケッチ」としてイメージを作ると、生命力を持って動きはじめる。次ページにスケッチの例を2つ紹介する。

　（次ページ上図）北海道の旭山動物園は現在、上野動物園に次いで国内2位の入園者数を誇る人気の動物園だ。しかし、1990年頃には入場者減少で閉園の危機にあった。そんな不安のなか、動物園の職員が忙しい日常業務のかたわら、「本当はこんな動物園を作りたい」という夢を語り合い、描いたのがこの「こども牧場」を含む14枚のスケッチだ。このスケッチが現場の人達の思いを具像化し、市長を動かし、顧客を感動させた。まさにこのスケッチから旭山動物園は再生に向けて動きはじめたのだ。ビジョンには、そのくらい力強いパワーがある。

　（次ページ下図）レゴブロックを使った「シリアスプレイ」手法で描いたビジョンだ。これは、右脳と左脳を効率よく連携させる優れた手法だ。ブロックの形や色や配置にさまざまな情報をつめ込むことができるので、作った人達の間では、とても深いレベルでストーリーを共有・共感できる。

　また、最近メジャーになりつつある「**マインドマップ**」を使っても、ビジョンを描くことができる。右脳を活性化するマインドマップは、ビジョンを描く作業との相性もよい。使える人は、どんどん使ってほしい。
　さらに、望月俊孝氏が提唱する「**宝地図**」も、ビジョンをイメージにする方法だ。写真や絵を大きなコルク板に貼りつけて作る宝地図は、個人の夢を描き叶えていくためのツールとして使うことが多いが、会社のビジョンを描き叶えるツールとしても役に立つ。

Step2 山頂を描く

「こども牧場」のスケッチ

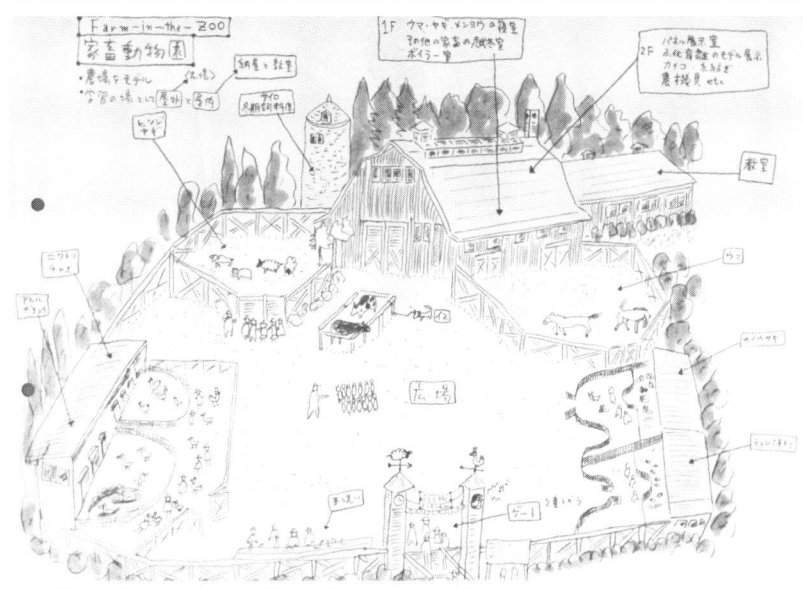

『旭山動物園の動物図録』より「こども牧場」のスケッチ。旭山動物園「14枚のスケッチ」のうちの1枚。

レゴブロックを用いたシリアスプレイ

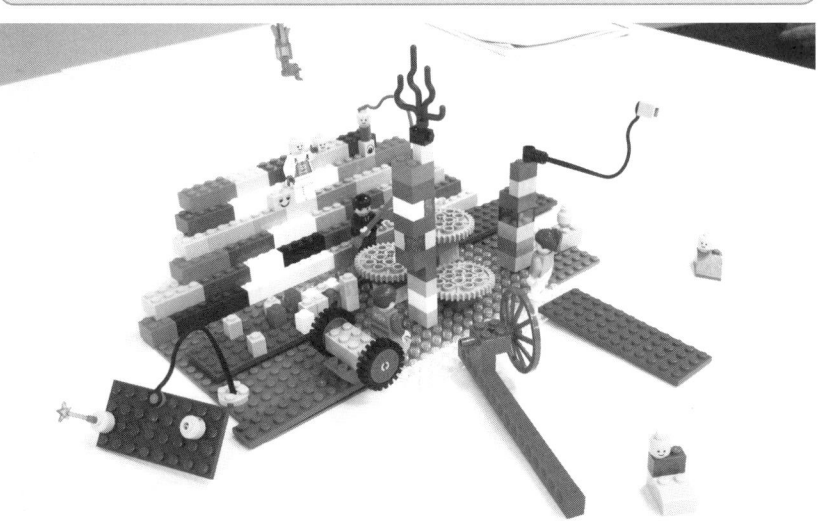

(株) ロバート・ラスムッセン・アンド・アソシエイツ、および (株) 日立製作所・デザイン本部提供

▶▶事業規模と内容を数字で押さえる

ビジョンをスケッチするのは、とても楽しい作業だ。

ちょっと童心に返って、楽しく作業するほうが、結果としてよいものができあがる。

とはいえ、ビジョンとは目指すべき「成果」でもある。ビジョンのスケッチの中に、下の要素が含まれていることを確かめておこう。

- ペルソナ、ペルソナが語るストーリー
- UVP（顧客に提供する独自の価値）
- 顧客、また取引先などの重要な関係者、地域社会や業界

また、スケッチしたビジョンは、できる限り数字でつめる形で具体化していこう。

たとえば旭山動物園なら、ビジョンを実現したときの動物の種類や頭数と入場者数、提供するサービス内容や値段などを書き込んでいこう。具体的なイメージがあれば、そんなに難しくないはずだ。

そのような基本的な数字が共有できれば、必要なスタッフ数や目標とする売上、また必要な設備やスタッフに教育すべきスキルなどが見えてくる。

このように、数字という左脳的なサポートが入ることで、イメージ全体がさらに具体化を増してくる。

そして最後には、このビジョンで目指す売上と利益も推定しよう。

このように、さまざまな数字が見えてくると、ビジョンが夢物語を脱し、内実を伴った事業のゴールとして現実感を持って走りはじめることができる。

▶▶ ビジョンと戦略は "いったりきたり"

　ビジョンとそれを実現する戦略は一心同体だ。

　しかし、このビジョンと戦略とは緊張関係にある。ビジョンを高く掲げると、ストレッチした戦略が必要になる。現実的な戦略がどうやっても描けなければ、そのビジョンは現実路線に合わせて修正する必要がある。

　逆に、実行が容易な現実と妥協した戦略をとろうとすると、達成できるビジョンが低くなる。UVPが実現できないかもしれない。そういうときは、「本当にこれでいいのか？」と自問自答すべきだ。

　このように、ビジョンの高邁さと戦略の実現可能性をにらみながら、戦略とビジョンを決めていくのだ。

ビジョンと戦略の緊張関係

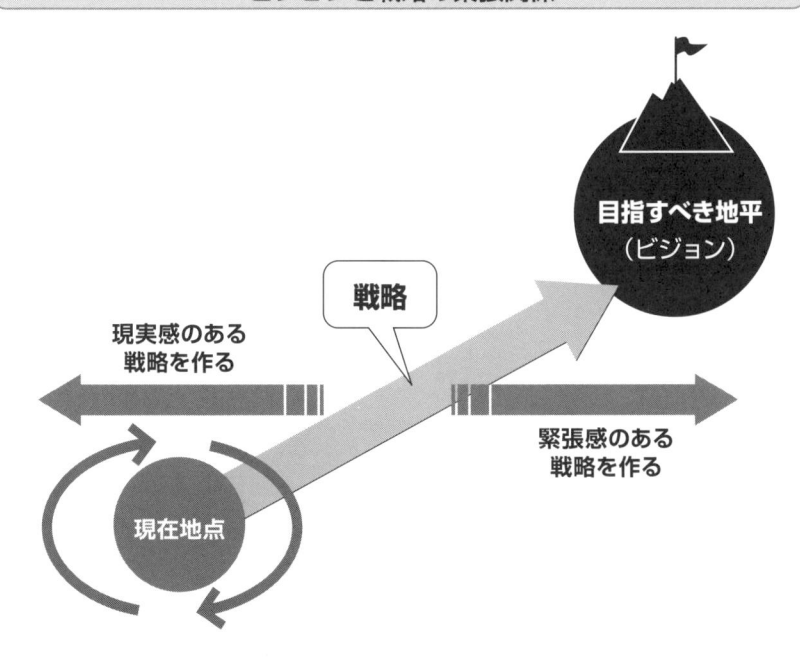

目指すべき地平
（ビジョン）

戦略

現実感のある
戦略を作る

緊張感のある
戦略を作る

現在地点

Training 7

UVP 演習

ペルソナ・UVP・ビジョン

伊藤君のメモより

　今回の演習については、先生から「これまでのStep1は左脳系の演習でした。Step2では、おもに右脳を使います」とのアナウンスがあった。そして、「右脳が回ると楽しくなります」とも伝えられた。

　実際に今回の演習は、すごく楽しかった。

　今回は「ペルソナを1人か2人設定して仮説を作り、それを検証してくる」という課題だったが、とても身近なところにペルソナそのものという方がいた。その方にヒアリングしつつ、自分の仮説をぶつけてみた。

　「仮説は外れるもの」と教わったので身がまえていたが、自分の常日頃考えていたことが、けっこう当たっていたので嬉しかった。

　先生からも、「仮説検証とは、まさに伊藤君のように、ペルソナそのものという人と話しながら、自分の仮説をぶつけていって、その場で新しい仮説をどんどん立てて、確かめていくのが理想です。とてもよいですね」とほめられた。僕って、すごいのかも。

　でも、僕が最初からかなり正しい仮説を立てられたのは、伊崎社長の言葉もあって、いつも顧客の買い物内容からその人の生活を想像する訓練を、意図的にやっていたからだと思う。「スーパーの常識」から発想しようとすると、なかなかよい仮説はでなかった気がする。

　やっぱり右脳って大事なんだな。

伊州屋のUVP

伊州屋の伊藤です（拍手）。

伊州屋の顧客セグメントは藤原市の市民、その中でもライフスタイルでいうと、「リョウシキ」です。身近に実例があって、今回はやりやすいです。それは、藤原市民の小坪くんの実家です！

では、小坪君のお母さまの登場です（歓声・拍手）。

ペルソナ 小坪くんのお母さん

小坪家は、サラリーマンのお父さん、専業主婦のお母さん、子どもは兄と妹の２人です。われわれの親世代、団塊の世代の典型的な家族構成です。

お父さんは日本の高度成長を支えた大手メーカーで部長までされて、しばらく前に定年退職されたそうです。年収は、すみません、聞いてないです（笑）。でも、間違いなく「リョウシキ」です。藤岡市の住宅街に、瀟洒な一戸建てをお持ちです。

お母さんは優しそうな美しい方で、お父さんとは昔の職場で……、えっ、小坪君、そんなことはいいって？（笑）今は地域でボランティア活動をしたりと頭が下がります。あと、地域活動や友人との連絡などで、電子メールなどはごく普通に毎日使いこなすそうです。

お母さんは、ほぼ毎日お買い物なさいます。ありがたいことに、弊社伊州屋を、たいへんご贔屓にされているそうです。

小坪くんのお母さんのストーリー

では、ペルソナに語ってもらいましょう。小坪君のお母さんの登場です。仮説をぶつけて話を聞きました。

これから話すのは、ペルソナ本人から直接話を聞いたリアルな内容です（拍手）。

スーパーにはほぼ毎日行くけど、やっぱり自分の趣味にあったところに足を向けるわよね。たしかに、佐藤十日堂の特売のチラシも見栄えはいいけど、やはり質のよい品がそろっている伊州屋さんに私はよく行きますよ（伊藤：ありがとうございます！笑）。

　私たちは、もう定年になったし、子どもたちも出ていったし、食べる量もすごく減っているの。あっ、息子（小坪君）はまだ居残っていたわね（笑）。でも、いないみたいなものだし。やっぱり安さをだけでは魅力は感じないわね。

　もう、この年になると別に健康でもね、毎回の食事を大事にしたくなるわけなのよ。
　でも、減塩とかの健康食なんて、味気ないし病人になったみたい。そうじゃなくて、自然のものをおいしくいただいて、それが体によいというのがいいわね。
　残りの人生を豊かに過ごすためにも、食事って大切になってくるのよ。毎回よい食卓を作りたいなって。

　昔だったらね、外国の新しいメニューとか覚えて、珍しい食材を買って試したけれど、この年になるとね、日本のよいものを見直したくなるものよ。
　たとえば、地方の伝統的な食材とか、合鴨農法のお米とか、無農薬の四国の柚子だとか、安い深海魚の冷凍切り身じゃなくて一本釣りの生鰹だとか、そういうものに惹かれるのよ。
　あと、野菜は地元のものがいいわね。宅配とかも使ったことがあるけれど、必ずしも鮮度がよいわけではないし、遠いところの野菜を持ってくるのもどうかなって。地元でも有機野菜とか始めた人たちがいるから、そういうものをたくさん取り扱ってほしいわね。その人たちを助けることにもなりますしね。

> 「不満とか、こうなったら便利なのに」と思うことですか？
> 　そうねえ、やっぱり毎日買い物に行くのは、今はいいけど、これからは大変だと思うのね。まだ、肉とか魚ならいいけど、牛乳とかビールとか重いモノは元気なうちじゃないと、運べないわよね。伊州屋でも、お酒とか野菜とか、冷蔵の必要のないものは、当日中の宅配をしてくれるけど、牛乳とかはやってくれないじゃない。結局、面倒だから使わないのよ（伊藤：すみません……）。
> 　宅配を何種類か試したこともあったけれど、1週間とか前に申し込む必要があったり、食材が全部そろわなかったり、肉とか魚は冷凍だったりで、すべてがOKというものはなかったわ。どうしても、今日食べたいものに合わせて買うわけでないから、無駄も多いしね。それに受け取りが面倒で。1回は、受け取りが3日くらいできなくて、野菜を全部駄目にしてしまったこともあるわね。
> 　伊藤さん、伊州屋さんが毎日の宅配をしてくれたら使うわよ。

UVP「豊かな日本を食卓に届ける」

　小坪君のお母さんのような団塊の世代の方々は、バブルを経験し世界のよい品を知っています。その方々が、日本回帰、また地元回帰して、本当によい品を探そうとしているのですね。

　みなさん、高齢者といっては失礼なくらい、まだまだ健康です。そんな方に機能面のメリットをアピールするのは、むしろ失礼だと感じました。むしろ、健康は当然の前提として、毎日を豊かに暮らすための、本当に自然の美味しい食材を求めているのですね。

　伊州屋のUVPの基本は伊州屋のミッションにある通り、「元気になる、豊かで美味しい食卓を作る」ということです。

　さらに、新しい事業のUVPとして、伊州屋が派生的に追求すべきことは、「豊かな日本を食卓に届ける」ことだと思いました。

　1つ目のキーワードである「豊かな日本」とは、今までのように世界の食材を探訪するばかりでなく、日本の奥深いよさを発掘する、とくに藤原

市周辺の真面目な生産者の作る地場の野菜とか、この地方ならではの伝統的な産物を見つけていくのが大事と思います。

　２つめのキーワードは「届ける」です。今までのように、お客さまに来てもらうだけでなく、来店しなくても欲しいモノは届けることだと。来店の会計後に、保冷が不要なものだけを当日中に届けるサービスは、今でもやっています。でも、もう一歩、使い勝手をよくして、来店しないでも電話とかネットで配送を受け付けるサービスを始めたいと思います。宅配の内容は、地場の野菜をメインに、あとは伊州屋らしいこだわりの産品、それに牛乳やビールなど重量物などでしょうか。もちろん、キッチン用品など、伊州屋でそろうモノは、全部扱いたいと思います。

ビジョンと期待成果

　絵はこんな感じです（次ページ参照）。

　ここには、われわれチームの思いが、ぎっしりとつまっています。描くと思いが共有できるという体験ができました。

　あと数値的な目標は、まずは推定市場規模の２割、1000人の常連ユーザーを目指します。１人が月に平均３万円でも買い物いただけると、

売上増加＝1000人×３万円×12か月＝年3.6億円

です。たいしたコストはかからないはずですから、粗利の増加分のほぼ全部が利益です。店舗の売上が減少する分もあるでしょうが、宅配便ユーザーを新たに取り込むことを考えたいです。

　今までも漠然と考えていましたが、小坪君のお母さんと話して、これは「やるっきゃない」と確信しました。

Step2 山頂を描く

伊州屋のビジョン

豊かな日本を食卓に届け、より豊かな藤原市を作る

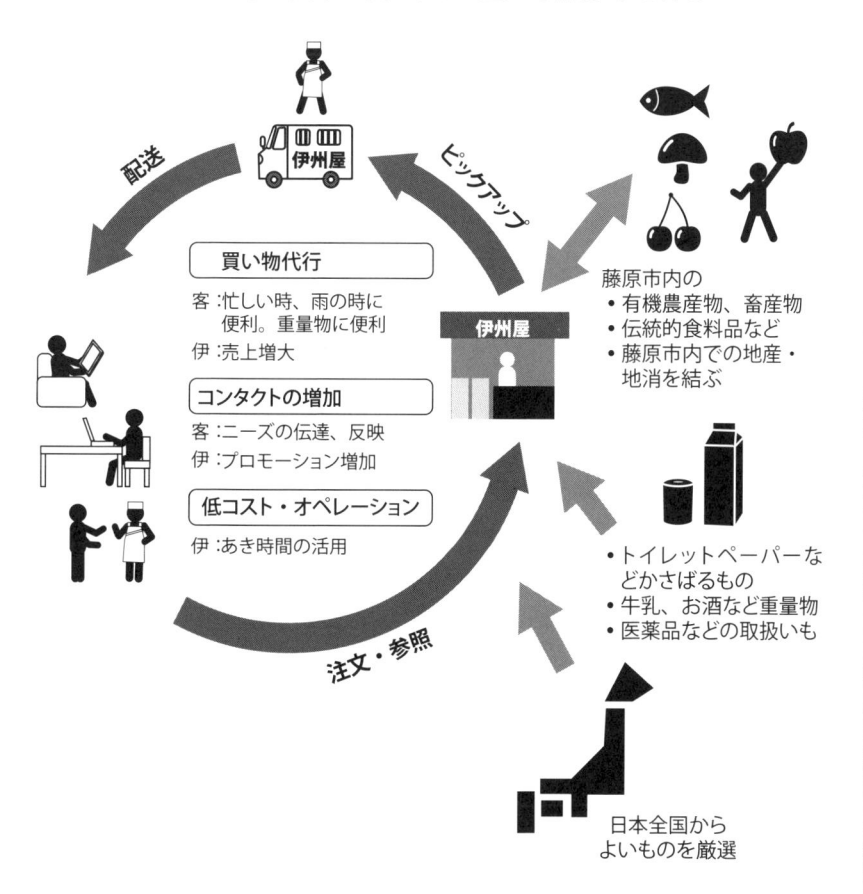

配送 ピックアップ

買い物代行
客：忙しい時、雨の時に便利。重量物に便利
伊：売上増大

コンタクトの増加
客：ニーズの伝達、反映
伊：プロモーション増加

低コスト・オペレーション
伊：あき時間の活用

注文・参照

藤原市内の
- 有機農産物、畜産物
- 伝統的食料品など
- 藤原市内での地産・地消を結ぶ

- トイレットペーパーなどかさばるもの
- 牛乳、お酒など重量物
- 医薬品などの取扱いも

日本全国から
よいものを厳選

ツボタのペルソナと UVP

伊藤君が20年ぶりにわが家に遊びにきて、なんだか母親と話し込んでいるなと思ったら、そんなことをしてたんですね。参りました（笑）。

では気を取り直して、ツボタが開発中の「家庭用疲労度計」のペルソナとUVPを発表します。実は、これもモデルはうちのオヤジと妹です。今回は小坪家オールスターですね（笑）。

1人目のペルソナ　尾地さん

想定した「尾地さん」は、中堅企業に勤務する55歳の男性管理職です。ただ、モデルとしたうちのオヤジは、すでに定年退職したので、時間を10年ほど前に戻してもらいました。それに、小坪家の男性は草食系ですので、親父もこれから紹介する尾地さんほど脂ぎっていません。

さて、この尾地さん、リッチではないですが、住宅ローンと教育費の支払いもほぼ終わって、リストラの心配も薄いです。健康には年相応に気を使いはじめてますが、まだまだ自分は大丈夫だと思っています。

尾地さんのストーリー

では、尾地さんに語ってもらいましょう。

> 先月の健康診断で肝臓の数値が予想以上に悪かったのは、さすがにちょっとショックだった。今までは疲れなんて、ゴルフをしたあとくらいしかなかったが……。たしかに若い頃のように無理もきかなくなってきたしなあ……。
> そういえば、先週のゴルフコンペのあと、クラブハウスに「あなたの疲れを測ります」と書かれたコーナーがあって、他のパーティがたむろしていたっけ。あれがちょっと気になっていたんだが、昨日ジャスコに行ったときに、家族と別行動でデジカメ売り場に寄ったら「家

庭用疲労度計」というのを売っていたな。
　ちょっと見たら、肝臓の疲れとゴルフの疲れ、仕事の疲れもきちんと区別して測れるらしい。なんでも、最先端の医療用半導体センサーを使っているようだ。メーカーの名前は忘れたが、世界的に権威のある賞をとって、日経ビジネスにも紹介されたらしい。
　PC接続とかあって、高機能そうだ。どうやら最適な運動を最新ロジックで教えてくれるらしい。5万円は安くはないが、一家の大黒柱の健康管理には代えられない。今度寄ったときには、詳しく説明を聞いてみよう。

UVP 「一家の大黒柱の健康管理ツール」

　こうしてみると尾地さんは、「健康管理をしている自分、そのために最新の格好よい、賢いマシンを使う自分」が好きなんですね。だから、格好よい賢いマシンが必要です。

　それで、家族に受けの悪いゴルフを合理化するためにも、ちょっと疲れていることを、家族にも会社にも、"正当に"アピールしたいんですね。でも尾地サンの欲しいものは、ちょっとお酒を控えることとか、ゴルフとかの軽い運動をするための口実なんです。ここでマシンが"禁酒"とか、"ハードな運動"などを示唆したら、尾地さんはもう絶対使わないです。

　ちょっとナルシストで自分勝手な尾地さんの肩を持つのは気が引けますが、このマシンのUVPは「一家の大黒柱の（自己満足的な）健康管理ツール」ということでしょうか。

2人目のペルソナ 姫井さん

　2人目のペルソナ、「姫井さん」のモデルは私の妹です。ただ、妹はすでに結婚・出産して、今は育児休暇中の主婦です。ですので、これも時間を5年ほど戻してもらいました。

　ペルソナの名前は、女性らしく「姫井さん」にしました。

　姫井さんは29歳、都心の技術系の会社に勤める技術系総合職、学歴も大学院卒と高めです。いや、うちは理系一家ですね（笑）。実家から通う堅

実な暮らしで、可処分所得は少なくないですが、まだ結婚には踏み切れないようです。

性格は、負けん気が強くて頑張り屋。ここらへんは、モデル通りです。

姫井さんのストーリー

では、姫井さんにも同じように語ってもらいましょう。

> 　最近は会社でも疲れることが多いわ。もう20代じゃないしね……。副部長の尾地さんなんか、「週末のゴルフで疲れた〜」なんて呑気なことを言うけど、私は仕事と無能な管理職の両方で疲れているのよ。それが肌にも出るし、まったく頭にくるわ。
>
> 　そういえば、この前の「Domani」で、身体の疲れを測る特集をしていたっけ。疲れを測って、アラームの出た人を温泉に招待する企画で、たしか白肌温泉が一番効果があったはずだわ。雑誌に出ていたデザイナーでも黄色のアラームが出るんだから、私が測ったらもうレッドゾーン突入でアラーム出まくりかも。ちょっとネットで調べてみようかしら。
>
> 　（ネットを見て）そうか、疲労度って簡単に測れるんだ。私も測ってみたいな……。あと、いつも家に来る花子も桃子も「疲れた〜、肌が荒れる〜」っていうのがログセだわ。あの人達とは、ついついストレス発散してワインを飲み過ぎるし、一緒に測ってみようかしら……。

UVP 「仕事で頑張る女性が健康を自己管理するツール」

どうも姫井さんは、「ワーカーホリックな自分」「健康を気づかう自分」の両方とも好きなようですね。仕事で疲れたりワインを飲み過ぎた翌日には、きちんと健康管理したいわけですね。

UVPは、「仕事で頑張る自分だけど、ちゃんと健康も自己管理するツール」ということでしょう。でも、ワインを飲み過ぎたり、ヤケ食いするのはやめたほうがいいですよ。近所にまで響いてうるさいし（笑）。

UVPの検証

オヤジは「自分はともかく、同僚はその通りだ」と感心していました。

妹は、「そうそう、昔はこんな感じだったわ。よくわかるわね。その頃は仕事命で燃え尽き気味だったからね。まあ、その頃にこんなツブヤキを聞かされたら、怒ると思うけど」との感想でした。

あと、ヨーグルトを連続して食べるダイエットの効果とか、週末の岩盤浴とかヨガの効果を、実施前・実施後で確認したいとも言っていました。

まあ、かなり当たったようですね。

ビジョンと期待成果

市場規模を推定すると、ちょっとロジックの詳細は省きますが、尾地さんは日本全国500万人、姫井さんは日本全国1000万人くらいいそうです。

値段は仮に2万円、最終的には彼らの仮に3%が買ってくれるとしましょう。すると、売上（累計）は、

（500万＋1000万）×3％×2万円＝90億円規模

となります。これを5年かけて達成する感じだと思っています。まあ隆々たるとは言いませんが、悪くない事業規模ですよ。

それと並行して、今までの欧米マーケット、そして中間層が急増している中国や東南アジアにも売っていきたいと思います。将来は中国だけで、毎年日本以上の売上を目指すべきだと個人的には思います。ただ、まだオヤジと妹以外にはヒアリングできていないので（笑）、夢の話です。

それで言いにくいのですが……、先生、申し訳ありません。この検討を絵にしたかったのですが、実はどうしても絵にできませんでした。ですので、この発表資料をそのまま投影させてください。

え、なんですか？　「これで全然OK」？　本当ですか？　「ここまで語りきれば、絵にしなくても、十分イメージとして共有できます」？　ありがとうございます。

このビジョンは実現したいです。いや、ぜひとも実現させます（拍手）。

Step2のコーチング

❖ 中小企業にUVPはいらないのでは？

とんでもない。ニッチで生きる中小企業にこそUVPが必要だ。

132ページの「寿司を出すパスタ屋」を思い出してほしい。大企業なら、いざとなってもこういう「何でもできます」的な対応をする余裕がある。しかし、中小企業がいろいろなことに手を出しはじめたら、すぐに自滅する。中小企業こそ、自分が寿司屋なのかパスタ屋なのかラーメン屋なのかを見極める必要があるのだ。そのためにUVPを見極めるのだ。

❖ 単純に顧客の声を素直に聞くべきでは？

モスバーガーを知っているだろう。ちょっとよい材料、注文を受けてからの調理などを売りにしたハンバーガーショップだ。値段も少々高めだ。

このモスバーガーが、顧客にアンケートをとったことがあるそうだ。

集まった声は、たとえば、「受けとるまでの時間を早くしてほしい」「安くしてほしい」「ポテトを細くしてほしい」「便利な場所にたくさん出店してほしい」といったものだった。

実は、これらを全部実現するとマクドナルドになってしまうのだ。

モスバーガーにはモスバーガーのUVPがある。それを変えたらモスバーガーではなくなってしまう。顧客に聞くのは、自分考えるUVPが受け入れられるかどうかの確認であって、「どんなUVPにすべきでしょうか」というお伺いを立てることではないのだ。

❖ 1人のペルソナだけだと仮説の幅が狭くなるのでは？

ペルソナは対象セグメントを象徴する1人として設定する。だから、判断の基準にするのは1人だが、その1人の判断はそのセグメント全体を代表する判断だと思って扱う。なので、そのセグメントを象徴する人物像を

うまく設定することはとても大事だ。もし1人で象徴できないならば2〜3人を設定してもよい。

ただし、あくまで設定するのは「個人」だ。なぜなら、意思決定するのは個人だからだ。たとえばサラリーマンという集団は、ランチに寿司もパスタもラーメンも食べるだろう。顧客を「平均値」として分析すると、「寿司を出すパスタ屋」には強いニーズがあるはずだ。でも、あなた個人はこんな店には行きたくないだろう。このように、マーケティングの検討には、1人ひとりの行動を追う必要があるのだ。しかし、顧客を「平均値」として扱うと、こういう意思決定の部分が見えなくなってしまう。

❖ 仮説は1つ作ればよいのか？

仮説は複数作るべきだ。仮説1つだけで臨んでしまうと、外れたらあとがない。顧客にも「A案がダメなら、B案ならどう？」という感じで、確認できるようにしたい。ここは、200ページの大前研一氏の言葉を参考にしていただきたい。

❖ ビジョン以前に財務目標を追うべきではないのか？

普通の会社は、まずは財務的な目標値を立てて、それを実現するための戦略を考える。こんな順で考えるから、まともな戦略が作れないのだ。

モスバーガーとマクドナルドのついでに、高級バーガーチェーンであるフレッシュネスバーガーの創業者である栗原幹雄氏の話をしよう。

栗原氏は、創業に当たりクリアなビジョンを作ったが、財務計画については、「どうせ計画を作ったら赤字になる。それで意気消沈するならば、作らないほうがよい」と割り切って作らなかったという。そして創業後にいろいろ創意工夫（＝仮説検証）を続け、黒字の事業に育てあげた。

事業の中身が見えないうちにお金の話をしてもしかたない。まずは事業をしっかり考え、帳尻は最後に合わせよう。

Step3

登る道を考
マーケティング・ビジネ

　Step1で登る山を決めて、Step2で山頂に立った姿をイメージしたら、Step3では具体的に登る道を考える。登るのに必要な装備を検討し、登山計画書を作っていく。
　ビジネスに当てはめると、必要な装備に当たるのは「マーケティング」と「ビジネスモデル」だ。そして、登山計画書に当たるものが「事業計画書」だ。
　このパートを通じて、ドラッカー博士の最後の質問である「われわれの計画とは何か」という問いに答えることができる。

える
スモデル・事業計画書を作る

ステップ1 登る山を決める

ステップ2 山頂を描く

ステップ3 登る道を考える

Action 山に登る

Step3-1
マーケティング戦略

▶▶ 「マーケティングの4P」を決める

　マーケティングを少し学んだ方なら、「マーケティングの4P」という言葉を聞いたことがあるはずだ。この4Pとは以下の4つを示す。

① Product	商品・サービスの提供する価値（UVP）	
② Price	価格	
③ Promotion	告知（宣伝・広告など）	
④ Placement	購買誘導（営業など）	

　マーケティングの設計とは、この4Pを決めていくことだ。
　この4Pを詰めていくうえで、とても大切なことがある。
　この4Pとは、あくまで顧客の感情と行動に「寄り添って」、自然と決まるべきものなのだ。主体はあくまでも顧客だ。まずは顧客の行動と感情を読む。そうしたら、自然と4Pが決まるのだ。
　それを、顧客の感情や行動を無視して、「こんな宣伝をして顧客を動かそう」とか、「売れないから値段を下げて売り込もう」とか、顧客を操作しようと無理をするから、（逆説的だが）顧客は動かないのだ。

　この4Pを決めるときに役立つのが、顧客の購買行動をパターン化した「**マーケティング・モデル**」だ。このマーケティング・モデルに沿って、顧客の行動と感情を見てみよう。

　マーケティング・モデルで最も有名なのが「**AIDMA**」だろう。このAIDMAの構成要素は順に、商品を知り、購買欲求が高まって、最終的に

買うまでのストーリーを描くモデルだ。下に示すこのAIMDAの各要素に対応する形で、4Pを次のように考えることができる。

① Attention（気付き）　←③ Promotion で誘発
② Interest（興味）　　←① Product
③ Desire（欲望）　　　←① Product と② Price で訴求
④ Memory（記憶）　　←③ Promotion で継続
⑤ Action（購買行動）　←④ Placement で誘導

ただし、AIDMAは工業社会の大量消費を前提とした少し古いモデルだ。最近は以下に示す「ATMUL」とか「AISAS」といった知識社会に対応するマーケティング・モデルも登場している。

ATMULは、購買前の無料利用や利用後の経験値の蓄積を視野に入れたモデルだ。AISASとともにインターネット時代の行動モデルといえるもので、興味を持った商品をインターネットで検索したり、評価をブログやSNSで他の人と共有するところまでを視野に入れている。

いずれのモデルを使うにせよ、顧客の感情や行動のステップに沿って4Pを組み立てていけばよい。

ATMUL
① Attention（気付き）
② Trial（試用）
③ Memory（記憶）
④ Use（利用）
⑤ Learn（学習）

AISAS
① Attention（気付き）
② Interest（興味）
③ Search（検索）
④ Action（購買行動）
⑤ Share（共有）

ちなみに次のページに、先の阿藤さんに再び登場いただき、彼女がバッグを買うまでの感情や行動に対応させて4Pを作った例を示す。

AIDMA の例

	ブランド品バッグ	安くてかわいいバッグ	仕事用バッグ
UVP	成功した女性のあこがれの品を持つことで、自尊心を高める	かわいい自分を演出する	実用的、かつデキル女を演出する
Product	ブランドの伝説を受け継ぐ、丁寧な作りとエレガンスさ	ちょっと安物感はあっても、かわいい、目を引くデザイン	実用性と丈夫さ、持ちやすさを最優先 色気があるデザイン
Price	成功した女性でも、ちょっと頑張る必要のある値段	OLでもすぐに買える値段、上限5000円まで	OLが頑張れば買える値段、上限10万円くらい
Promotion	高級なファッション雑誌などに高品質な広告 成功した女性が身につけることによる宣伝	店頭の吊しなどのディスプレイ（基本は広告宣伝をしない）	ショップでの展示 口コミやネットでの（使いやすいという）評判
Placement	「お高く」とまって、簡単にはアクセスできない 正規品を都心のブランドショップで買う	店頭などで、手に取りやすいディスプレイ 鏡などですぐに合わせる その場ですぐに現金決済	ショップの展示品を、いろいろなポイントで比較・検証 再度来店して購買する人も多いはずなので来店優待など

マーケティングの4Pの個別要素については、以下のように詳細を説明していく。

Step3-1-1　ブランド戦略→① Product
Step3-1-2　価格戦略→② Price
Step3-1-3　コミュニケーション戦略→③ Promotion と ④ Placement

Step3-1-1
ブランド戦略

▶▶ブランドとは UVP のメッセージ

　ブランドとは、**商品・サービスの価値（UVP）** を伝えるメッセージだ。
　ブランドを持っているのは、シャネルとかメルセデスとかソニーといった、いわゆる有名ブランドだけではない。すべての会社が自分自身のブランドを持っている。

　たとえば、自動車メーカーを思い浮かべてみよう。トヨタ、日産、ホンダ、マツダ、スズキ、メルセデス、BMWなど、さまざまなブランドがある。電機メーカーなら、ソニー、パナソニック、日立、サムソンなど、これもまた多数ある。
　それぞれ、思い浮かぶ会社から伝わるメッセージは違うはずだ。ここで喚起されるメッセージこそがブランドだ。

　このように、ブランドとはロゴマークやデザインや広告といったものに限らない。ロゴマークとは、このメッセージを起動するスイッチに過ぎない。商品自体の品質や評判、社長や社員の発言や立ち居振る舞いなど、会社を表現するメッセージすべてがブランドなのだ。

　商品・サービスを選ぶときには、ブランドが発信するメッセージを、多かれ少なかれ頼りにしている。本来なら、ブランドに頼らずとも自分の欲しいものを選べる世界が理想かもしれない。しかし現実には、商品をすべて事前にテストして選ぶわけにはいかない。だから、ブランドの発信する「信用」や「品質」といったメッセージを頼りにするのだ。
　このブランドが発信するメッセージには、会社が利用者に対して発信す

る「1次メッセージ」と、それを買ったり使っている顧客自身がさらに周囲に対して発信する「2次メッセージ」がある。それぞれ見ていこう。

▶顧客に発信する「1次メッセージ」

　たとえば、スーパーの冷凍餃子のパックが並んでいるとしよう。少しくらい高くても大手食品メーカー製を選ぶ人が多いだろう。また、名前を知らない会社でも、パッケージに「宇都宮の老舗・手作り」と書かれて、店の地図や店主の写真があれば買う人も多いだろう。一方で、表示が怪しい日本語だったら半額でも買う人は少ないと思う。

　大手メーカーのブランドも産地指定のブランドも、「安心」というメッセージを伝えている。そのうえで、たとえば有名店のコックの監修とかで〝美味しい〟とのメッセージが伝われば、さらに買う人も増えるだろうし、値段を上げることもできるだろう。

　ビジネスの取引でも「安心」は重要だ。とくに日本では、実績や知名度のない会社は極端に嫌われる。

　私自身が経験した例では（10年以上前だが）、某海外メーカー製のコンピュータを買おうとしたら、購買部門がストップを掛けてきたことがある。「そんな会社は、名前を知らないから不安だ」というわけだ。結局、米国製ではなく、高価な割に性能の劣る某国産メーカーのコンピュータを購入した。安心には、責任者の保身まで含めて大きな価値があるわけだ。

▶顧客から発信する「2次メッセージ」

　ブランドを所有・利用する利用者自身が、周囲に対して発信するのが「2次メッセージ」だ。

　ハンドバッグを例にしよう。モノを運ぶというバッグ自体の機能は同じだが、地域の商店街で売っているノーブランドの1000円台のバッグから、エルメスの100万円台のバッグまで、価格差は1000倍もある。この値段の違いは、買った人がバッグをツールにして発信するメッセージの違いにある。

Step3　登る道を考える

　たとえば、プラダを持つ女性は、「私はこの三角黒バッチにお金を払う余裕とセンスのある女よ」というメッセージを発信する（らしい）。ヴィトンの定番バッグなら「私は中の上の常識的な女よ」、エルメスなら「私は高いわよ」というメッセージを発信する（らしい）。その他、同性向け・異性向けに、さらに細分化された複雑なメッセージ体系がある（らしい）。顧客はバッグの機能でなく、ブランドを通じて顕示できるメッセージにお金を払うのだ。

　女性用商品ばかりでない。大容量のエンジンと重厚な内装を装備した高級車や、複雑な機構と最高の職人芸により作られた高級腕時計は、それを持つ人が、「俺はこういう高級品を身につける価値を持つ男だ」というメッセージを発信している。

　有名ブランドだけが顕示機能を持つわけではない。ユニクロの服を着ることは、「値段の割に質のよい服を選ぶ、地味だけど堅実な女よ」というイメージを発信する（らしい）。また、マイナーブランドなら「私はみんなとは違う考えをする個性的な女よ」といった、クリアなメッセージを発信する（らしい）。

　このように、そのブランドを身に付けることにより発信できるメッセージの価値により、ブランドの価格が決まってくる。

　そして、プラダもヴィトンも、自社製品が伝えるメッセージの価値を裏付けるために、都心の一等地に、豪華な店舗を構え、広告にも多額のお金を掛けている。このようにして、ブランドが伝えるメッセージを利用者に伝えているのだ。

▶▶ブランドとは企業価値そのもの

　先にあげた冷凍餃子の例では、味や原料の差がないとしたら、ブランドの価値はノーブランド品との差額の数十円だ。一見少額だが、もともと数百円の商品だから売上の1～2割がブランドの対価といえる。さらに、この会社の利益率が売上の10%だとしたら、利益＝ブランドの対価と解釈で

きる。まさに、ブランドの価値が企業価値なのだ。

　大企業や高級ブランドも、ブランドの価値は企業価値そのものといえる。間違っても自分のブランドを傷付けたり、安くする行為をしてはいけない。

　たとえばプラダは、ちょっとした非日常を演出するブランドだ。こうした高級ブランドは、高級デパートかショッピングモールの最もよい場所で、お高くとまった（ように見える）店員を配置する演出が必要だろう。

　これが、スリッパやタオルといった日常品に三角バッチを付けたり、スーパーやディスカウントストアでプラダが買えるようになってしまったら、ブランドの価値は一気に崩れてしまう。

　ちなみに、世界で最もブランド価値が高い会社はコカ・コーラだ。

　コカ・コーラ社の主力製品（いわば興奮剤入り色付き砂糖水）自体にはほとんど価値がないし、競合商品と味の区別が付く人もまずいない。コカ・コーラ社が売っているのは清涼飲料水ではなく、「米国人のようにリッチで自由になる」というブランドなのだ。だから、世界中で売れるし、よくも悪くも米国の資本主義の象徴となっている。

　日本でも2001年に、日本コカ・コーラ社の缶コーヒー「ジョージア」が「明日があるさ」というメッセージを打ち出し、ウルフルズの曲も大ヒットし、映画が作られるほどの大成功を収めた。ジョージアを買った人は、いろいろな缶コーヒーの選択肢がある中で、「明日があるさ」というメッセージに共感してジョージアを選んだわけだ。

　突きつめた例として、「モエ・ヘネシー・ルイ・ヴィトン」という、ベタな名前のフランスの会社がある。この会社は、ヴィトンと洋酒のヘネシー以外にも、衣料ならフェンディやラクロワ、ワインではモエ・エ・シャンドン、時計ならタグホイヤーなどと、高級ブランド品一式を扱っている。

　一見、節操がないが、この会社が得意とすることは、高級ブランドの価値を維持し高めるマネジメントだ。だから取り扱う商品は（高級品なら）なんでもよいわけだ。

▶▶ ブランドの基本は「物語」

さまざまあるブランドの構成要素の中で、最も力強くメッセージを伝えるものは「物語」だ。

誰がなぜその会社を興したのか、新製品開発にいたるまでの苦労、開発に成功した喜び、顧客から伝わった感謝の声、今日に至るまでのエピソードという物語自体が強いメッセージを発信する。

ホンダを例にとってみよう。よほどのクルマ音痴以外なら、ホンダは、

①本田宗一郎氏が戦後創業した二輪車ベンチャーで、
②誰も到達不可能と思った二輪の世界グランプリに挑戦し、
③見事に栄冠を勝ち取り、
④また通産省の反対を押し切って四輪車に進出し、
⑤世界に先駆け低公害エンジンを開発し、
⑥最近まで世界のモータースポーツの常連だったが、
⑦突然の撤退後は、環境に力を入れている。

という物語を知っている。

このホンダの物語が、ベンチャースピリット（①と②と④と⑦）、高性能・スポーツ性（③と⑥）、技術力（③と⑤と⑥）を力強く語る。まさに、物語がブランドそのものなのだ。

どんな小さな会社でも、自分の会社や製品の物語を紡ぎ出し、伝えることができるはずだ。

「本当かな？」と思ったら、132ページの「海鮮ラーメン屋」を考えてみよう。味そのものを求める以上に、ラーメンに対する思いや開発秘話といった物語を共有するために、わざわざ行列を作って並んでいるのだ。

この語るべき物語が、ブランドの出発点だ。

もし、自分の会社が物語を語れないようなら大問題だ。自分が何者かを

語れない会社など、何の存在意義もないからだ。まずは真剣に自社のあり方を見つめ直したほうがよい。

≫ 1人ひとりが会社のブランドを発信する

　オーナー会社やベンチャー会社なら、経営者自身が、その会社の最大のブランド要素だといえる。

　パナソニックも創業時代は松下幸之助氏自身が、ホンダなら本田宗一郎氏自身が、ソニーなら井深大氏自身が、彼らの思いや人柄を通じて、会社全体を体現するメッセージを強烈に発信していたはずだ。

　今ならソフトバンクが思い当たる。孫正義社長自身が、ソフトバンクという会社のUVPを伝える、最大のブランド要素となっている。

　しかし、会社のブランドとなるのは経営者だけではない。
　社員の1人ひとりが会社のブランドを背負っているのだ。
　あなたも、店頭での説明やお客さま相談の電話窓口の対応いかんで、「○○社は優しくて親切だ」とか、「感じの悪い××社」などというイメージを持ったことがあるだろう。

　顧客と接する社員ばかりではない。技術開発力や製品品質も、顧客に対してメッセージを発信している。また、購買部門でも仕入先を通じて、さまざまなメッセージを発信している。

　この意味では、社員1人ひとりの毎日の仕事が、会社のブランドを作っているのだ。

　ブランド戦略とは、ロゴとか製品のネーミングをどうするとかの技術論に終始するべきものではない。ブランド戦略の本質とは、会社のUVPをどう表現し伝えるかであり、さらには経営者、そして社員1人ひとりがどう行動すべきかをあらためて突きつめることにあるのだ。

Step3-1-2
価格戦略

▶▶ 価格とはUVPの価値を伝えるメッセージ

　今まで述べたように、同じ機能を持つバッグでもノーブランド品とブランド品では、値段が1000倍ほども違う。それに対して、製造原価は（広告費・販促費を入れなければ）それほどまでには変わらない。

　この機能の差や製造原価の差では説明できない値段の差が、UVPの持つ価値の差だ。

　商品の値段を決めるのはUVPだ。買う人がそのUVPに納得し、満足すればよいのだ。UVPに合わせた値段を決めるのが最初で、原価はその値段で元がとれるように、あとから工夫すればよい。

　この考え方に違和感を持つ人もいるだろう。たしかに、モノと労働に価値のあった工業社会の時代には、その価値を反映した製造原価を積み上げ、若干の利潤を乗せたものを、そのまま価格とするのが妥当だった。

　しかし、知識社会の価値とは知識や知恵そのものだ。製造原価とは関係ない。提供するUVPの価値どおりに値段を付けるのが真っ当だ。

　具体的な値付け方法は、UVPの種類によって異なる。

　UVPが商品軸にあれば、最上位の価格帯（「**スキミング・プライシング**」）に設定すべきだ。UVPが手軽軸にあれば、価格も最も安い価格帯（「**ペネトレーション・プライシング**」）に合わせる。そして、UVPが密着軸にあれば、その中間の価格帯（「**ブリッジ・ベター・プライシング**」）に設定する。

　以下、個別に見てみよう。

▶▶▶ ① 「商品軸」の価格決定

　商品軸の価格戦略で面白いのは、商品自体の価値では価格が決まらないことだ。
　たとえば、数百万円の機械式の時計より、電波式のクォーツ時計のほうが高性能（時間が正確）だし、利便性も高い（ネジを巻く必要がない）。高価なジャガーは故障するので有名で、工業製品としては欠陥品（失礼！）だ。また、どんな高価な化粧品や香水でも、液剤部分の製造原価は10円程度だ。
　このように、商品軸の価格は商品そのものの価値を伝えていない。

　なぜなら、商品軸のUVPとは、商品を通じて顧客の「自己愛」を高めることにあるからだ。だから、値段は高ければ高いほどよい。あまり安いと自己愛が高められないのだ。実際に、当初数万円だった価格を10倍にしたら急に売れ出したブランド時計もある。

　ブランド価格の値付けロジックは、顧客の払える上限の値段に設定するのが基本だ。たとえばバッグなら、伝説の限定品は100万円台に設定し、あとは序列に従って、売れ筋のラインは一般OLが頑張れば手に入る10万円くらいにすればよい。
　重要なのは、その商品がなぜその値段分の価値があるかを顧客に懇切丁寧に説明し、納得してもらうことだ。製造原価でなく、ブランド構築にお金をかけるわけだ。

　高価なこと自体がUVPである以上、値下げは禁物だ。
　売上を稼ごうと値段を下げ、結局自滅していったブランドも、とくにアパレルには山のようにある。
　量を捌きたいなら、期間限定の「お得意さまご優待」の企画などを打ちたい。化粧品なら試供品やポーチを付ける手もある。表面的な定価を下げずに、顧客に価格面のメリットをアピールするわけだ。

▶▶▶ ② 「手軽軸」の価格決定

　手軽軸の商品とは、「安い」ことがUVPの要素である商品だ。だから、その安さで利益が出るように、原価を下げる仕組みと努力が必要だ。

　吉野屋もマクドナルドも、日々オペレーションを改善し、安い値段でも利益を出す仕組みを作り上げている。それができなければ、ここで勝負をかけてはいけない。消耗戦になったらコスト構造が高いほうが負ける。

　ちなみに安値で勝負をかけるべきなのは、安くすれば安くした分以上に売れる（「**価格弾性値**」が高い）商品だけだ。
　売値を1割下げて、売れた個数が2割増しになったが、粗利は半分になって結局は大損ということでは、しゃれにならない。

　また、あまりに安い「**安物価格**」にしてはいけない。たとえば、300円のバッグとか120円の牛丼などは、消費者は怖くて手が出せないだろう。
　失敗例が、2003年頃のマクドナルドだ。ハンバーガーが100円なり88円ならお買い得感があるが、そのころ設定した59円は「ジャンクフードそのもの」といった安物価格だ。これでは消費者は不安になって、逆に手を出せなくなってしまう。

▶▶▶ ③ 「密着軸」の価格決定

　このレンジの商品には、機能と価格のバランスでお買い得感をアピールする必要がある。このバランス感は実に微妙だ。
　顧客は価格に敏感で「2980円なら欲しいけど（価格差が3％もない）3050円ならいらない」などと平然と言う。また、競合が値段を変えたら、今まで売れていたものがパッタリ売れなくなったりする。顧客にしてみれば、暗黙的な値段のロジックはあるのだが、売り手にとってはわけがわからない。値付けは頭の痛い問題だ。

最適な値段については、あまり決定的な決め方はない。いろいろ試行錯誤してみるのが現実的な解だ。商品本体の価格は同じままでも、セットで売ってみるとか、期間限定のセールをするとか、付帯サービスを付けるとか、いろいろなオプションにトライしてみよう。

試行錯誤が難しい場合は、具体的な商品を提示して顧客に評価してもらう「**コンジョイント分析**」や「**PMS分析**」を使うことも考えたい。

コンジョイント分析とは、想定する顧客数名に、たとえばファミレスの場合だと「デザートに、マンゴープリンとそれより20円高い抹茶アイスとどちらが嬉しいか」といった質問をして、どちらを選択するか答えてもらう手法だ。その結果を分析すると、顧客の感じる価値が要素毎に価格で明らかになってくる。

PMS分析とは、同じく想定する顧客数名に、順次値段を提示していって、「高すぎて買う気がしない」「買おうと思う上限」「安いと思う」「安すぎて不安になる」ということを探りあてていきながら、適切な価格を決めていく。

詳しくは、いずれも専門の本を参考にしてほしい。

▶▶▶ 戦略的な価格設定

価格はUVPに従って決めるのが基本だが、それ以外に戦略的に決めていくこともできる。

▶ 学習曲線の先取り価格

109ページで説明したように、学習効果が働く製品は作っていくうちに原価がどんどん安くなる。これを利用する戦略だ。

有名な例ではソニーの「プレイステーション2」がある。プレステ2の販売価格は、当初の製造原価をずっと下回っていた。当時、出はじめの単体型のDVDプレーヤーより、プレステ2のほうが安かったほどだ。出はじめの頃は、「プレステ2は売れれば売れるほど赤字」といわれた。

しかし、生産台数が増えれば原価は学習効果で次第に安くなる。むしろ、最初の価格を安く設定して、どんどん売って、どんどん生産し、学習効果が早めに効くことを期待したほうがよい。

これを、最初から利益を回収しようと「本体価格10万円」などと設定してしまうと、結局いつまでたっても全然売れないまま事業は消滅してしまう。

▶「あげる商品・売れる商品・売りたい商品」

売れっ子コンサルタントの神田昌典氏が紹介する価格設定戦略だ。

たとえばコンサルティング・サービスを考えてみよう。顧客にとって、最初から数千万円のコンサルティングを頼むのは相当ハードルが高い。

だから、最初はほぼ無料の「**あげる商品**」から提供する。たとえば、無料もしくは安価なセミナーや（最近流行の）無料冊子などだ。

それがクリアできたら、ちょっと高価な「**売れる商品**」を提供する。たとえば、有料のセミナーや簡易サービスのようなものだ。売上的にはここがメインになる場合も多いので、きちんと収益をとる必要がある。

そこで会社の実力を十分に評価されたら、最後は最も付加価値が高く、また粗利も高い「**売りたい商品**」を提供する。数千万円のコンサルティングなどだ。利益的にはここを最大にもっていきたい。そして、この「売りたい商品」があることで、「売れる商品」がより売れるようになる。

ちなみに、この「あげる商品」とは、ベストセラーになった『FREE』（クリス・アンダーソン、NHK出版）で紹介される「**フリーミアム**」とほぼ同じだ。デジタルコンテンツなど、再生産コストがほぼゼロに近いものを8割以上の顧客にタダでプレゼントし、1〜2割の有料コンテンツで利益を回収するというモデルだ。

Step3-1-3 コミュニケーション戦略

▶▶顧客接点こそが会社の生命線

　どんなに素晴らしい商品・サービスを持っていても、それだけでは会社は成り立たない。その価値を顧客に伝えて、そして買って・使ってもらって、はじめて会社は成り立つ。なので、顧客とコミュニケーションする「**顧客接点**」こそが会社の生命線となる。

　この顧客接点には、価値を顧客に伝える「**入口の接点**」となるPromotionと、顧客に買って・使ってもらう「**出口の接点**」であるPlacementがある。

　このPromotionとPlacementをうまく設計しないと、一生懸命努力してよいものを作っても、さっぱり売れないことになる。

　素晴らしい製品を作っているのに苦戦している会社のほとんどが、この顧客とのコミュニケーションに、大きな課題を抱えている。

　これは、知名度の低い中小企業ばかりでない。大企業ほど、「実はこんな優れた技術や製品がありますが、社内でも知られていないのです」とか、「シェアは米国の競合のほうがずっと高いのですが、品質は弊社のほうがずっと上です」といった事例が多いようだ。

　あまりにもったいなく、残念な話だ。

　コミュニケーションを改善する努力は、質の高い製品を開発・生産する努力と比べたら、努力の質は違うものの、1桁少なくて済むはずだ。**精魂傾けてせっかくよい製品やサービスを作ったのだからこそ、積極的にコミュニケーションの努力をしてほしい**。日本には、それだけで間違いなく強くなる会社は数多い。

今やコミュニケーションの中心はインターネット

　20世紀のマーケティングの教科書で教える古典的なコミュニケーション戦略とは、テレビや雑誌といった広告の「**メディアミックス**」であったり、店舗の「**立地戦略**」や一般小売店対ディスカウントストアといった「**販売チャネル戦略**」であったり、また営業部門の効率化といった「**営業戦略**」であった。
　しかし、21世紀に表舞台に登場したインターネットは、コミュニケーション戦略の内容を大きく変えつつある。

　もちろん、リアルな店舗も営業員も大事だ。しかし少し高額な商品を買うときや、新しい会社との取引を考えるときには、まずはネットで検索するのではないだろうか。
　まずは検索して、上位にくる商品から内容を見ていくだろう。リンク先のサイトの説明が、しっかりしてわかりやすく、また実績もありそうなら、さらに調べてみるだろう。質問を投げてすぐに的確な答えが返ってきたり、他の口コミサイトでの評価が高ければ、それまで知らなかった会社でも「信用に値する」と判断するだろう。
　逆に、どんな大会社でも商品の検索結果の上位10位くらいに入ってこないならば、検討対象に入ることはない。リンクしたサイトがショボかったり、説明がよくわからなければ、次のステップには進んでもらえない。
　ネット検索という最初の入口で躓くと、次のステップでリカバーするのはとても難しい。

　ニッチな市場ほど、ネットが重要なメディアになっている。
　たとえば、特定業種や特定業務用のソフトウェアを考えてみよう。
　おそらく、富士通や日立といった巨大企業もそんな業界用のパッケージを作っているだろう。でも、「〇〇業界　××ソフト」といったキーワード検索で上位5位に入らなければ、顧客にとってそのソフトは「世界に存在しない」のも同然だ。また、リンク先のサイトが、専門用語で小難しい

説明を並べたものだったら、よほどのことがない限り、顧客は大企業に問い合わせることはない。

ベンチャー企業でも、ネットの検索結果が上位に確実に表示され、またリンク先のサイトでわかりやすくUVPを謳う会社のほうが、ネットの世界では大手企業よりよほど存在感がある。

また、検索件数も多くないニッチ市場なら、ネットへの広告費もたいしてかからない。小さな会社でも、ネット広告を積極的に打てるわけだ。

インターネットが、小さな知識型企業が、大企業と互角に戦える環境を作りあげたわけだ。

多くの場合、顧客から見えるあなたの会社とは、ウェブサイトそのものだ。ウェブサイトに辿り着き、そこでUVPを理解することができなければ、顧客にあなたの会社の価値は伝わらない。

だから、以下のことは何があっても最優先でしてほしい。

> 自社のサイトを実際に開いて、使ってみることだ。
> それも、顧客になりきって、検索から発注または問い合わせまでを実際に使ってみるのだ。

まず、検索したいキーワードを入れてみて、あなたの会社のサイトは上位3社に入るだろうか。ここで、あなたの会社の製品名で検索してもしかたない。たとえば「建設業専用会計ソフト　建会君V2」と入力して、検索の上位にくるのは当たり前だ。そうではなく、顧客の入力しそうなキーワード、たとえば「工務店　経理」と入れてみるわけだ。

次に、あなたの会社のサイトは顧客の視点で見たときに、伝えたいUVPがきちんと読みとれるものだろうか。技術や製品の説明の前に、正面からUVPを伝えているだろうか。

ここで、「建会君Ver.1からのグレードアップ情報」などというフレーズがトップにあったら即アウトだ。せめて「(工務店の) 社長さん、経理の

担当者が辞めて悩んでませんか？」くらいは伝えよう。

　そして、商品やサービスは、はじめての人にもわかりやすく、そしてクリアに説明されているだろうか。このあたりは社内でも関連部署外、できれば社外の人の意見を素直に聞こう。
　また、デザインや用語は、混乱せず統一されているだろうか。注文や問い合わせで、わけのわからないセキュリティ警告が出てきて、混乱させていないだろうか。
　まずこれらの質問に自信を持って答えられるようになることが必要だ。最新のウェブ技術の採用や、デザインのよし悪しなどは、その次の段階でゆっくり考えればよい。

　繰り返すが、21世紀の最大の顧客接点は、インターネットだ。サイトのデキが、会社の業績を直接左右する。「技術のことはわからない」と、外注や社内IT部門に丸投げして済むものではない。**サイトの設計は、経営が直接関与すべき、最重要の課題の１つになると断言できる。**

≫ニッチなメディアを活用する

　もちろん、インターネット以外にも活用できるメディアは多い。
　すぐに思い浮かぶメディアは、テレビ、新聞、（大部数の）雑誌、ラジオなどのマスメディアだろう。
　しかし、マスメディアを使って宣伝費用以上の効果を期待できる会社はごくひと握りだ。なぜなら、マスメディアは文字通り「マス」に対するメディアだからだ。実際にマス広告を出している会社も、携帯電話、クルマ、食品（菓子・酒類・飲料含む）、ドラッグ（化粧品・サニタリー・健康食品含む）、またはパチンコなど、ひと握りの業種だ。
　あなたがそのような業種の会社に勤めているのでない限り、使うメディアはニッチであればニッチであるほどよい。

たとえば、ツボタの医療用の疲労度計に興味ある顧客なら、雑誌「月刊診療テクノロジー（仮）」とか、「慢性疲労症候群医師フォーラム（仮）」の発行するレポートやサイトに目を通している可能性が高い。そんなメディアに広告やPR記事を載せることを考えたい。仮に発行部数は少なくても注目度は非常に高いだろうし、発行部数が少なければ掲載料も安くなる。
　また、マイナーなメディアならば、十分なスペースを割いてUVPをきちんと伝えることもできるだろうし、読者からの反応もダイレクトにくるだろう。読者のためにもなるので、PR的な記事も載せやすい。

　発行部数が少ないニッチなメディアを使うのは不安だ。しかし、ニッチな商品とは、ある程度の説明を要する商品が多い。それを、マスメディアで多くの人に薄くリーチしたところで十分な説明はできず、新しい顧客が来ることはほとんど期待できない。同じお金を使うなら、ニッチなメディアへの露出を増やしていこう。

　参考までに、次ページにさまざまなメディアを一覧した。それぞれのメディア戦略については詳しく解説する本もあるので、具体的な施策が必要なら参考にしてほしい。

▶▶ コミュニケーションは一貫性が大事

　コミュニケーションには、一貫性が不可欠だ。仮に伝えたいことがたくさんあっても、絞りに絞ったメッセージだけを伝えよう。「コレが価値です」とシンプルに伝えよう。
　「あれもできます」「これもやります」と、シャワーのように言葉を並べてしまうと、顧客からは「寿司も出すパスタ屋」に見えてしまう。

　また、パンフレットでは安さを謳い、ホームページでは利便性を謳い、営業マンは付加価値を一生懸命宣伝するという会社もとても多い。
　まずは、自分たちのターゲットとUVPをよく確かめて、どんなメッセ

ージを伝えるかを考えよう。どんな広告を打とうか、デザインはどうしようか、どこに打とうかなどは、それを決めてから考えるべきことだ。

Promotion：広告宣伝の種類

広告 （伝統的媒体）	●マス4媒体：テレビ、新聞、雑誌、ラジオ ●SP媒体：交通広告、屋外広告、新聞折込、ダイレクト・メール（DM）、電話帳広告 ⇒それぞれ、到達度、説明可能度、ターゲット層、費用が異なる ⇒また、DMの書き方1つで、反応率が1桁違う。DMだけに特化した専門書も多数
ネット広告	●ひと昔前は、ヤフーやサービスプロバイダのポータルサイト上に表示される「バナー広告」の議論だったが、今はグーグルやヤフーといった検索エンジンにいかに上位に表示されるかといった、「SEO（Search Engine Optimization）」が重要に ●また、グーグルの「アドワーズ」や「アドセンス」といった、「キーワード連動型」の広告が有効
PR （ニュース形式での告知）	●広告は会社が費用負担する、いわば"やらせ"だが、PRは利用者にとって価値ある情報として届けるもの。ブランド作りにはPRが必須 ●プレス活動：報道機関等マスメディアに対して情報提供し、パブリシティとしてニュース等に取り上げられることを期待。ニュース価値があるものならば、安価かつ有効な方法 ●その他、出版、イベント（展示会等）、セミナーがある
営業員による 販売活動	●営業員個人のスキルは（一般に）大きく異なり、教育等によるスキル（達成意欲など営業コンピテンシー）底上げが重要 ●B2Bの場合は、顧客とのコンタクト段階を管理する「パイプライン」が極めて重要 ●また全社を組織横断的に営業として機能させる、「チーム・セリング」の考え方が重要
店頭などでの販促活動	●B2Cの場合、ニーズの多様化に伴い、細かな販促活動が売上を左右するように ●スーパーや薬局や書店などでの品ぞろえ・棚割り（MD）、POPや店内ポスター・放送など ●飲食店ならメニューの書き方ひとつで、売上が変わる ●クーポン、懸賞、無料お試し、キャッシュバック、また ●店頭でのQRコードの活用など、携帯メディアとの連携も重要に ●ネットを活用した、口コミ（「バイラル・マーケティング」）も有効
流通販促	●流通チャネルに対する販促活動により、チャネルでの販売優先度を向上させる ●値引き、リベート、インセンティブ、POP等宣伝物提供、イベント招待、など

▶▶ マーケティングの原点回帰

　マーケティングの基本は、135ページで説明したSTPだ。これは、「思い」の似る顧客を1つのセグメントとして捉え、アプローチする「**セグメント・マーケティング**」という手法だ。

　さらに、近年のITの進歩に伴い、セグメント単位ではなく顧客1人ひとりの思いに直接対応しようとする「**One-to-One**」のマーケティング手法が登場してきた。

　ネット企業は、このOne-to-Oneの試験場といえる。

　アマゾンにログインすると、今までの検索履歴からおすすめ本を紹介してくれる。注文すると関連する書籍をたくさん紹介してくれる。書評レビューや立ち読み機能もあって、自分が買うべき本かどうか、ある程度の知見が得られる。グーグルやヤフーも検索キーワードに連動して、検索した人が興味を持つであろう広告情報を多量に表示してくる。

　これらOne-to-One手法は、さまざまな名前で登場している。たとえば顧客の属性分析に基づく「**データベース・マーケティング**」や、購買やコンタクトの履歴分析に基づく「**顧客関係マーケティング（CRM）**」がある。

　顧客1人ひとりのご用聞きとなる「**パーミション・マーケティング**」や「**コンシェルジェ・サービス**」も、One-to-Oneの一種といえる。

　このようなOne-to-Oneのマーケティング手法は、実は昔はどこにでもあった。たとえば街の魚屋さんなら、頭の中に入った顧客1人ひとりの情報をもとに「サザエさん、今日はワカメちゃんの好物の鰹(かつお)が安いよ」と声をかけたり、珍しい魚が入ったら調理法を顧客に教えていたわけだ。

　マーケティングの基本は、1人ひとりの思いに応えるコミュニケーションだ。ITの時代になって、やっとマーケティングが本来の原点に帰り着いたのかもしれない。

Training 8

マーケティング戦略

小坪君のメモより

　今回は、前回作ったUVPから4Pを考えるところについて、土曜日丸1日使って議論した。アイデアがたくさんあったから、まとまるかどうか心配だったけれど、尾地さんと姫井さんというペルソナが明確に決まっていたので、いろいろなアイデアも、「これなら尾地さんは欲しがるぞ」とか、「これは一般論としてはいいけれど、姫井さんは興味ない」とシャープに判断できた。

　その一方で、ペルソナを決めないと、すべてのアイデアにOKを出してしまいそうだ。でも、そうすると「寿司を出すパスタ屋」になってしまうんだと実感できた。

　家に帰って、先生が最優先ですべきと言ったネットを開いてみた。「疲労度計」で検索すると、怪しげな健康情報の広告に紛れて、ツボタとぜんぜん見分けがつかないツボタの疲労度計を使った学術的な記事が何件かあったが、ツボタという文字はほとんど登場しなかった。大ショック！　ちゃんとしたスポンサー広告を出して、検索にもヒットするようにしよう。

　あとツボタのホームページでは、センサー技術は詳細に説明されていたけれど、顧客が知りたいはずの使い道、使い方、信頼性、メンテナンスには、何も触れていなかった。

　第一、自慢の24時間対応コールセンターの説明が出ていない。これも大ショック！　ホームページに「お客さまの声」などを入れて、きちんとメッセージを伝えるようにしよう。

伊州屋の4P

伊州屋の伊藤です（拍手）。

しばらく小坪くんの家には、出入り禁止となりまして……。あ、冗談です（笑）。でも、またご馳走をいただくわけにもいかないので、今回は自分の母親をイメージしました。まあ、うちも藤原市の由緒正しき「リョウシキ」ですしね。

前回のおさらいをすると、「配送をしてほしい」というニーズには、2つありました。

1つ目は、店頭で買ったものを当日配送してほしい。今でも配送しているのですが、保冷必要な牛乳とか冷凍食品は配送しなかったので、小坪君のお母さんに「使えない」と言われてしまいました。

2つ目は、店舗に行かないで注文する。いわゆるネットスーパーですね。これを伊州屋らしくやりたいと思います。

1つ目については、何とかメドがつきました。

今まで、冷凍食品の保管は店の奥にあるマイナス20度の大きな冷凍庫、配送は保冷車という固定観念があって、「冷凍品・冷蔵品の配送の要望には応えられない」と思っていました。

でも考えてみれば、半日保冷できればOKです。店内での保管は冷蔵庫の空きスペースに買い物カゴごと入れればよいですし、配送も小さなワゴン車でエアコンをかければ品物は傷みません。冷凍食品もクーラーボックスごと運べばよい。

実はこれ、母親と話していて出てきたアイデアなんですよ。

母親から「何よ、エアコンかけて運べばいいじゃない。私だってそうやって家まで持ち帰るのだから」と言われたんです。

意識しないうちに、私の頭は固くなっていたのです。先生が、「専門家って、物知りなバカです」とおっしゃていたのが本当によくわかりました。

これで1つ目の当日配送の課題はクリアしました。次は「伊州屋らしいネットスーパー」についてです。さっそく4Pの仮説を紹介します。

利用場面

　ペルソナは私の母親です。いや〜、われながら安直です（笑）。
　えっ先生、何ですか？「でも、そんな身近な人の思いと伊藤君の考えって、実は全然違っていたでしょう」ですって？　いや、まさしくその通りなんですよ。恥ずかしながら、そのことを紹介していきます。
　まずネットスーパーを使うときは、疲れていたり天気が悪くて外に出るのが億劫なときや、別の用事があって買い物をする時間のないときだと想定しました。

Product

　ネット宅配のUVPは「豊かな日本を食卓に届ける」です。ここでは徹底的に地産・地消にこだわろうと思います。一般の宅配との違いを出していこうと思います。
　でも、顧客が肉や野菜を買うところを見ていると、やはり形や色ツヤのよいモノを選んでいます。それに対してネットスーパーだと、品物を選べない点がハンデになります。
　でも、ふと考えると、生協の宅配では品物を選べませんよね。いろいろ頭を捻ったのですが、自分ではよくわからなくて母親に聞いたんです。
　そうしたら、あっけなく、「だって、生協なら生産者がわかるじゃない。そんな真面目な人が作った野菜を選り好みできますか」と言われました。
　スーパーの企画担当の僕がいくら考えてもわからなかったことを、顧客は当たり前のように答えるのです。

　あと、牛乳とか醤油とかお菓子など、いわゆる包装モノについても、伊州屋らしい銘柄をたくさんメニューに載せようと思います。
　僕が最初に、美味しさを全面に出した画面のイメージを親に見せたのですが、これも即座に却下されました。「いい物だったら美味しいのは当た

り前。美味しさは好みだから、そんな主観的なものを強調されても困る」とのことです。

「それよりも、どんな原材料を使って、どんな製法をしているか、生産者の情報とかが欲しい」というのです。

あと、僕は「地のものを使った献立レシピ」を結構イケてるアイデアとして考えてたんです。でも、これも母親には、「そんなものは頭の中に入っている」と即座に却下されました。まあ、そのほうがコンテンツを作らなくてよいので助かりますが（笑）。

Price

値段は全量定価販売を考えています。

ここは母も賛成でした。でも、理由は全然違いました。僕は利益率を下げないための定価販売と思っていました。でも母親は、「安くすると、売れ残り品を押しつけているのではと思ってしまう」と言っていました。

これは考えてみなかったのですが、たしかに店頭だと「特売」として積み上げてあるのと、「見切り品」として棚に並んでいるのではすぐに区別つきますが、ネットだとわかりませんね。

言われてみればその通りですが、こういうことは売る側に立っていると見えないものですね。

あとは配送料です。僕はこれをとるにはすごく躊躇していました。でも母は、「タクシー代より安ければよい。500円でもよい」と言います。不安ですが、まずは試してみようと思います。

Promotion

母は毎朝メールを見るそうなので、「そこに流せば読むわよ」と言ってました。僕はプロモーションアイデアをいろいろ披露しようとしたのですが、その前に、「でも、うるさい宣伝は駄目よ」とクギをさされてしまいました。

僕は、店の特売品・おすすめ品の情報を流せば、顧客は買いたい意欲を

高めて買ってくれるものと思っていたのですが、顧客はもっと自分で主体的に判断しているのですね。

　母親が一番確認したいのは、「今までに注文した醤油とか調味料だけを表示させて、次はどの銘柄にするか」というような過去の注文履歴だそうです。

Placement

　ネットは24時間受付けですが、宅配時間は1日1回、当日配送と混載と思っています。

　また、FAXや携帯を使っての受付けも考えないといけないかなと思ったのですが、うちの母親は、「FAXの人は生協の宅配を使うし、携帯の人はコンビニを使うから関係ないわよ」と言います。

　それと母親に強く言われたのは、「不在でも配達した箱を置いていってほしい」とのことです。僕はすごく不安で、「そんな盗まれるような心配なことはできない」と言いました。

　そうしたら、母親に猛反撃されました。「ちょっと家を空けただけなのに、持ち帰られると二度手間で困る。受取りが必要だと、ちょっと家を空けたくなってもずっと家の中で待っていなければいけないわ。何よ、出るなら連絡しろですって？　なにを寝ぼけたことを。こっちも面倒だし、手間をかけさせるのも嫌じゃない。だいたい、このあたりで食品を盗む人なんていないわよ。伝票をポストにいれておいてくれれば、仮に盗まれても信用するわよ。まったく、なに考えているのよ」と、かなり強い口調で一方的につめられました。

　たしかに、ドライバーにとっても再配達は面倒なんです。1日不在だと、さすがに品物も傷みます。不在時の対処方法も、顧客名簿を作るときに、「不在時荷物を持って帰りますか、それとも置いておきますか？」とひと言聞いておけばよいわけですしね。

　自分がいかに発想が貧困だったか思い知りました。

まとめ

説明してあらためて感じたのですは、顧客の視点とスーパーの視点がいかにずれているかということですね。われわれって、「顧客のため」と言いながら、実際には「顧客にクレームをつけられたらどうしよう」という発想で動いてたような気がします。

あと、顧客のほうが選択と集中を求めているのに、われわれは怖くて集中できてませんでした。すごい独りよがりだったと思います。

いや、本当に勉強になりました（拍手）。

ツボタの4P

ツボタの小坪です（拍手）。

今回は、開発中の家庭用の疲労度計についての4Pを考えてみました。

前回までは、中年男性の尾地さんと若い女性の姫井さんの2人のペルソナを考えていましたが、市場調査を進めた結果、若い女性向けの市場のほうがずっと大きいと予想されるので、今回からは姫井さん1人にフォーカスして分析します。姫井さんをペルソナとした4Pを考えると、UVPは「疲れた働く女性の癒しツール」です。

利用場面

姫井さんが疲労度計を使うのは、入浴後にビールを飲みながら「ワールドビジネスサテライト」を見たり、好きな本を読んだりして、くつろいでいるときだと思って、ストーリーを走らせました。また、これは妹のアイデアですが、友人が遊びに来たときの場面も考えてみます。

Product

姫井さんが使う場所はマンションの居間です。居間に置いても違和感がなく、さらに友人に見せて恥ずかしくないセンスにする必要があります。

そうなると金属系の素材はボツ。また医療器機のように真っ白なのも、病気を連想させるので避けたほうがよい。フェミニンにパステルカラーを基本とした、優しい曲線のあるデザインがグッドですかね。

　機能については、センスよくシンプルにしたいですね。どうも技術者は、ゴチャゴチャ付けすぎるようですから。スイッチがたくさん付いていたら、それだけで駄目です。とにかく視覚的に邪魔になるのは駄目です。

　あ、すみません。言い忘れました。

　わかったように言ってますが、このあたりの話は実際に妹に会社に来てもらってサンプルを見せたんですよ。

　すると、いきなりこんな発言で、その場に呼んだ設計者のプライドはズタズタになったようです。真っ青な顔をしてました。でもあとで、「お客さまの本当の声がわかってよかった」って感謝されましたよ。

　「おすすめメニュー」については、「安っぽいから無くてよい」と一刀両断。むしろ、ネットや説明書で、温泉に行くとどのくらい数値が変わるか、スポーツやヨガや岩盤浴ならどうかという情報を載せてほしいとのことでした。「あとは自分で判断するから、つまらない〝おすすめ〟なんかいらない」とのことでした。技術者はかなり熱心に設計していたので少し可哀想でしたね。

　でも、欲しい機能も言ってくれましたよ。友達が来たときには、「前回と比較ができるメモリー機能とかあったほうがよい」とのことでした。たしかに、面白いかもしれませんね。

Price

　安くする必要はありませんが、気軽に手が届く範囲で。まあ、２万円台の後半くらいでしょうか？

　妹は「今なら１万円以下しか出せないけれど、結婚前ならそのくらいの余裕はあったわね」と遠い目になっていました。

Promotion

　基本は、都心で働く女性向け雑誌での告知を考えたいと思います。

妹に聞いたら、「Oggi（オッジ）」とか「Domani（ドマーニ）」などだそうです。さらに、「女性向け雑誌は読者層が細かく分かれているのよ。高級な奥さま向けの『STORY（ストーリィ）』とか、下流女性向けの『すてきな奥さん』とかは、私も友達も絶対読まないよ」と言われました。女の世界って奥が深いですね。
　内容ですが、「疲労度計」を正面から謳っても女性は読まないでしょう。ここはかなり悩んでいました。
　妹からはホテルのスパや、温泉旅館のタイアップ企画で、「"ここで疲労度が○ポイント下がった"などの囲み記事にすればよい」とアドバイスをもらいました。「現在売り出し中の白肌温泉なんかいいと思うよ」とのことです。

　また、働く女性ならアロマセラピーやリフレクソロジーなどの癒し系のエステに行くので、そこでのプロモーションも考えたいですね。セラピストの口コミ力は意外と大きいみたいですから。
　ちなみに、僕が「ああ美肌エステ」と言ったら、すごくバカにされました。「疲れた働く女性が行く癒し系」と「有閑マダムが行く美肌系」は、まったくターゲットが異なるそうです。奥が深いですね……。
　ネットでの情報提供は、やはり必須とのことです。疲れた働く女性は高学歴だから、「大学院卒でも納得するだけのデータとロジックは必須だよ」と言われました。「トップページでコギャルが踊っていたら、頭にきて、その場でページを閉じる」と言ってました。

Place

　女性の動線には家電量販店はないとキッパリ言われました。たしかに家電量販店で女性1人の姿はなかなか見かけないですよね。メインはネットでの注文にするのがよさそうです。
　そこで僕が、「ツボタのサイトでも注文できるよ！」と言ったら、またバカにされました。「そんな個別のサイトに、いちいち住所とかクレジットカードとかの情報を入れさせようなんて、バカ言わないでよ」とのことです。「ちゃんと、楽天市場には載せてよ」と言われました。あと、若い

女性の支持が多い「ベルメゾン」での通販も悪くないとのことです。

まとめ

　今までいかにマシンに機能を盛り込むかを考えていましたが、それは「パスタを売るラーメン屋」だったと気づかされました。

　あと、今の開発部隊は若い男性が多いんです。たしかに彼らも疲れてはいますが、ターゲットである若い女性の立場に立てといっても難しいでしょう。

　開発部隊のディスカッションにも、若い研究職の女性という対象セグメントに当たる人に適宜参加してもらって、議論するようにしたいと思います。そのほうが、彼らも張り合いが出ると思います（拍手）。

Step3-2
ビジネスモデルを練る

▶▶ ビジネスモデルの基本は「共存共栄」

 ビジネスは、顧客や取引先といった関係者(ステークホルダー)があってはじめて成り立つ。ビジネスの基本は、これら関係者との共存共栄だ。「三方よし」とも「持ちつ持たれつ」とも言ってよい。

 「ビジネスモデル」とは、この関係者がお互い何を提供し、その代わり何を受けとるのかという関係を示すものだ。「事業の設計図」といってよい。このビジネスモデルの中では、あなたの会社も顧客や取引先に囲まれたプレーヤーの1人となる。

 あなたの会社だけが都合よく儲けて、他の会社が赤字を垂れ流すような虫のよいビジネスモデルが長期的に通用するわけがない。
 そうではなく、ビジネスモデルという生態系の中で、ステークホルダー全員が嬉しい仕組みを作ろう。そうすれば、他のプレーヤーもビジネスモデルを大きくするために、あなたに協力してくれる。そんなビジネスモデルが、最終的には大きく発展していくのだ。

▶▶ ビジネスモデルだけでは成功しない

 事業環境が大きく変化するときには、ビジネスモデルの変革が求められるときがある。
 iモード(1999年登場)とiPhone(2007年登場)を考えてみよう。これら2つのサービスは、単に既存のビジネスモデル、新しい技術やサービスを組み込んだものではない。

2つのサービスとも、新しい技術を使って既存のビジネスの仕組みを変える「**ビジネスモデルの変革**」を伴ってこそ成功したのだ（289ページ参照）。

　その一方で、ビジネスモデルばかりを弄んでいてもしかたない。
　仮にｉモードのサービスが面白くなかったり、ｉPhoneがダサかったら、どんなに画期的なビジネスモデルがあったところで事業は鳴かず飛ばずに終わっていただろう。
　ビジネスモデルとは事業を成功させる鍵ではなく、その製品なりサービスなりの価値を最大限に活かすための方法論だと割り切って考えるべきだ。

　たとえば、ネットショッピングを考えてみよう。
　ネットショッピングは、21世紀初頭のインターネット黎明期に登場した新しいビジネスモデルだ。当時、この新しいビジネスモデルには、百貨店やスーパー、書店や花屋など専門店、商社、IT企業、など多種多様な会社が、いっせいに群がっていた。当時、米国のインターネット・ベンチャーでは、ネットショッピング関連のビジネスモデルだけでも100通り近くあり、まさに百花繚乱の感があった。
　日本でもインターネットバブルが吹き荒れ、新しいビジネスモデルを吹聴する威勢のよいIT長者も続々誕生していた。新しいビジネスモデルと、バブル気味だったベンチャー投資会社からの資金を元手に、自信満々のベンチャーが何社もあった。

　そして10年後の2008年、日本のネットショッピング業界は、ゼロからB2Cで6.1兆円産業まで大きく拡大した。しかしその中で、アマゾンやケンコーコムなどの商品特化型の会社を除けば、専業で成功したのは楽天だけだろう。

　楽天が成功したのは、独創的なビジネスモデル特許を持っていたためではない。三木谷浩史社長の掲げる「スピード、スピード、スピード」とい

う経営方針に則(のっと)って、会社全体が必死に走り抜けたからだ。

　楽天は、比較的規律の緩いネット業界では異色の体育会系の厳しい統制のもと、変化の激しいネット業界の先頭をとにかく走り抜けてきた。六本木ヒルズという華麗な世界でITの世界に閉じこもらずに、文字通り地に足のついた営業活動を展開し、地方の農家や漁師を１件１件開拓する。彼らの相談窓口となって、システムの設定やネットショップでの売り方を手取り足取り教える。

　そんな強力な実行力を伴ったからこそ、並み居る競合の中で楽天だけが飛び抜けて成功したのだ。

　美しいビジネスモデルやビジネスモデル特許は、事業の成功を保証しない。**新しいビジネスを成功させるのは、ひとえに「実行力」なのだ。**

　ビジネスモデルの設計に当たっては、まずはこのことを肝に銘じよう。

　さて、ビジネスモデルの設計には、押さえるべきポイントが２つある。
　１つ目が、**お金の回し方**だ。お金の回し方には以下のモデルがある。

> ①「普通の」ビジネスモデル
> ②受注生産
> ③利用課金モデル
> ④ライフタイムバリュー
> ⑤広告モデル

　これに加えて、リースやローンといった金融ツールを組み合わせて使うことができる。こうした金融ツールで、ある程度の事業リスクを回避し、資金繰りなどが円滑に回るように調整するわけだ。

　２つ目が、収益構造を考えることだ。ビジネスを拡大し、収益を増やすためには、どこを押せばよいのかを考えるわけだ。この押すべきツボを「**キードライバー**」という。

　この２つのポイントについて続けて説明しよう。

Step3-2-1
お金の回し方を考える

≫≫ （1）普通のビジネスモデル

　お金をかけて製品やサービスを開発し、原料を仕入れて製品を作って、流通チャネルに流す。流通チャネルで売れればお金が入る。これが普通のビジネスモデルだ。世の中の会社の9割が、こうしたビジネスモデルで商売をしていると思う。

　このビジネスモデルは、「**在庫**」と「**資金繰り**」というリスクを伴う。
　在庫は、「売れ残り」以外にも、工場内でも倉庫内でも物流在庫として発生する。
　実はこの在庫は、「工業社会」ではたいした問題にならなかった。なぜなら、工業社会とは、生産より需要のほうが概して大きかった「よいモノを作れば売れる」世界だからだ。よほど欠陥品を作らない限り、作ったものはどこかで売ることができた。在庫も安くすればどこかで捌(さば)くことができた。
　だから、在庫を心配するより目一杯生産して、売るものが足りない「機会損失」を避けるほうが正しかった。
　しかし、モノにあふれた成熟社会では在庫リスクがとても怖いのだ。

　入金は早くて販売時、下手をすると半年後の手形なのに対し、開発や生産には事前にお金がかかる。こうした入出金のタイミング差による資金繰り（キャッシュフロー）のリスクもある。
　在庫も資金繰りも、損益計算書の黒字・赤字ではわからない。黒字だと喜んでいても、それだけでは怖いのだ。できれば在庫リスクを回避したり、資金繰りを改善するビジネスモデルを設計したい。

▶▶ (2) 受注生産 デルとトヨタ

　受注生産とは注文を受けてから作るモデル、つまり在庫を持たないモデルだ。もともと建設工事や造船や大規模IT開発など、個別性の高い大きな仕事では受注生産が普通だった。
　この受注生産を消費財の世界で実現した例として、デル・コンピュータの例を見てみよう。

　デル・コンピュータが1990年代に出現する前までは、PCの販売は店頭販売がほとんどだった。まだ元気だった秋葉原や日本橋（大阪）などの販売店店頭では、大々的にPCの新製品が販売されていた。
　この店頭販売では、メーカーに出荷在庫、販売店に販売在庫を置くことになる。PCのように技術進歩が激しく、週単位で在庫の価値が目減りしてしまうような商品にとって、この在庫リスクは極めて大きい。また、製品を作ってから実際に売れ、顧客から入金があるまで数か月はかかる。

　それに対して、デル・コンピュータは製造前に製品を宣伝して、顧客の注文を受け付け、同時にクレジットカードで決済を済ませてしまう。そして、商品を数日で組み立てて配送する。部品も注文を受けてから買うので部品在庫も一切、持たない。半導体の価格は月単位で安くなるので、買うタイミングは遅いほうがよい。そして部品代を支払うときには、製品に対する顧客の入金は済んでいる。
　デル・コンピュータのビジネスモデルは、店頭販売に比べて利益でも資金繰りでも圧倒的に有利だ。だから、性能の割に値段の安いPCを販売できるのだ。

　また、いわば工場全体を受注生産のビジネスモデルに転換したのが「**トヨタ生産方式**」（TMS）だ。
　TMS出現以前、米国のGMに代表される20世紀型の自動車会社が追い求めた理想的な生産体制とは、まさに20世紀型の計画経済だった。会社を管

理する巨大なソフトウェアを駆使して緻密な生産計画を作成し、現場は出された指示を確実に実行するというものだった。論理的に考えれば、これですべてがうまくいくはずだ。

　しかし、ネジ１本足りなければエンジンは作れない。もしもどこかで生産に遅れが出たら、他の部分は計画通り生産して在庫を積み上げ続ける。また、どこかで不良部品が混ざってしまうと、完成品も不良品となる。販売予測が外れて製品が予定通り売れなければ、それもすべて在庫として積み上がる。計画が１つ狂うと、システム全体が狂っていくのだ。

　それに対してトヨタ生産方式は、後工程からの発注があってはじめて生産を開始する「**カンバン方式**」で動いている。いわば、工場内の各システムが受注生産を行なっているようなものだ。だから、在庫は原則発生しない。また、各工程で品質をチェックし、不良品の発生を抑えている。

　1980年頃にトヨタを見学したGMの幹部は、こう言ったそうだ。「日本人は信用できない。偽物の工場を見せられた。本物の工場ならば、在庫と不良品が工場を埋めつくしているはずだからだ」と。

　このカンバン方式を小売業に適用したのが、「**デマンドチェーンマネジメント**」（DCM）だ。DCMとは、見込み生産で無駄な在庫を作らずに、売れたものから小ロットで補充していくという考えだ。無駄な在庫がなくなるから売り場を効率的に運用できるし、キャッシュフローも大幅に改善する。

　衣料品なら、ユニクロに代表される「**SPA**（Speciality store retailer of Private label Apparel：**製造小売業**）」という業態が、このカンバン方式に近いものだ。

　テキサスの大学寮の一室から始まったデルが、IBMやNECといった並みいる大企業を押しのけ、10年足らずで世界最大のPCメーカーに成長したのも、トヨタが極東の弱小メーカーから世界最強の自動車会社まで成長したのも、ユニクロが山口県の小さな会社から日本最大の衣料品メーカーに成長したのも、このビジネスモデルのおかげといえる。

▶▶ （3）利用課金モデル　モノからコトへ

あなたなら、たとえばクルマの価値として、「持つ喜び」と「使うメリット」のどちらを重視するだろう。

モノ自体に価値のあった工業社会の時代には、クルマを所有する対価としてお金を払うのが自然だった。しかし、知識社会ではモノからコトに価値が移る。つまり、使うメリットに応じて支払うレンタカーやカーシェアリングなどの活用が、もっと一般的になってくるかもしれない。

ITでも、昔は所有するハードウェア自体に価値が認められていた。1980年頃までは、ソフトウェアは高価な大型コンピュータについてくる無料のおまけだった。しかし、ハードウェアの値段が劇的に下がるにつれ、ハードウェアを売る商売ではビジネスが成り立たなくなってきた。

この変化に直面したのが米国のIBMだ。1980年代に超優良企業の代名詞だったIBMは、ハードウェアの価格低下によって、1993年には倒産直前まで追い込まれた。そのときに新たに着任したルイス・ガースナー会長は、IBMを〝サービス・カンパニー〟と定義し、ハードウェアからソフトウェアおよびサービスを提供する会社へと大転換した。この方針転換を通じてIBMは再生したのだ。

さらに時代は進んで2010年現在、ITサービスに課金するビジネスモデルは、「ASP（Application Service Provider）」や「SaaS（Software as a Service）」、「クラウド」などに進化している。

顧客は、IT機器自体を所有しなくてもネット経由でITを利用できる。まさに、顧客はコンピュータというモノに対してではなく、サービス利用というコトに対してお金を払っているのだ。

このような変化はITやクルマだけではない。モノからコトへという価値のシフトに応じて、他の業界でも利用課金モデルへのシフトが進むと考えるべきだろう。

▶▶ (4) ライフタイムバリュー 携帯電話

　携帯電話の販売店では、型落ちした機種は1円で売っている。しかし携帯電話の端末の原価は、高機能なものだと10万円くらいする。いったい、どんなビジネスモデルなのか、この仕組みを説明しよう。

　鍵を握るのは携帯キャリアだ。携帯キャリアにとって顧客とは、毎月通信料金を支払ってくれる存在だ。顧客1人当たり、加入してから契約解除するまでの期間に期待できる売上は、毎月の平均料金（約5000円）×平均加入期間（約40か月）で、およそ20万円にもなる。携帯キャリアの場合、この売上のほとんどが追加利益となる。この20万円が、顧客1人当たりの「**ライフタイムバリュー**」だ。

　あとから大きなライフタイムバリューを期待できるなら、携帯会社としては携帯端末で元が取れなくても、とにかく数を売ってもらい、顧客を増やしたほうがよい。

　携帯キャリアは、販売店に対して端末を1台売るごとに数万円の「**販売奨励金（インセンティブ）**」を付ける。だから、販売店にとっては1円の

携帯キャリアのビジネスモデル

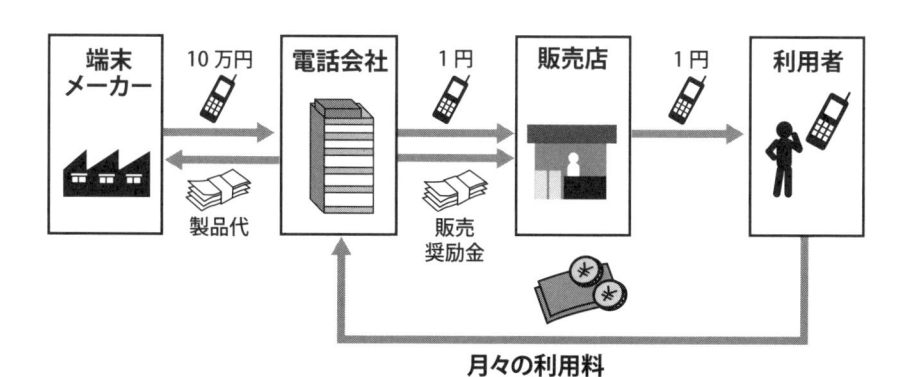

電話機でも売れれば儲かるし、創意工夫をこらして売り方を考える。
　携帯電話が世界に先駆けて日本で大きく普及したのは、このビジネスモデルがうまく機能したからだ。

　これと似たような例にインクジェット・プリンタがある。本体価格は1万円程度で、あまり利益は出ないだろう。しかし、専用インクは1000円くらいする。利益を出すには、本体を安くして数をまいてインクをたくさん買ってもらうのが正解だ。

　業務用の世界にも、このビジネスモデルを適用した例は多い。
　たとえば、コピー機のメーカーの利益は、本体の販売価格以上に1枚の利用当たり10円近く徴収できる利用料や、かなり高価なトナー代金に依存している。
　エレベーター設備なども、設備本体の販売利益は赤字でも、あとの保守料で回収を期待する例が多い。
　ITコンサルティング会社は、本業のコンサルティングを格安で提供することで、まずは顧客をつかむ。利益はそのあとのシステム構築や運用で、ゆっくり回収するわけだ。
　顧客だって初期投資は抑えたい。このビジネスモデルは提供者も顧客も嬉しい関係を築くことができる。

　このほかにも、新聞購読や保険、賃貸の不動産販売、NTTの光回線なども大きなライフタイムバリューが期待できる業種だ。
　零細な新聞販売店や、どう見てもお金持ちそうでない保険のおばちゃんが、「大丈夫なの？」と言いたくなるくらいの景品で勧誘してくる。いずれも顧客を獲得できれば、新聞社や生命保険会社から手厚い販売報奨金がもらえるからだ。
　これらの販売会社は強引な勧誘が問題になることが多いが、目先の顧客が自分の実入りに直結するとなれば、強引に売り込みたくなる気持ちもわからないではない。

▶▶ （5）広告モデル　テレビとヤフー

　テレビが無料で視聴できるのも、ヤフーやグーグルが無料で検索できるのも、「広告モデル」のおかげだ。

　民放テレビ局のビジネスモデルで考えると、テレビとは要は「動画チラシ」だ。テレビ局はスポンサーからの広告収入を元手に、視聴者にタダで放送を流している。視聴者からするとテレビのCMは〝いらないオマケ〟かもしれないが、テレビ局にとっては本編のニュースやドラマのほうがオマケだ。

　雑誌や新聞も、購読料以外に広告料が大きな収益源となっている。
　「タダが基本」のネットには、広告モデルがあふれている。ヤフーが無料なのも、グーグルが無料なのも、メルマガやブログが無料なのも、バナー広告や検索連動広告を出す広告主が広告料を支払っているおかげだ。

　広告モデルとは少し違うが、このように顧客が感じる価値以外のところを収益源とするビジネスモデルも割と多い。
　たとえば格安旅行代理店は、旅行代金だけならほとんどが赤字だ。国内ツアーなら途中に寄る土産物屋のキックバックで、海外旅行ならオプションツアーで何とか収支を合わせるのだ。また、キャンセル料金からの収入もかなりの部分を占める。本体を安くする代わりに、他のところで一生懸命に埋め合わせようとするわけだ。
　テーマパークや映画館も、入場料からの収入だけでは収益トントンでも、館内の飲食物やキャラクターグッズ販売での利益を期待するところも多い。

　また、地方の公共事業、また零細農業や地場産業のように、本業は赤字でも補助金で何とか黒字になる、もしくは最初から補助金目当てで事業をする「補助金モデル」もある。これも、本来の価値とは別なところに収益源があるビジネスモデルといえるだろう。

Step3-2-2
押すべきツボを考える

▶▶キードライバーを見極めよ

「キードライバー」とは、会社や事業全体の収益性を左右する数字だ。

キードライバーを改善する施策がビジネスを強くする。また、キードライバーに悪化の兆しがあったら、最終的な損益結果が悪くなる前に、すぐに対策を打つべきだ。いくつか例をあげてみよう。

▶携帯キャリア　ARPU

携帯キャリアの売上は、

売上＝加入者数×加入者当たりの売上単価

で決まる。後者がARPU（Average Revenue Per User）といわれる数字だ。加入者数の増加ももちろん収益に直結するが、加入者数が飽和している現在、携帯キャリアがより重視するのがARPUの向上だ。

通話料が頭打ちになり、またパケット定額が一般的になってからは、ARPUの向上はサービス利用料にかかっている。だから携帯キャリアは音楽配信やゲーム、さらには位置情報などを使った新しいアプリケーションなどを、どんどん投入してくるわけだ。

▶メディア　視聴者数

各メディアの収益を左右する数字は視聴者数だ。テレビなら視聴率、新聞雑誌なら発行部数、ネットならアクセス数が相当する。

メディアの売上は、購読料も広告料も視聴者数に比例する。それに対して原価は、紙代などを除けば視聴者数に関係なくほぼ一定だ。だから視聴者の数は収益に直結する。

テレビ局が視聴率１％を争って血眼の競争をしたり、新聞社が（公式に

は認めないが）押し紙までして購読者数を水増しするのもそのためだ。

▶コールセンター 通話率

コールセンターの通話率とは、オペレーターが顧客と話している割合だ。通話率が低ければ効率が悪いが、通話率がある程度を超えるといつでもお話中状態になって「なかなかつながらない」という不満につながる。通話率を一定レベルに保つことがコールセンター運用の要である。

▶レストラン 回転数と客単価

レストランの座席当たりの売上は、客単価×回転数（１日当たり何人が座席に着くか）で決まる。この２つの数字を上げるため、ランチタイムでは料理を出す時間を短くしたり、それ以外の時間ではデザートを付けて客単価を上げたりなどの工夫をする。

込んでいる店が美味しいのは、回転数が高いために利益率が高く、その分、材料費などにお金をかけることができるからだともいえる。

▶▶固定費型ビジネスは「稼働率」を平準化する

事業は、「固定費型」か「比例費型」かに大きく分けられる。

費用のほとんどが仕入れや外注費、また人件費など売上に比例したものが占める事業を、「**比例費型ビジネス**」という。一般の小売店、またほとんどのサービス業は比例費型ビジネスといえる。

これに対し、設備投資や維持費など、売上にかかわらず発生する固定的費用が大きな割合を占める事業を「**固定費型ビジネス**」という。製鉄や化学プラント、また電力会社といった装置産業がその代表だ。またサービス業でも、鉄道や航空産業、またホテルやテーマパークなども大きな設備投資が必要な固定費型ビジネスだ。

固定費型ビジネスに共通するキードライバーは、設備の「**稼働率**」だ。設備の稼働率があるレベルより低いと、せっかくお金をかけた設備が遊ん

でしまうし、生産効率も悪くなる。かといって稼働率があるレベルを超えると、サービス提供まで顧客を延々待たせてしまったり（**待ち行列の滞留**）、注文が来ても断らざるを得なくなってしまう（**機会損失**）。

稼働率を一定のレベルに「**平準化**」することが、固定費ビジネスに共通する課題だ。

稼働率を平準化するためには、ピークの値段を上げて需要を減らし、またオフピークの値段を下げて需要を喚起する方法がよく使われる。

たとえば、航空会社、鉄道、ホテルなど、旅行関係の業種は稼働率に従って大幅に料金を変える。また、高級ホテルでも、当日に空室があれば半額以下で提供するところも多い。

電力料金も、季節と時間帯別で大幅に変わる。これで産業用電力の需要は相当変えることができる。

▶制約理論

この稼働率の考えを一歩進めたのがベストセラー『ザ・ゴール』（エリヤフ・ゴールドラット、ダイヤモンド社）で一躍有名になった「**制約理論**」だ。

ある工場全体の生産性を考えた場合、単純に個々の機械の稼働率が上がったからといって喜んではいけない。

生産能力の「**ボトルネック**」となっている機械の稼働率が上がるのは、たしかに嬉しい。工場全体の能力が上がるからだ。しかし、それ以外の機械の稼働率が上がったところで無駄な在庫を作るだけだ。

利益を最大化するには、ボトルネック部分の稼働率を最大化することに集中し、それ以外の工程はボトルネックの能力を越えないように積極的に遊ばせておくのが正解だ。

制約理論の原点は、トヨタ生産方式にある。トヨタ生産方式の発明者である大野耐一氏は、これを「仕事がないなら遊んでおれ」と表現した。

言われてみれば当たり前だが、止まっている機械を見ると罪悪感に駆られがちだ。そんな感情を抑え、工場というシステム全体を見て合理的に判断する必要があるのだ。

Training 9
iモードとiPhoneのビジネスモデル

伊藤君のメモより

　今回はビジネスモデルの発表だ。事前に送った発表予定の資料を見た先生は、「みなさんのビジネスモデルを見ました。よく描けていますが、『ビジネスモデルの革新』というものは、さすがにないようですね。だから今回は、みなさんの発表が済んだら、その革新の事例を紹介しましょう」とのことだ。
　テーマになったのがiモードとiPhoneだ。iモードは出はじめの頃から使っていたし、最近iPhoneに変えたばかりなので興味深く話を聞けた。

≫ iモードのビジネスモデル

　NTTドコモが1999年にiモードを開始したとき、先行していた欧米の携帯キャリアのコンテンツサービスの利用者は、全世界で10万人規模しかなかった。当時は、「携帯電話のコンテンツサービスは成功しない」というのが常識だったのだ。ところが、iモードは半年で100万ユーザー、1年半後に1000万ユーザーをあっさりと獲得した。この成功を、ビジネスモデルの面から見てみよう。

　iモードに先行した欧米の携帯キャリアは、顧客をビジネスマンと想定した。このため価格も月20ドル程度と高めで、コンテンツもニュースや金融など堅いものが多かった。また、コンテンツはキャリアがコンテンツ・プロバイダー（CP：Contents Provider）から直接買い取り、携帯電話用の特殊言語で記述し、自社専用のサービスとして提供した。
　このビジネスモデルは、顧客とコンテンツを携帯キャリアの枠内に閉じ

込める「囲い込み型」ビジネスモデルといえる。

　これに対して、iモードのビジネスモデルは「**オープン・プラットフォーム型**」だ。プラットフォームの魅力が高まり成長することで、CPも潤い、ドコモも栄える仕組みを作ったのだ。

　iモードは学生・若者も顧客に想定した。このため基本料も月額300円に抑え、エンターテインメント系のコンテンツも充実させ、外部の一般インターネットにも接続できる環境を作った。

　iモードでは、顧客からのコンテンツ利用料のほとんどをCPに還元し

先行キャリアの「囲い込み型」モデル

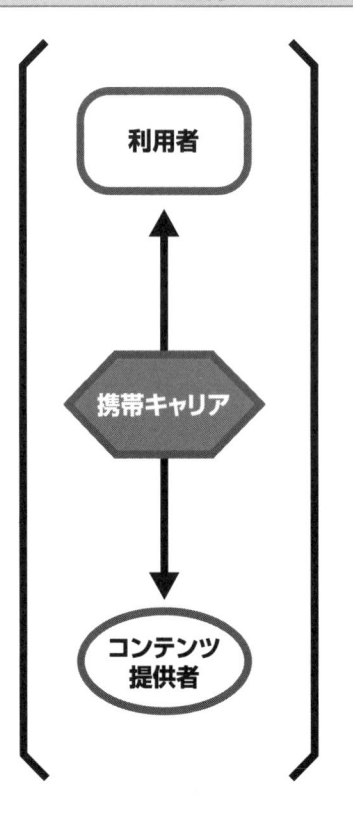

利用者 ⇔ 携帯キャリア ⇔ コンテンツ提供者

- 利用者にはリッチで多忙なビジネスマンを想定
- 月2000円以上の高額な利用料金
- コンテンツは携帯電話用の特殊言語（WAP）を使用するので、外部のインターネットの世界とはつながらない
- ビジネスマン向けの、金融とニュースばかりの〝面白くない〟コンテンツ
- コンテンツは買取りなので、一度売ったら改善のインセンティブなく放置

た。このためCPは、利用者を増やそうと、コンテンツの魅力を高める努力を続けた。また、ドコモの公式サイト以外にも、インターネット上の「勝手サイト」までどんどん増殖し、iモードというプラットフォームの魅力はどんどん大きくなった。こうしてプラスのフィードバックが回りはじめ、iモードは大成功したのだ。

　iモードの成功要因には、これ以外にも、さまざま数えることができるが、何といっても、このビジネスモデルの転換こそが、最大の成功要因だったといえる。

iモードの「オープン・プラットフォーム型」モデル

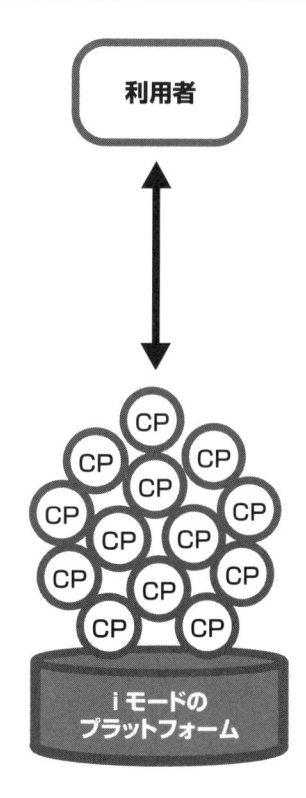

- 普通の人がスキマ時間で利用することを想定
- 月300円の基本料金と雑誌と同レベルの比較的安価な利用料金
- 一般のインターネットコンテンツをiモードにも転用可能
- ビジネス以外に、娯楽、ショップ（航空券なども）、コミュニケーション等の多様なコンテンツを提供
- 利用者が増えれば収入も増える、内容改善の強力なインセンティブ
- プラットフォーム料金として9％のみ徴収
- パケット料金という収益源
- サポート、コンサルティングによるコンテンツの質向上

》》 iPhoneのビジネスモデル

　日本製の携帯電話は、世界で最も高機能な割に存在感が薄い。フィンランドのノキアが3.4億台、米国のモトローラが2.1億台という出荷を誇るのに対し、日本メーカーはトップのシャープで0.13億台、2位のパナソニックで0.07億台と寂しい限りだ（数字は2007年）。この原因をビジネスモデルの面から探ってみよう。

　下図は日本の携帯電話のビジネスモデルだ。ここでの主役は携帯キャリアだ。彼らが携帯電話の仕様を決め、携帯メーカーに発注する。またキャリアは、実質的に買取数量を保証し、メーカーの開発費用を負担している。

　このビジネスモデルの中では、携帯メーカーはいわば携帯キャリアの下請だ。これでは、自ら新たな市場を開拓するインセンティブも働かないし、市場開拓の能力も身につかない。

　このように、閉ざされた世界で独自の進化を遂げる日本の携帯メーカーを「**ガラパゴス化**」とも表現する。

日本の携帯電話のビジネスモデル

- キャリアに保護される中で、ガラパゴス化
- 多数の携帯メーカー
  - 開発費用 原価10万円
- **キャリアが主役** (Docomo, KDDI, Softbank)
  - 販促費用
- 販売店
  - 販売（1円でも売る）
- 利用者
  - 通話利用
- CP
  - （iモードの場合 9%中抜き）

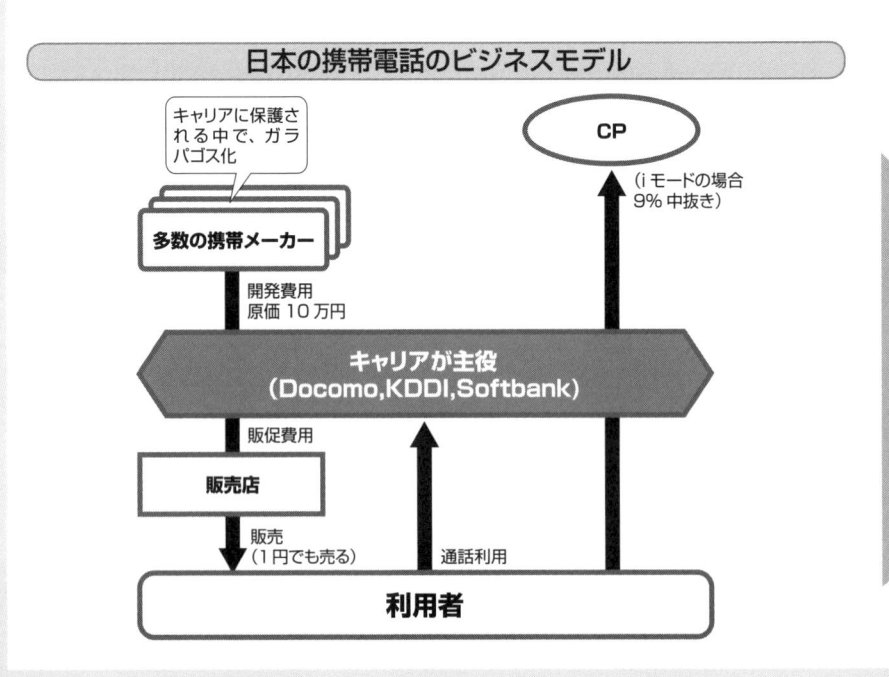

> **Step3** 登る道を考える

　それに対して、世界中を席巻する携帯端末であるアップル社の「iPhone」のビジネスモデルを見てみよう。

　iPhoneのビジネスモデルの中心はアップルだ。iPhoneは、携帯キャリアを地域1社に限定し、交渉で有利な条件を引き出している。またiPhoneは、世界で毎年約2000万台以上（2009年）も売れており、199ドル／299ドルという販売価格でも十分な利益を確保できる。さらに、コンテンツの利用料の30％も中抜きするが、CPにとっては巨大なプラットフォームが大きな魅力だ。

　このアップル1人勝ちといえるビジネスモデルを成功させる鍵は、ひとえにiPhoneの製品としての強烈な魅力にある。iPhoneがダサかったり、動作が鈍かったら、こんな強気なビジネスモデルは成立しない。だからアップルは、CEOのスティーブ・ジョブズ氏自身がiPhoneのデザインや使い勝手（Look & Feel）に徹底的にこだわり、その魅力を伝えるプロモーションに力を入れるのだ。

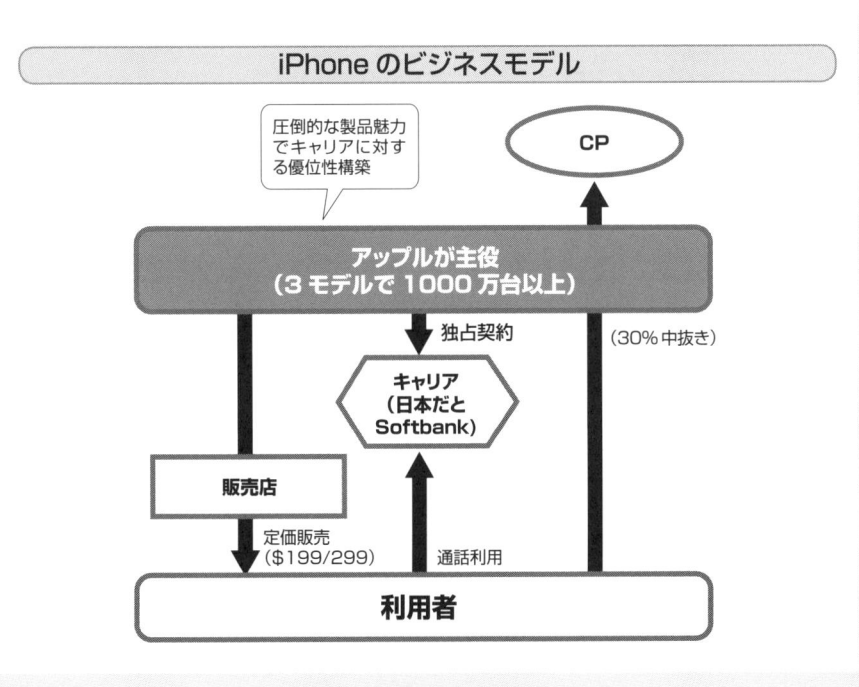

iPhone のビジネスモデル

- 圧倒的な製品魅力でキャリアに対する優位性構築

アップルが主役
（3モデルで1000万台以上）

→ CP （30%中抜き）

独占契約 → キャリア（日本だとSoftbank）

販売店 → 定価販売（$199/299）

利用者 → 通話利用 → キャリア

Step3-3
未来をプロットする

▶▶ 予算管理が諸悪の根元

　マーケティング戦略とビジネスモデルができたら、それらを他の戦略プランとともに計画の上にプロットしていく。ただ、このとき間違えやすいのが、「予算計画」として作ってしまうことだ。戦略は会社全体を変えるものだ。予算という結果だけを管理すれば済むというものではない。まずは、これを肝に銘じよう。

　予算とそのモニタリングは重要だ。知らないうちに赤字になっていたり、資金繰りが行きづまっていたら、会社の存続自体が危なくなる。

　しかし、予算管理制度で経営全体を統制しようとすると、その弊害はとてつもなく大きい。

弊害の1つ目は、有能なスタッフを不毛な作業ですり減らすことだ。

　大企業の多くは年度予算や中期経営計画の作成に、2〜3か月ほどかける。その間、スタッフが予算策定にかかりきりになることも多い。

　しかし、環境変化の激しい知識社会では、せっかく作った予算も、ともすると年度のはじめ頃には現実と乖離（かいり）して使い物にならなくなる。そうなると、また期中に何回も予算の見直しをしなければならない。

　下手をすると、最近は一年中予算策定をしている会社も多いだろう。本来なら、新しい事業展開や本質的な戦略の策定に活かすべき優秀なスタッフを、予算策定という不毛な作業で浪費してしまうわけだ。

弊害の2つ目は、事業部門の時間とエネルギーを浪費することだ。

　事業部門は往々にして、期末の業績評価をよくしたいので、予算の目標を低く抑えようとする。それに対して管理部門は、全社目標を達成するた

めに事業部門に無理矢理にでも数字を割り振ろうとする。この攻防に、事業部門責任者のエネルギーの多くが費(ついや)される。

本来なら、事業部門の時間とエネルギーは事業の成功に邁進(まいしん)するためにこそ使われるべきだ。それが予算攻防に割かれてしまうと、結果的に事業の成功確率まで低くなってしまう。

弊害の３つ目は、長期的な成長を阻害する可能性だ。

従来のおおらかな管理の中では、事業ポートフォリオで「問題児」となる先行投資事業、赤字となるリスクもあるが技術的なチャレンジとなるプロジェクト、将来を見据えた技術開発なども、「将来の成長のために」ということで、あらかた承認されてきた。

ところが、部門単位やプロジェクトごとの予算管理が厳しくなると、これらの短期的には収益を生まない活動には、すべてストップがかかってしまう。このようにして、短期的な財務的成果と引き替えに、長期的な成長のタネが失なわれていくのだ。

弊害の４つ目は、変化への対応を難しくすることだ。

期初に作る予算とは、しょせんは仮説だ。本来ならば、期中に起きる変化に柔軟に対応して施策を打たなければならない。しかし、予算管理の縛りがきつい会社では、新たな施策の承認を得るために、膨大かつ詳細な説明を新たに要求されることも多い。

そうなると、そこまでして新たな施策を打ち出すよりも、役に立たない当初の施策を、だましだまし続けることになりがちだ。これでは事業の成功は望めない。

弊害の５つ目は、原因と結果の因果関係がわかりにくいことだ。

予算管理の数字をいくら眺めても、結果に至った原因はなかなか見えてこない。そうなると、「先月はみんなよく頑張った。今月も気を引き締めて頑張ろう」くらいのことしか言えない。これでは何のための経営管理なのかよくわからない。

弊害の6つ目は、経営者が高すぎる目標値にコミットしがちなことだ。

多くの上場企業が、ガバナンス強化の目的で予算管理制度の統制強化に着手しはじめた2000年頃は、折しも「株主資本主義・市場原理主義」が声高に唱えられていた頃だ。

株主とは投資家であり、基本的には「会社という機械」に短期的な収益を期待するだけで、「会社という生命」自体には何の興味もない人達だ。彼らは往々にして、株価を高めるために会社の持続的成長レベル以上の成長率や利益水準を求めてくる。

当時は、「投資家の期待値を実現できない経営者は、市場から退場を迫られるべき」というのが、まことしやかな正論として語られた。そういったプレッシャーのなか、経営者は株主受けする高い成長目標を掲げ、真面目に目標の実現に取り組んだのだ。

しかし会社という生命を、持続的成長レベル以上に無理に成長させようとすると、どこかに無理が生じてしまう。その結果として、短期的な利益目標を達成するために長期的な投資や人材育成が犠牲となったのだ。

このように、よかれと思って実施した予算管理制度の強化が、会社全体を徐々に蝕んでいく。

1990年代に、世界でも有数の技術力を誇る日本を代表した複数の優良企業が、予算管理制度の強化に着手した。その結果、彼らは先行的な技術投資や野心的なプロジェクトへの挑戦を避けはじめ、次第に技術力や商品開発力を落としていった。

20年経った現在、これらの企業に往年の勢いは見る影もない。

まさに過度の予算管理が、日本の優良企業を滅ぼしたのだ。

▶▶▶「BSC」の４つの視点でマネジメントする

とはいえ、経営にはマネジメントが必要だ。どうすればよいのだろう。答えは簡単。財務以外の要素を含めてマネジメントすればよいのだ。

この非財務のマネジメントの仕組みで、最も普及しているのが**バランス・スコアカード（BSC）**だ。

BSCは会社を「① 財務の視点」「② 顧客の視点」「③ 業務プロセスの視点」「④ 学習と成長の視点」の４つの視点からマネジメントする。

①**財務の視点**とはお金のことだ。財務業績向上のために、株主に対してどのように行動すべきかという視点だ。ここでは、売上高、利益率の向上、また経営指標である資産利益率（ROA）といった要素を議論する。

②**顧客の視点**では顧客に対する価値提供のために、顧客に対してどのように行動すべきかという視点から、顧客満足度、新規顧客獲得数、またマーケットシェアやクレーム数といった要素を議論する。

③**業務プロセス**の視点とは仕事のことだ。顧客を満足させるために社員がどのような仕事をするかという視点から、開発期間、在庫回転率、営業訪問回数、改善提案といった要素を議論する。

④**学習と成長の視点**とは人のことだ。業務遂行に必要なスキルの高い社員をいかに確保し育てるかという視点から、社員満足度、教育研修内容、資格取得状況といった要素を議論する。

このBSCの４つの視点は、87ページの知的資本と対応する。

顧客の視点は知的資本の関係資本に、業務プロセスの視点は組織資本に、学習と成長の視点は人的資本に対応する。

つまりBSCとは、知的資本の充実を通じてビジョンを達成するための方法論なのだ。

▶▶ 戦略マップを描く

　①財務的成果の達成には、②顧客に十分な価値を届ける必要があり、そのためには③業務プロセスが正しく機能する必要がある。その業務プロセスを作って回すためには、④十分なスキルを持つ社員が必要だ。

　このように、BSCの4つの視点の間には、「④学習と成長の視点→③業務プロセスの視点→②顧客の視点→①財務の視点」という順番で成果が実現するという、因果関係・時間関係の順番がある。

　このように財務の視点は過去の行動の反映だ。顧客の視点と業務プロセスの視点は現在の状況を示すものだ。学習と成長の視点は未来を作りあげるものといえる。

　このBSCの4つの視点の連鎖を表現したものを**「戦略マップ」**という。

　戦略マップを作ると、財務の数字だけを少しいじるだけでは、会社全体を改善することはできないことがよくわかるはずだ。

　会社をよくするためには、時間がかかっても、②顧客との関係、③業務内容、④人材といった「会社全体」をよくしていく必要がある。その結果として①財務数値も改善するわけだ。

　ところで、戦略マップを作るときに注意したいのは、今あるすべての仕事を書き出してプロットしないことだ。

　32ページで説明したように、80%の仕事はビジョンの実現には関係ない。そんな項目は潔く切り捨てて、本質的な20%の仕事だけに集中するのが戦略マップの正しい作り方だ。また、戦略マップの要点で中心になるのが、286ページで説明したキードライバーだ。キードライバーを改善すると、どのように業種全体が改善するかのストーリーを戦略マップの中に示すことができる。

　ワークショップでこの戦略マップを作ろうとすると、たいていは喧々囂々(けんけんごうごう)の議論になる。各人の考える戦略ストーリーはそれぞれ異なって

いて、どこを重視するかは各人違うからだ。

しかし、その議論を経て最終的にできた戦略マップは、戦略の本質があぶり出されたシンプルな形に落ち着くことが多い。こうして作りあげたシンプルなストーリーには、会社の戦略のエッセンスがつまっているのだ。

ただし、BSCは使い方を間違えると予算管理制度以上の弊害を生み出す。予算管理はお金を縛るだけだったの対し、使い方を間違えたBSCは会社全体を拘束するからだ。絶対に使い方を間違ってはいけない。このBSCの正しい使い方については、次パート「Action」で説明する。

戦略マップ（ツボタの例）

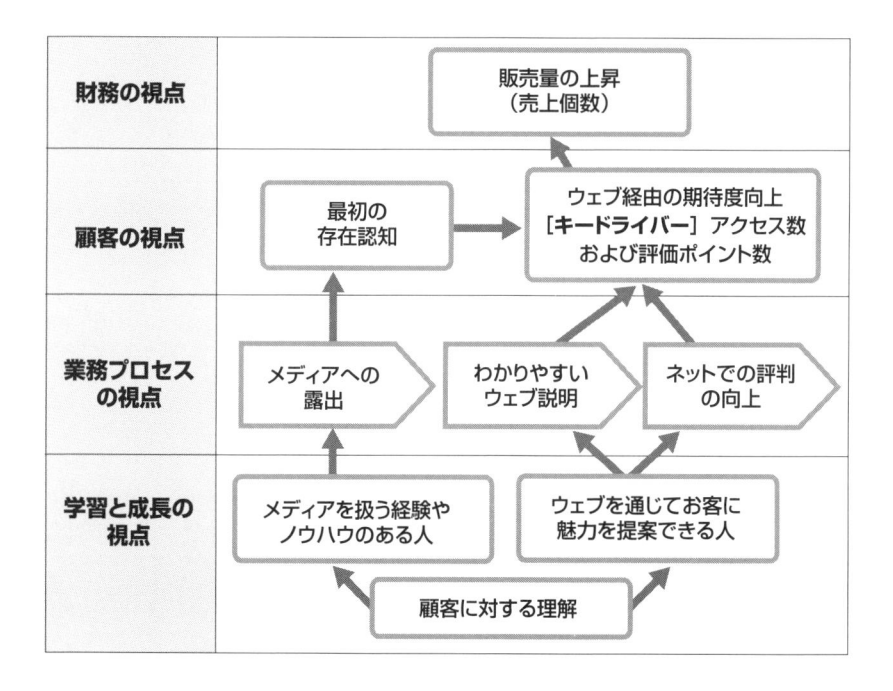

財務の視点	販売量の上昇（売上個数）
顧客の視点	最初の存在認知 → ウェブ経由の期待度向上 ［キードライバー］アクセス数および評価ポイント数
業務プロセスの視点	メディアへの露出／わかりやすいウェブ説明／ネットでの評判の向上
学習と成長の視点	メディアを扱う経験やノウハウのある人／ウェブを通じてお客に魅力を提案できる人／顧客に対する理解

Step3-3-1
2種類の目標を定める

▶▶「コミット目標」と「ストレッチ目標」を区別する

　目標には2種類ある。達成を約束する「コミット目標」と、ビジョン実現に向けて掲げる「ストレッチ目標」だ。

　1つ目の「**コミット目標**」は、日産のゴーン社長が1999年の着任早々に掲げ、一気にメジャーになった言葉だ。コミット目標とは、達しなかったら責任をとる必要がある目標だ。会社のマネジメントは、このコミット目標をベースに保守的に運用するべきだ。

　コミット目標を達成できないと、責任者の地位が危なくなったり、給料がカットされる。だから、通常は必死になってこの目標値を下げようと画策する。高い目標値を自ら掲げたゴーン社長は、例外中の例外だ。

　それに対して、ビジョン実現に向けて掲げる攻めの目標が「**ストレッチ目標**」だ。

　ストレッチ目標は、達成できたらボーナスのようなプラスの査定があるが、達成できなくてもマイナスの査定はない。このストレッチ目標を掲げることで組織が目指すべき方向に向かって動きはじめる。

　組織には、守りのコミット目標と攻めのストレッチ目標の2つが必要だ。しかし、コミット目標とストレッチ目標の2つを混同すると、悲劇が生じる。そして、悲劇はいたるところで起きている。

▶▶目標とともに戦略を語れ

　目標を掲げるなら、それを実現するストーリーを示さなければならない。この段階では、立てるべき目標数値とは286ページで説明した「キード

ライバー」だ。売上や利益は、あくまでも結果の数字であり、直接コントロールできるものではない。

　戦略マップの中でキードライバーを特定し、そこについてだけ目標値を定める。それ以外の数値はビジョン実現には関係ないから、目標数値を決める必要もない。

　これが「元気になる戦略」におけるマネジメントの基本的な考え方だ。

　ちなみに、戦略の伴わない大胆な目標は、百害あって一利もない。

　たとえば、「わが社は、売上を2倍に、コストを半分にする！」という大胆な目標を掲げたとしよう。

　しかし現実には、よほどの秘策でもない限り、こんな目標が達成できるわけがない。

　ところが、こんな理不尽な目標を立てられても、各部門はそれを達成しようと必死になって働く。たとえば、売上に責任を持つ営業部門は売価を下げてとにかく受注に走る。コストに責任を持つ製造部門は長期的な設備投資費用やメンテナンス費用を削る。人事部門も人件費を抑えに走る。

　その結果、安値攻勢で受注が増えたが設備の故障が頻発し、また対応する人材も足りなくなる。結局は、注文をこなすために高価な外注に出さざるを得ず、赤字が拡大してブランドも傷ついただけ、というバカな話になりかねない。

　しかし、各部門は目標を実現するために合理的に行動したのだ。失敗の原因は、ひとえに経営者の目標の立て方が安易過ぎたのだ。

Step3-3-2
「ロードマップ」に未来を描く

　山登りの道が見えてきたら、次は目指す山頂に行き着くまでの経過を思い描いてみよう。

> 　今は標高100mの地点にいる。メンバーの登山スキルはまだ低い。まずは体力と技能を身につけたい。半年くらいはかかるだろう。その間、練習を兼ねて1000mくらいまでは登っているはずだ。そして、次は崖登りに挑戦だ。1か月で一気に2000mの地点まで到達しよう。そこまで登ったら、あとはスムーズな巡航だ。楽しみながら2か月で3000mの頂上を目指そう。

　このように、ビジョンに到達するまでを時間軸に沿って描いたものを「ロードマップ」（路程表）という。図にすると下図のようになる。
　目指すべき地点を共有しながら、今すべきことを確認するわけだ。
　以下、ロードマップ作りで重要なポイントを説明する。

山登りのロードマップ

フェーズ	体力形成	挑戦	巡航
期間	半年くらい	1か月	2か月
到着する高さ	高さ100m地点から始め、1000mまで到着	1000mから一気に2000mへ登る	2000mから3000mの山頂へ
山登りの方法	崖登りに必要な練習をしつつ、ゆっくりと進む	厳しい崖登り	緩やかな山をスムーズに登る
山登りの能力	現在は無理だが、最後は崖登りができるようになっている	体力と技量の限界に挑戦	余裕でこなす体力

▶▶ 未来を「フェーズ（局面）」ごとに語る

　この山登りの例では、まずは「体力形成」の「フェーズ（局面）」となる。そして崖登りに「挑戦」のフェーズに入り、最後にスムーズな「巡航」のフェーズへと移っていく。

　自分がどのフェーズにいるかによって、すべきことが決まるのだ。

　この例では各フェーズに、6か月・1か月・2か月を割り当てている。しかし、たとえば3か月で十分な技量がついたら、「体力形成」のフェーズを終わり、すぐにでも崖登りに挑戦すべきだ。逆に、半年たってもまだ必要な技量に達していないなら、「挑戦」のフェーズを急いではいけない。1か月くらい時間を延ばしてでも、「体力形成」フェーズでクリアすべき技量獲得を優先すべきだ。

　フェーズを進めるのに必要な時間を、ある程度読み間違えるのはしかたない。しかし、スケジュールばかりを優先して、前のフェーズが終わらないまま次のフェーズに行こうとすると確実に失敗する。

▶▶ BSCの4つの視点ごとに「To Be」を描く

　ロードマップの中には、すること（「To Do」）ではなく、どんな状態を目指すか（「To Be」）を記述する。

　この山登りの例ならば、体力形成のステージで目指すTo Beは、「直角に切り立った崖を登る技量を持つこと」だ。このようなTo Beは、あらかじめロードマップに記述できる。

　しかしたとえば、×月×日にはランニングを何kmすべきかといった細かな「To Do」は事前に計画しきれない。

　どんな練習メニューをこなすべきか（To Do）は、登山者の状態に合わせて現場で柔軟に決めなければならない。

　会社の場合、目指すべき状態（To Be）は、BSCの4つの視点ごとに戦略マップに従って決めていく。

目指すビジョンを実現するには、新規顧客の獲得や顧客満足の上昇といった顧客の視点、また新しい業務プロセスの実行、または担当する人材の採用や育成という人的資本など、会社の「知的資本」もよくなっている必要がある。これら目指すべきTo Beの状態をロードマップに記述するのだ。

具体的な細かな施策（To Do）は、ある程度の仮説は作っておくものの、現実には事業が動きはじめてから、現場で主体的に現実的な要素を織り込みながら決めていくべきものなのだ。

このあたりは、次のパートでも説明する。

▶▶ 投資とリスクも織り込んでおく

ロードマップの各フェーズをクリアするには、ある程度の投資も必要だ。また、目標を達成できない要因となるリスクがある。この投資とリスクもロードマップに記述して、必要な対策をとれるようにしておきたい。

必要な投資には、金銭的なものもあれば、人材やノウハウなど内部で育てる必要のあるものもある。また、リスクには、競合の登場や価格の急落など、さまざまな面から検討する。

ちなみに、いくら詳細に分析したところで、リスクを事前にすべて把握することはできないし、わかったところで完全になくすこともできない。

ドラッカー博士も「自ら未来を作ることにはリスクが伴う。しかし自ら未来を作ろうとしないほうがリスクは大きい」（『明日を支配するもの』ダイヤモンド社）と述べている。

ある程度は覚悟を決めて、まさに「リスクをとって」臨むしかない。

Step3-3-3
「事業計画書」を作る

　これまでのStep1からStep3までの検討の集大成が「**事業計画書**」だ。山登りなら登山計画書に当たるものだ。事業計画書は、その目的により「サービス企画書」「新商品プラン」「ビジネスプラン」などさまざまな名称で呼ばれるが、内容はほぼ同じだ。

　この事業計画書の作成こそが戦略検討のゴールであり、次に続く実践の出発点となる。

　この事業計画書は、A4縦書きなら全部で10～20ページくらいになる。
　ちなみに、あまりに分厚い事業計画書は、往々にして彼に立たない。ページのほとんどが官僚的な指摘への対策やリスク回避でできていたり、詳細な（無意味な）数値計画をつめたりで、実行のエネルギーが薄まったものが多い。そんな事業計画書は、結局は実行されずに放置されがちだ。
　繰り返しになるが、事業計画書の目的は書類としての完成度を上げることではなく、実際に山に登るために使うことだ。山登りのためのエネルギーを十分残しておこう。

　以下、事業計画書に記述すべき内容を目次の順に説明する。ほとんどの項目は、今までの検討内容をそのまま使うことができる。

▶1．要旨（エクゼクティブサマリー）

　最初に置く要旨は、事業のすべてを1ページ以内で簡潔に語るものだ。この要旨が事業計画書全体の中で一番大切だ。
　なぜなら、新しい事業に関わる人の多くは、この要旨だけで内容全体を判断するからだ。だから、この要旨を作り練るには残りの部分を書くのと同じくらいの時間をつぎ込んで、徹底的に完成度を高めたい。

この要旨は、他の項目すべてを書き上げて最後に書くべきだ。要旨を書いていくと、今までの検討結果の齟齬(そご)や視点の不足などが見えてくることが多い。そうなったら元の項目に戻って書き直しだ。

そして、いったん要旨を書き終えたら、空で言えるようになるまで練習してみよう。声に出してみると、改善、強調すべきところが、さらに見えるはずだ。このようにして、この要旨が他の人を共感させ、巻き込むまでに完成度が高まれば、事業が成功する確率も同時に高くなるのだ。

▶2．事業のミッションとビジョン（Step2 より）

事業が目指すミッションとビジョンを 1 〜 2 ページで説明する。

ここでは、事業の目的を謳い、提供する独自の価値（UVP）を定義し、目指すビジョンを描き、それを数字規模にして伝える。

ここには、Step2で書いた内容をそのまま使えばよい。

▶3．事業選定の理由（Step1 より）

その事業を選んだ理由（Why）を 1 〜 3 ページで述べる。

事業環境の分析や競合との分析を経て、どの領域にフォーカスすべきなのかを説明する。

ここには、Step1で出した結論をそのまま使えばよい。

▶4．事業仮説と戦略（Step3 より）

事業の内容（What）と戦略（How）を 1 〜 3 ページで説明する章だ。

事業の内容を説明するだけでなく、何を差別化のポイントとするか、また何に重点を置くかをきちんと説明する。マーケティングとビジネスモデル、キードライバーについても説明する。

ここには、Step3での検討内容をそのまま入れればよい。

▶5．ロードマップ（Step3 より）

どのように事業が成長するか、時間軸の中で 1 〜 2 ページで語る。

ここには、先ほど作成した「ロードマップ」をそのまま使えばよい。

▶ 6．収益計画（Step3 より）

ロードマップから財務の視点だけを抜き出す形で作る。

この収益計画は、いくら詳細に作ったところで、どうせ外れる。だから、４半期ごとの数字で２〜５年先くらいまでの計画を作れば十分だ。

▶ 7．組織体制

誰が担当するか（Who）に応える部分で、目安は１〜２ページでまとめる。

新しい事業とは、誰も経験したことがないものだ。やり方がわかっている大きな事業を回すより、思考時間と試行時間が必要だ。どんなに小さな事業でも責任者が十分な時間をとらないと絶対に成功しない。

新しい事業の責任者は、基本は〝言い出しっぺ〟だ。情熱を持たない人が責任者になったら、いろいろ言いわけを付けて（実質的に）放置することが目に見えている。責任者はできれば専任、少なくとも時間の半分はとれる体制にする必要がある。そのためには今の仕事を外して、取り組んでもらうべきだ。

アイデアはよくても、この責任体制が曖昧で失敗する事業が極めて多い。あなたの会社でも、以下のような事業があるかもしれない。

〝事業計画はできたのに、担当者不在のまま放置された〟
〝責任者も担当者もいるが、全員兼務で結局進んでいない〟
〝情熱または能力のない人が責任者に指名され、結局は放置された〟

組織の設計と責任者、担当者をどう任命するかは本書では詳しくは触れないが、事業の成功と失敗を左右する最も重要な要素の１つだ。

▶ 8．必要な投資とリスク、および見極め条件（Step3 より）

事業を始める意思決定には、収益性と並んで「投資」と「想定されるリスク」の検討が必要だ。

ここには、ロードマップを作るときに想定したリスクを、1～2ページにまとめる。

新しい事業の現実の成功確率は高くない。半分以上は失敗する。
必ずしも努力が足りなかったからとか、調査が足りなかったからというわけではない。始めるときにはわからない条件はどうしても残るものだし、有望な領域ほど競合が参入してくるからだ。
失敗自体は「貴重な体験」だ。必ずしも責められるべきものではない。組織、そして担当した個人が失敗から学べばよいだけの話だ。失敗を恐れて挑戦しないことのほうが組織にとってはずっと害毒が大きい。

しかし**失敗が明白になったら、いくら担当者の思い入れがあっても早々と見切るべきだ**。最悪なのは、今後の成功ストーリーがないまま、そして担当者もあきらめきったまま、最初に作った事業計画通りに予算だけ順調に消化され、赤字を垂れ流しているという場合だ。赤字とともに、有為の人材を張り付けてしまう損失も大きい。
新しい事業には、成功を夢見つつ、現実には失敗のリスクをつねに冷静に踏まえる必要がある。半年ベースで、どんな条件がクリアされていなければいけないか、見極め条件をクリアにする必要がある。

▶9．アクションプラン

最後に、この計画を進めるために、この1～2か月ですべきこと（To Do）を「アクションプラン」として、1～2ページでまとめる。担当者と期日を決め、すべきことを、できるだけ詳細にクリアに書き出す。

事業計画書ができたら、あとはGOサインを待って山に登るだけだ。GOが出たら、すぐに山に登れるようにアクションプランに沿って準備を進めておこう。

Training 10
事業計画

小坪君のメモより

　今日は事業計画をレビューする最後の演習だ。次回の経営陣に対する報告に向けて、みんな気合いが入っている。
　検討を始めて実質2か月で、会社の未来を作る可能性を秘めた事業計画ができたのはとてもうれしい。また、この研修を通じて自分自身が実際に新しい事業を動かしはじめていることを実感している。何か、エネルギーが漲る感じだ。

　最初は「この忙しいのに研修かぁ」と気乗りしなかったけれど、自分達自身の課題を扱ったのはとてもよかった。リアルな題材を扱うのは緊張感がまったく違う。これが教科書のケーススタディだったら、結局は時間に追われて形だけは提出しただろうが、たいして学ぶことはなかっただろう。

　それに、会社の中では戦略について真剣に話すことが意外になかったと思う。今回の研修を通じて、この5人のコアメンバーが戦略フレームワークという「共通の言葉」で会話し、お互いに考えを一致させることができた。実は最初はこの5人の考えがこんなに違っているとは想像してなかった。この研修に参加して本当によかったと思う。

　ちなみに、今回は戦略のポイントとロードマップのみを発表した。
　2週間後には今回の指摘を反映したうえで、事業計画書の形にまとめて、各チームの会社の経営陣に発表する。久しぶりの大坪取締役へのフォーマルなプレゼンだ。今からドキドキしてしまう。

伊州屋の事業計画

伊州屋の伊藤です（拍手）。

伊州屋の新規事業であるネット宅配の事業計画を説明します。

新規事業といっても、そんなに突飛なものではありません。今まで検証を重ねてきましたし、ユーザーに直接聞いたので、「多分、いけるんじゃないかな」という感覚があります。先生、何ですか？ 「そういう感覚が大事」なんですか。

そうだと思います。自分でも、絵空事じゃなくて、"手づかみ感"というか、実際に実現したときのイメージがクリアに見えてくる感じです。

さて、まずは事業計画のポイントですね。かいつまんで説明します。

伊州屋のネット宅配のUVPは、「豊かな日本を食卓に届ける」です。これをそのままビジョンに置きました。顧客セグメントは、まさに伊州屋の客層、藤原市の「リョウシキ」の方々です。

戦略を立てるに当たって、最も重要になるのがマーケティングとオペレーション設計と考えています。

マーケティングは前回の発表の通りです。やはり実際の顧客に当たってみるのが大事なことを痛感しました。

また、オペレーションについては、顧客のニーズを満足させ、かつ利益を取れる必要があります。まだまだ検討段階ですが、今ある人と設備に少しだけ工夫をすれば実現可能だと考えています。低コスト、かつ全営業日に確実に宅配ができるオペレーションをいかに設計できるかが、この事業の鍵になります。

次にロードマップについて説明します。

最初は「試行フェーズ」です。希望者を対象に基本的なサービスを設計したいと思います。内容の検討はすでに相当進んでいますし、システムも

最近は便利なASPサービスがあるので、まあ2か月くらいあれば、何とか形が見えるんじゃないかと思います。

次が「本格展開フェーズ」です。コアのお客さまに対して、さまざまなサービスを手をかえ品をかえ打ち出して検証していきたいです。ここで、伊州屋ならではのノウハウを確立します。半年くらいでこのステージを駆け抜けたいですが、まだわかりません。でも、どんなに長くても1年かな。

そしてノウハウが確立して、仕組みも安定してきたら、プッシュ型のマーケティングをはじめ、さらに他の店舗に拡大する「拡大フェーズ」に移ります。この時点での売上は、月1.5億円を目指します。大きな数字ですが、十分に実現できると思います。

伊州屋のためにも、藤原市市民のためにも頑張ります！（拍手）

伊州屋のロードマップ

ビジョン	豊かな日本を食卓に届ける		
時期	～2か月後	～半年後	～1年後
フェーズ位置付け	試行フェーズ 少人数の希望者を対象にサービス仮説の検証	本格展開フェーズ 提供品目などを確定し、本格的にサービス提供	拡大フェーズ 積極的に認知度を上げて、プッシュ型での会員増加を図る
財務の視点	売上 会員100名×月4万円＝月400万円	売上 会員1000名×月6万円＝6000万円	売上 会員5000名×月3万円＝1億5000万円（単価は人数が増加した分減少）
顧客の視点	会員100名（先行限定）顧客当たりの月平均注文4回（週1回）	会員1000名（PULL型の募集） 月平均注文6回（週1.5回） ⇒サービス品目拡大により注文回数増加	会員5000名（PUSH型の募集） 月平均注文4回（週1回） 顧客への認知の拡大（誰でも伊州屋のネット販売を知っている）
業務プロセスの視点	提供品目の仮説検証的な基本的なオペレーションの構築	オペレーションの確立と、効率改善・コスト削減余地の洗い出し・実践	ネットスーパーに対する優位性の訴求
学習と成長の視点	リアルとネットの両方に対する知見の蓄積 オペレーション人材の確保		ネットでのマーケティングの知見の共有

▶▶ ツボタの事業計画

ツボタの小坪です（拍手）。
まずは事業計画のポイントを説明します。
前回までは中高年男性の尾地さんもペルソナに設定していたのですが、ヒアリングを深めていくと、「女性の美肌に関連するマーケット」のほうが圧倒的に大きそうなことが見えてきました。そこで、今回の事業計画は女性市場に絞って立てています。

まず、事業のビジョンは「アジアの女性の肌をさらに美しくする」です。なぜアジアかというと、もう日本の市場、とくに若い女性の市場は縮む一方です。一方で欧米は、何というか、きめの細かい美肌とはちょっと遠いようです（笑）。やはり美肌ならアジアです。それにアジアは豊かになっている成長マーケットですし。
戦略のポイントは、ビジネスモデルにあります。
疲労度はお化粧ののりに直接関係しますが、どの疲労度ならどの化粧品を使うというガイドラインがないと、そのままでは使う人が困ってしまいます。だから化粧品メーカーと共同開発したいですね。女性の大問題である「お化粧ののり問題」を一発で解決できるはずなので、化粧品メーカーにとってもメリットは大きいでしょう。それに、化粧品のルートは販売チャネルとしても魅力的です。

実はもうアジアで躍進している「参生堂」にヒアリングしてみたんですよ。先方は大変な乗り気で具体的に話も進みつつあります。
ちなみにこのアイデアは、思いついてしまえば当然のように思えますが、実は思いついたのは先週です。「煮つまるとアイデアが出てくる」という先生の言葉がよくわかりました。

戦略のもう1つのポイントはデザインです。製品デザインもツボタとしては、はじめて工業デザイナーに依頼してます。最初のうちは、私の妹と

友人にさんざん駄目出しされて、デザイナーもへコンでいました。今ではよい仕上がりになったと思っています。設計担当者だけでは女性受けするデザインはなかなかできなかったでしょう。妹に感謝したいと思います（拍手）。

ツボタのロードマップ

ビジョン	アジアの女性の肌をさらに美しくする		
時期	～1年後	～2年後	～3年後
フェーズ位置づけ	仕込み 化粧品会社との提携具体化	確立 日本でのブランド確立	展開 アジアへの展開
財務の視点	売上なし （追加開発費用は1億円程度？）	販売数　月500台×2万円＝1000万円程度？	販売数　月5000台×2万円＝1億円程度？
顧客の視点	化粧品会社の開発部隊と協同した商品開発と試行	化粧品会社が前面に出る形でのブランド形成	ツボタ独自のブランド展開も模索・実施
業務プロセスの視点	マーケティング・チームの設置。商品の試作と検証の繰り返し	生産オペレーションの確立	海外マーケティングへの対応。需要変化に対応できる生産体制の構築
学習と成長の視点	顧客視点での商品企画とマーケティングのできるコア人材の育成（1～2名）	生産のコア人材の育成（1～2名）	さまざまな市場に精通したマーケティング人材の継続育成（3～5名）

Step3のコーチング

❖ **私の勤める産業用機械の会社にはマーケティングなど必要ないと思うのですが。**

あなたの言い分もよくわかる。顧客はその技術に関するプロで、あなたの会社の技術担当も、その顧客と親しくしていたりする。マーケティングを考えるまでもないということだろう。

そんなあなたには、湯之上隆氏が『日本「半導体」敗戦』(光文社)で紹介する、韓国のサムソン電子の半導体事業の話を紹介したい。

過去1980年代に日本の半導体企業はDRAM市場の80％を制覇した。しかし、現在では日本の半導体大手5社合わせても売上はサムソン1社に及ばないし、利益率は10分の1程度しかない。このサムソンの大躍進のかげにはマーケティング戦略があった。

サムソンは、「自社の未来はマーケティングにかかっている」として、戦略マーケティング部門に800名を配置、うち230名は世界各地で各国企業の需要をつかむ役割を担う「マーケッター」と呼ばれる専門職だ。サムソンでは最も優秀な人材をマーケッターに配置し、その国の需要を掘り起こし、ニーズに合わせた低コストな半導体製造プロセスに投資した。マーケティングこそがサムソンの成功の原点なのだ。

それに対して、日本の半導体企業のマーケティング担当はせいぜい数名だ。仕事も過去のデータの分析整理といった窓際仕事だ。このため、日本の半導体企業は市場の変化を捉えられないまま、せいぜい5年しか使われないPC向けに25年の保証をするといった「過剰品質・高コスト」体質に陥っていた。

あなたの業界の場合、まだ競合他社はマーケティングには力を入れていないだろう。それなら、あなたの会社がマーケティング戦略に本気で取り組めば、すぐに他社から頭一つ抜けることができる。

❖ 最後に数字を合わせるやり方で予算を達成できるのか？

なるほど、ではあなたに質問だ。では、予算目標を最初に立てたら、その予算は達成できるのか？

いくら威勢のよい数字を掲げても、それを実現する戦略が考えられなければ、その予算自体が無茶なのだ。

よい戦略を作るためのベストな方法が、この本で紹介した最後に数字を合わせる方法だ。たしかに最後になるまで数字が見えないのは、今までの戦略作りの方法に慣れた人には不安かもしれない。しかし、数字をブレークダウンして部門に割り当てたところで、それだけではどのみち、まともな戦略は作れないのだ。

❖ 目標を達成できそうもない戦略しか作れなかったらどうするのか？

前の質問と同じだ。当然、目標を変えるべきだ。戦略が見えないのに大胆な目標を掲げる弊害は、301ページに示した通りだ。

本来なら予算目標も仮説なのだ。戦略作りという検証の結果、実現できそうもないことがわかったら、悪びれずに直すべきなのだ。

❖ BSCをうまく活用できている会社は少ないと聞く。どうしてか？

本来ならBSCとは、財務の数字以上に知的資本を育てることに目を向けさせる道具のはずだ。しかし、この哲学を理解せずにBSCを単純な管理ツールとして使ってしまうと、KPIの設定や収集にこだわったりしてしまう。これでは単純な予算管理以上に会社を壊してしまう。これは299ページで説明した通りだ。

Action

山に登る
戦略を実行してビジョ

　この章では実際にあなたが山に登っていくステップ、つまり戦略を実行し、ビジョンに到達していく過程を説明する。
　戦略は実行してこそ意味がある。今まで説明してきた戦略作りのステップは実行の前座だ。この実行にこそ、力のほとんどを注いでほしい。
　このパートでは、まず前半で山の登り方に相当する戦略実行のマネジメントについて説明する。後半に山に登るチームを動かすためのリーダーにあり方について、リーダーをいかに育てていくかについて説明しよう。

ンに到達する

ステップ1	ステップ2	ステップ3	Action
登る山を決める	山頂を描く	登る道を考える	山に登る

Action1
ビジョンを目指して歩む

▶▶ ビジョンに焦点を当て軌道修正する

　山登りのおもな仕事（Action）は、まさに一歩一歩足を進めていく登山だ。登山計画書を書くまでのステップは、あくまで山登りの下準備。ここからが本番だ。

　戦略も同じだ。戦略策定までは下準備で、実行こそが本番だ。

　戦略や計画を作るまでに疲れてしまっては本末転倒だ。作った事業計画を実践していくことにこそ、知恵と力を使ってほしい。

　しかし、ものごとは計画通りには進まない。

　いくら綿密な計画を立てても、実際やってみないとわからないことは多い。計画はあくまで作ったときの想定でしかない。状況変化の激しい現実の世界では「**計画は立てた通りには進まない**」のが〝正しい〟のだ。

　といっても、「計画通りに進みませんでした。ごめんなさ〜い」で許されないのが組織というものだ。

　そこで必要になるのが軌道修正だ。

　計画がうまくいかなかったら、即座に見直して軌道修正する。計画を早めに達成できそうなら、そこで力を抜かずに何が成功要因かを見極めて、行けそうならもっと行く。そんなダイナミックな軌道修正が必要だ。

　この軌道修正のポイントは、足もとの行動計画でなく辿り着く先のビジョンに焦点を合わせることだ。

　山登りでたとえてみよう。

　山登りの前には、登山計画書を事前に作る。しかし、いったん山に登り

Action　山に登る

はじめると、天気が崩れたり、地図が間違っていたり、道が塞がれていたり、といった予定外のことはたくさんある。

このとき、登山計画書を金科玉条のように守って、「今日は豪雨だが、予定通り2km先まで目指せ」とか、「地図と違って橋がないが、かまわず渡れ」などと始めると、途端に遭難してしまう。

では、どうするか。

「頂上に辿り着く」ことを目標に、臨機応変に進む方向や登る道を変えるのだ。

ビジョンという到達地点（Where）に焦点を合わせれば、ちょっとくらい途中で回り道をしても辿り着く。しかし、行動計画（How）を自己目的化してしまうと、環境変化に対応できずに迷走するばかりだ。

戦略とはビジョンに到達するための方法論だ。**今の戦略が有効でないとわかったら、早めに軌道修正しよう。**

ビジョン到達までは試行錯誤の連続

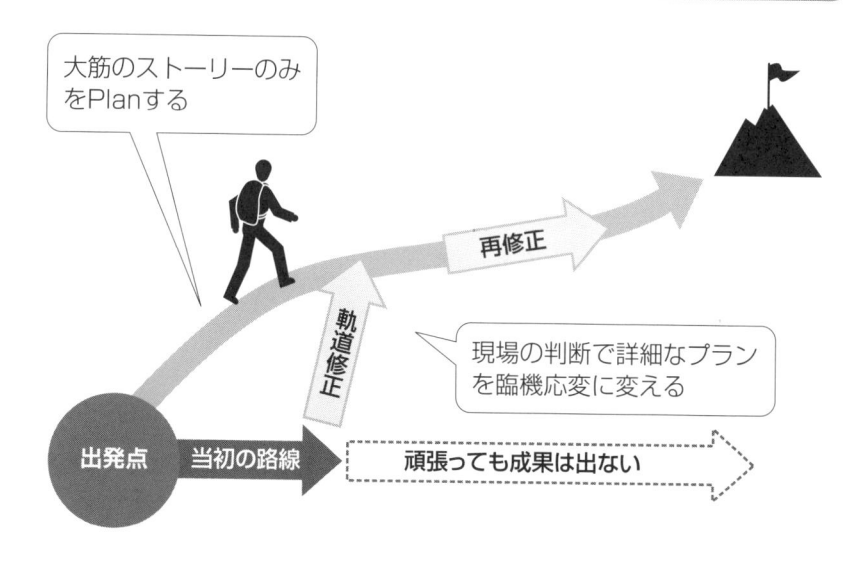

大筋のストーリーのみをPlanする

再修正

軌道修正

現場の判断で詳細なプランを臨機応変に変える

出発点　当初の路線　頑張っても成果は出ない

▶▶ 元気になる「PDCA」

軌道修正をしながら、ビジョンに向かうための動作の基本がPDCAだ。

PDCAとは、「①**Plan**（計画を立てる）」「②**Do**（実行する）」「③**Check**（結果を見る）」「④**Action**（対策を立てる）」の頭文字だ。PDS（Plan-Do-See）ということもある。

強い会社は、このPDCAがうまく回っている。

しかし、「PDCAを強化する」と言うと、みんな暗い顔になる。

なぜならPDCAの強化というと、下図のように管理の強化、官僚機構の強化に走ってしまうのだ。

より詳細な計画と報告を出させる。報告作りでスタッフの時間はほとんどつぶれる。未達があると細かくつめられるので、現場は必死に隠そうとする。それを暴くために、さらに細かくチェックを入れる。こんな不毛なイタチごっこが始まる。

小姓みたいな社内の官僚機構が肥大するだけで業績はどんどん悪化する。

20世紀型官僚的PDCA

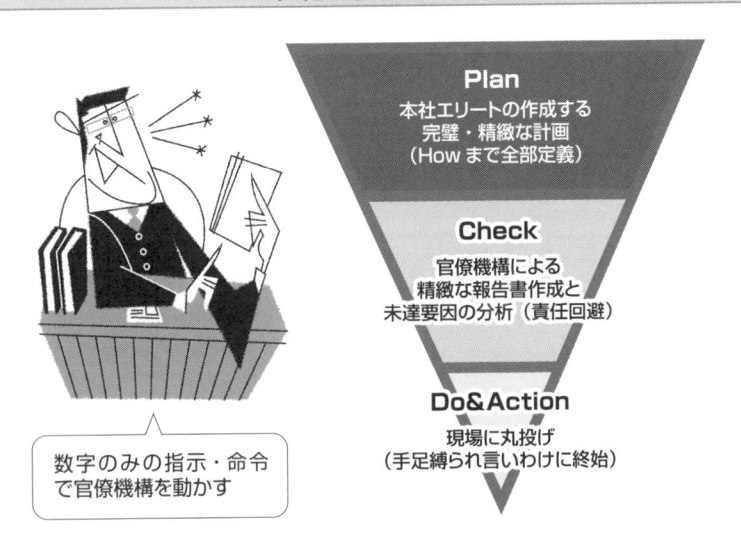

Plan
本社エリートの作成する
完璧・精緻な計画
（Howまで全部定義）

Check
官僚機構による
精緻な報告書作成と
未達要因の分析（責任回避）

Do&Action
現場に丸投げ
（手足縛られ言いわけに終始）

数字のみの指示・命令
で官僚機構を動かす

Action　山に登る

「元気になるPDCA」は、これとは正反対だ。

下図に見てみよう。

①Planでは、精緻な計画を作るのではなく、明確なビジョンを示す。詳細な行動（How）を指示するのではなく、軌道修正に必要となるビジョン（Where）を描くのだ。

②Doでは、合意したビジョンの実現に向けて現場の各部門が自主的に動く。個別のTo Doなどは、現場感に欠ける本部が指示してもうまくいかない。現場が主体的に考え実行すべきなのだ。

③Checkで確認するのは、ビジョンの到達度合いだ。細かな一挙手一投足を監視するのではなく、今現在どの地点にいるのか、このまま進んで目標に到達できるかを確認するのだ。

④Actionでは、対策を練る。Checkしてみると、うまくいっていないところは必ずある。どうすべきかについて、社内で知恵を出し合うのだ。

「元気になるPDCA」の中で、**最も軽くてよいのが③Check**だ。Checkすれば業績がよくなるわけではない。そんなところは最小の労力で済ませ

知識社会における21世紀型PDCA

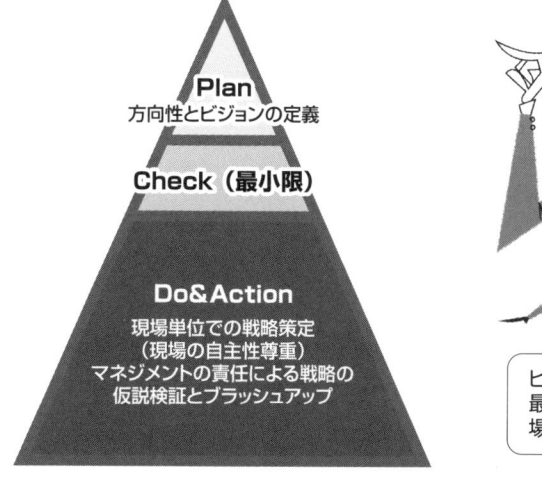

Plan
方向性とビジョンの定義

Check（最小限）

Do&Action
現場単位での戦略策定
（現場の自主性尊重）
マネジメントの責任による戦略の
仮説検証とブラッシュアップ

ビジョンを示し、ときに最重要ポイントでは現場に深く入り込む

たい。できれば新入社員が勉強ついでにすべき仕事だ。これに管理職が時間を使っている会社ほど、その会社の業績はよくない。

　そして、最も大事なのが④Actionだ。ActionこそがPDCAをスムーズに回すうえで最も重要になるのだ。

　PDCAがうまく回っている会社では、スタッフも、②Doで自分自身で仕事を受け持ったり、④Actionを一緒に考えることに時間を使うようになる。

　同じPDCAを強化するといっても、「管理強化のPDCA」と「元気になるPDCA」はこんなに違うのだ。

　元気になるPDCAの各要素のうち、①のPlanは今まで説明してきた戦略作成そのもの、②のDoは実行そのものだ。なので、ここでは続けて③Checkと④Actionについて、もう少し詳しく説明する。

▶▶ 「KPI」でビジョンへの到達度を見る Check

　「Check」では、「鍵となる業績指標」（KPI：Key Performance Indicator）を検討する。

　業績指標にはさまざまあるが、業績に直接結び付く「鍵となる」指標とは、ビジョン実現に直結する指標だ。KPIが改善すれば業績が向上する、そうでなければ悪化するといった関係にある。286ページで説明したキードライバーとは最も大切なKPIだ。

　このKPIは、1つの事業でせいぜい2つか3つしかない。「Check」では、それだけを確認し、さらに改善すべく頑張るわけだ。

　しかし、それ以外の指標は改善しても業績には直接結びつかない。だから、数字が少々悪くても放置しておけばよい。

　KPIは必ずしも定量的な数値である必要はない。たとえば、「職場のイ

Action　山に登る

キイキ度」が重要なKPIとなった場合、

> レベル1：誰も挨拶しない。会話もない
> レベル2：最低限の挨拶と会話はあるが、笑顔はない
> レベル3：部門内では親しいが、部門を越えての交流は少ない
> レベル4：部門や組織を越えて活発にアイデアが生み出される

といったように、定性的に決めていけばよい。これなら社員にメールでアンケートをとれば一発で結果が出る。

これを、無理に「挨拶回数」とか測定しはじめると、イキイキ度の低い職場ほど無理して機械的な挨拶をして得点稼ぎだけに走りがちだ。こんなことをしていたら、逆に会社のイキイキ度は下がるばかりだ。

ついでに、Checkした結果は共有しよう。壁に貼ったり社内ウェブのトップに掲示して、つねにみんなが今の状態を確認できるようにしたい。これがまさに「**経営の見える化**」だ。

▶▶▶マネジメントの責任 Action

「Check」をしてみると、どこかしら計画通りにいっていないところがある。だから「Action」が必要だ。これこそが、マネジメントの責任で果たすべきPDCAで最も大事な仕事だ。

ところが、これが意外とできてない。あなたも、部下に「もっと頑張れ！」とか、「よく考えてアイデアを出しなさい」などと言っていないだろうか。

> 実は、これはマネジメントの責任放棄なのだ。

部下はさぼっているから計画を達成できないわけではない。頑張っても

考えても達成できないから困っているのだ。教育的配慮で言うならともかく、自分にアイデアがないのに「頑張れ！」とか「考えろ！」などと指示するのでは、自分の無能さを証明しているようなものだ。

　自分でできないことを下に押しつけるマネジメントは最悪だ。

　Actionはリーダー自らが知恵を出して課題を乗り越えていく必要がある。それでも達成できないなら、上に相談して協力を仰げばよいのだ。

　Actionを下に投げてはいけない。課題を自分の責任として受け止め、上司や周囲の協力を仰ぎつつ、部下を巻き込みながら解決していくことこそがリーダーたる者の責任だ。

　このPDCAをマネジメントする方法は、会社によってさまざまだ。そして、経営状況が変わればPDCAすべき内容も変わる。それぞれの会社で、自分の会社にマッチするベストなPDCAマネジメントを探っていっていただきたい。

Action　山に登る

Training 11
伊州屋とツボタのPDCA

伊藤君のメモ

　今日はみんな、2週間前の経営者プレゼンの余韻が残っている。プレゼンは素晴らしかった。
　どの経営者も、僕たちが短期間で新しい戦略を作り、動かしはじめたことに驚いていた。「うちの若い社員がこんなに創造的に仕事をするとは思わなかった」なんて、失礼な発言をした人もいたほどだ。でも、僕自身もこの研修で成し得たことに少し驚いている。

　ところで、この研修では策定した戦略を半年間フォローアップをする。初回の今日は2週間目のフォローアップだった。
　僕のところは顧客のペルソナも明確だったし、ニーズもそれなりに検証したうえで作った戦略だったから比較的スムーズに進んでいる。他のチームも頑張っているが、総じてペルソナとUVPが明確なほど、迷いなく実践に移っている感じだ。

　今日はそのあとに、各社のPDCAの現状を共有した。実際の管理帳票とか、報告資料とかの実物を持ち寄ったので、すごいリアル感があった。この4社の間でもPDCAの方法は、まったく違っていた。
　一番衝撃を受けていたのが、毎週逐一細かな報告業務をしていたC社チームだった。出席者は、「今まで報告は細かければ細かいほどよいと思ってました。でも報告のための報告になってました。報告で1週間が過ぎてしまい、実質的な仕事は何もしていませんでした」と言っていた。たしかに、彼らは「いつも疲れた顔をしているな」と思っていたけれど、あの報告量の多さを見ると無理もないだろう。

》》伊州屋のPDCA

伊州屋の伊藤です（拍手）。

実はこの研修が始まってから、メンバーの店長2名が刺激を受けて、パートのオバさま……、いや失礼、お嬢さま達に、毎日の売上のグラフを作ってもらうようにしました。

面白いですよ。今日はどの部門が売れたとか、売れなかったとか。やはり施策が効くと売れるので、「今日はどの部門に勝った」とか、「あの部門に負けるな」とか、もう大変です。本当にやってよかったと聞いています。

では、KPIについてです。伊州屋のKPIはもうクリアそのもの。お客さまの買い物かごに入っている「購買商品数」です。なぜなら、社長はいつもそのことばかり言っているからです（笑）。

でも、私なりに理屈を考えました。伊州屋の売上は、

売上＝①お客さま数×②来店頻度×③購買商品数×④商品単価

と因数分解できます。ちょっと賢くありませんか？（笑）

このうち、①お客さま数も、②来店頻度も月単位でそう変わるものではありません。

③購買商品数は、やはり提案力と直結しますね。提案がウケると当然買っていただけますし、そうでなければ買い物かごはなかなか埋まりません。④単価は別に安いモノでもいいのですよ。提案がウケなかったら、そもそも買っていただけないのですから。

ときには何も買わない方が多いときもありますが、やはりがっかりしますね。何回か何も買わずに帰った方は、来店頻度も落ちるでしょうし、たくさん買っていただく方は、また来店していただけると思います。つまり③商品購買数が、長期的には来店頻度にも影響します。

こう考えると、社長がいつも言っていることは正しかったのかなと、あらためて感心しました（拍手）。

▶▶ツボタのPDCA

ツボタの小坪です（拍手）。

ツボタのKPIなんですが、実はよく変えているのです。下手すると毎月変わるので、「うちの会社、いきあたりばったりだな」と思っていたのですが、必要に応じて適宜変えるほうが正しかったのですね（笑）。

製品を市場に投入した２年前は、機械自体の信頼性が課題でした。ですから、その頃は工場の事務所兼休憩室の壁には毎週「出荷後の不良品発生率」のグラフを貼り付けていました。工程ごとに不良品率を分解して、その下がり具合を見せるのです。

最初は、「うるさいことをしやがって」と思っていた人たちも多かったですが、ある部門がちょっとした工夫で不良品率を下げると、がぜん競争意識が出てくるのですね。その数字を下げることが目標になって、気付くと彼らが自主的に対策会議などを開いてました。

おかげさまで、１年ほどの改善で品質が安定してきました。

そうなると次に問題になったのが製造コストです。それまでは「コストより信頼性」でしたが、今はコスト削減に向けて各部門が競争しています。工場にも毎週「工程ごとの製造歩留まりと製造時間」を貼っています。

こうしてみんなが競争すると、面白いようにコストが下がってきます。今までは僕の所属する疲労度計部門は赤字部門の汚名を被ってましたが、先月からようやく黒字に転換しました！（拍手）

ありがとうございます！

Action2
戦略を動かすリーダーとなる

▶▶▶ 戦略とは「リーダーシップ」

　仕事には2つの面がある。
　1つが今ある仕組みや組織を、より効率的に効果的に回すことだ。もう1つが、企業家精神を発揮してビジョンと戦略を描き、組織を新たなステージへと導いていくことだ。
　ハーバード大学のジョン・コッター教授は、前者を「**マネジメント**」、後者を「**リーダーシップ**」と定義する。マネジメントを担当するのが「**マネージャ**」で、リーダーシップを発揮する人が「**リーダー**」だ。

　つまり、**戦略とはまさにリーダーシップのことであり、戦略を作り動かす人こそが、まさにリーダーなのだ。**

リーダーとマネージャ

マネージャの役割：現状（日常業務）
リーダー：変革 → ビジョン

≫ マネージャからリーダーへ

マネージャとリーダーは、ある意味で正反対の役割を担う。

マネージャの仕事は、今ある仕組み（ルーチン業務）を守り、それを最も効率的に回すことだ。マネージャには問題の原因を細かく分析し対策を講じ、組織がうまく動くように調整することが求められる。

それに対してリーダーの仕事は、今ある仕組みを変革し、組織をビジョンに導いていくプロジェクトを遂行することだ。リーダーには、細かな事象に囚（とら）われずに、大胆なビジョンや戦略を描くことが求められる。

ただし、マネージャとリーダーは必ずしも相反するものではない。マネージャからリーダーへと「脱皮」していくものなのだ。

つまり、マネージャとしての能力の上にリーダーとしての新たな能力を開発し、成長すべきなのだ。

リーダーシップを、経営者や部門長のみに期待するのは間違いだ。

リーダーとは、必ずしも命令を下す人ばかりでない。縁の下の力持ちのような仕事をしながら、組織全体にビジョンを浸透させ、組織全体を導いていくことだってできる（これは「**サーバント・リーダーシップ**」という最新のリーダーシップ論の1つだ）。

戦略を作り変革を進めるリーダーは、組織のあらゆる階層で必要だ。年齢や部門に関わりなく、誰でもリーダーとして活躍できるし、また活躍すべきなのだ。そして何よりも、あなた自身がリーダーとしての役割を担っていくべきなのだ。

では、あなたがリーダーになる決意をしたときに、何が必要だろうか。

コッター教授は、リーダーを、「①ビジョンと戦略を描き、②組織のベクトルを合わせて、③メンバーのモチベーションを高め、ビジョンを実現する人」と定義している（丸数字筆者）。

①ビジョンと戦略については、今まで説明したきた通りだ。ここでは以

下、②組織のベクトル、③モチベーション（やる気・主体性）について簡単に解説しよう。

いずれにせよ、**知識型組織を動かすのは、命令すれば済む官僚型組織を動かすより数段難しい**。しかし「歯車」ではなく「人」を動かす以上、これは避けては通れない。
　むしろ、人を動かす難しさを楽しむという余裕を持って臨んでほしい。

▶▶ ②組織の「ベクトル」を合わせる

　工業社会の組織は、組織の形がきちんと決まっていた。その形には「**機能別組織・事業部制組織・マトリクス組織**」など、いくつかの種類があるにせよ、組織とは枠の中に「従業員」という歯車を配置して、上からの命令によって動かす仕組みだった。
　それに対して、知識型の組織は〝柔らかい〟。組織の形も流動的で、必要に応じて柔軟にタスクフォースが組まれる。また、正社員だけでなく、契約社員や外部の提携パートナーやコンサルタントといった人も含む多様な「メンバー」が、同じ組織の中で活躍している。
　そして、知識型組織のメンバーは自らの意思で主体的で動くのだ。命令と規律で縛ろうとしたら、できる人ほど逃げてしまう。

　このような、知識型組織の組織全体をまとまった1つの有機体として機能させるものは、「**ビジョン**」と「**信頼**」だ。

　知識型組織のメンバー1人ひとりがベクトルを合わせて動くには、目標であるビジョンが必要だ。
　しかし、ビジョンを掲げるだけでは組織は動かない。
　ビジョンを頭で理解し、心で共感し、腹で納得して、はじめて人と組織は動く。メンバー1人ひとりが同じ目的を共有し、自発的にお互い協力し、組織を動かしていく。

そのために必要なのが構成メンバー相互、そして上司や組織全体に対する「信頼」なのだ。

知識型組織の仕事とは、お互いに知恵を出し合い、新たな価値を作り出しながら進めるものだ。マニュアルを読めば進められる仕事とは違う。

知恵を出し合うには、ともに働く人たちを理解し、その長所や欠点、仕事の進め方やクセ、そして仕事や人生に対する価値観をお互いに理解し尊重する必要がある。自分が相手を理解し尊重し、また相手も自分を理解し尊重していることが仕事を進めるベースとなる。

仕事をするには、仲間との信頼関係、また組織に対する信頼、ビジョンに対する共感・共鳴が必要だ。お互いの信頼関係なしでは、知識社会の仕事は進まない。

しかし、**いったんメンバーがお互いを信頼し、ビジョンを共有し、一つのベクトルに向かうと知識型組織は爆発的な力を発揮する**。

そんな組織が知識型組織の理想だと思う。

③「モチベーション」を高める

工業社会の組織では、従業員とは上の指示を忠実に実行する歯車だ。

「従業員は放っておくと怠ける連中だから、徹底的に縛って管理すべき」というのが古典的な経営学の考え方だ。なかには「**マクレガーのX－Y理論**」とか、「**ホーソン工場の実験**」とか、「**衛生要因・動機付け要因**」とか、モチベーションに関する論考もあるが、基本的には〝おまけ〟だった。歯車のモチベーションなど、誰も気にしていなかったのだ。

その一方で、今の知識社会を代表する知的な仕事、たとえばソフトウェア開発や商品デザインやマーケティングといった仕事を考えてみよう。戦略を策定するこの仕事だって、まさに知的な仕事だ。

こうした仕事を管理しようとすると、逆に生産性は下がってしまう。なぜなら、メンバーのモチベーションが下がってしまうからだ。あなただって一挙手一投足まで指図されたら、バカバカしくなってやる気をなくすは

ずだ。そして、すべてを投げやりな仕事で済ませてしまう。

　しかし、その同じあなたが、「この仕事こそ天命だ。やってやろう！」と思えば、高い要求水準を自らに課し、寝食を忘れてでも、とことんアイデアを絞り出そうとする。

　両者ともに表面的な勤務時間や作る書類の枚数にはたいして差がないかもしれない。しかし、成果に結びつく質的な差は数倍、ときには数十倍もの開きがつく。

　メンバーがみな燃え上がれば知恵もどんどん湧き出るが、メンバーがやる気を失った組織では何の知恵も浮かばない。そんな経験はあなたにもあるだろう。

　では、何がモチベーションを生み出すのだろう。

　成長の時代には、地位と金がモチベーションを生んだ。出世して給料が増えて豊かになるのは、社員にとっては何よりも嬉しいことだった。

　しかし成熟して豊かになった今、社員の意識は変わった。欲しいものがひと通りそろい、またどんな仕事でも（または仕事をしなくても）食うには困らない時代、報酬の効力は弱まっている。お金が入るのは嬉しいが、お金があればモチベーションが高まるというわけではないのだ。

　この知識社会において、メンバーのモチベーションを最も高めるものは、仕事の「**面白さ**」だ。

　人間、誰しも楽しく意義の感じられる仕事をしたい、誰かに期待され感謝されたいという自己実現の願いを持っている。

　新たな仕事にチャレンジして、自分を成長させること。自分の仕事として切り盛りできる裁量の広さ。顧客や社会に貢献する誇りの持てる仕事。こんな「面白い」仕事こそが、知識社会において社員のモチベーションを最高に高めるのだ。

　こういった「面白い」仕事をこなせば、次にはもっと面白い仕事・大きな仕事がやってくる。そのうちに報酬や肩書きも自然についてくる。

　もちろん、ある程度の報酬と地位があるのは大前提だ。そのうえで、面

白い仕事がモチベーションをさらに高めるのだ。

　これを、知識社会の導師の1人、ダニエル・ピンク氏は「**モチベーション3.0**」と表現している。
　モチベーション1.0は、農業社会に機能した生存の欲求を満たすもの。モチベーション2.0は、工業社会に機能した金銭や物質的な豊かさを満たすもの。モチベーション3.0は知識社会に機能する精神面での満足を満たすものというわけだ。

　命令で従業員を動かすことができた工業型組織と異なり、知識型組織ではメンバーのモチベーションを高めて仕事に向かわせる必要がある。
　社員に「面白い」仕事を与えられる会社こそが、知識社会における強い会社だ。「面白い」仕事があれば、社員は会社からの指示を待つばかりでなく、主体的・自発的に仕事に取り組み、成長する。その結果、会社も高い業績を残していけるのだ。
　では、そんな組織のビジョンを示し、メンバーのベクトルをそろえ、モチベーションを高めるリーダーを、いかに育てていくべきだろうか。

▶▶ GEのリーダー育成法

　現在、リーダーを育成する最も効果的かつ効率的な方法とされるのが、米国GE社が開発した「ワークアウト」だ。
　1970年代のGEは、長期低落傾向にある旧態依然とした大企業だった。そんな中、1981年に就任したジャック・ウェルチ社長は、大胆なリストラに着手する一方で、自分の時間の実に4割を使ってワークアウトを実践し経営人材を育てていった。
　ワークアウトでは対象者が5〜6名のチームを組み、現実の経営課題に対して検討を重ね、戦略や解決策を作り、提案を経営陣にプレゼンする。採用された提案は経営陣の責任で即座に実行され、成果を出すまでフォローされる。ワークアウトの期間は、経営陣や外部コンサルタントがコーチ

としてチームにつき、戦略や課題解決のエッセンスを伝え、メンバーに学びと気づきを促す。

このワークアウトで育った数多くのリーダー達が、GEを〝世界で最も尊敬される会社・世界で最も成長した企業〟として甦らせたのだ。

このワークアウトは、経営実践（アクション）と能力開発（ラーニング）を同時並行で進める「**アクションラーニング**」の一種だ。

参加者はアクションラーニングの中で、新たに得た経営に関する知識（**形式知**）を活用し、検討と実践の内容を深め、また実践を通じて得る経験（**暗黙知**）により、知識を自分自身で使える能力として身に付けていく。このように形式知と暗黙知を相互に交流させる形で、自らの能力を高めていくのだ。

このアクションラーニングにより、形式知的な明確で深いロジックと、暗黙知的な組織を動かす現場力を融合し、ともに備えた人材が育っていく。

たこつぼの中で抵抗勢力化する

経営陣

全社視点の経験不足のまま経営陣に昇格すると、部門代表に終始しがち

経営陣の持つ危機感やビジョンを（肌感覚では）共有していない

蛸 壺 管 理 職

- お互いが予算達成の競争相手、そもそも信用できない
- 各人の方向性がバラバラで組織の力を発揮できない（どころか、足を引っ張る）
- 新事業構築などの経験が乏しく、戦略的スキルが不足

部下に示すビジョンを持たず細かな「マネジメント」に走り、メンバーのモチベーション低下

中堅・若手

（出所）㈱ICMG資料より

Action　山に登る

　また**参加者自身**が、この機会を最大限に活用し、自発的に学び・気付く姿勢を持つことで、リーダーとして見違えるように成長していくのだ。

▶▶ 組織全体でリーダーを育てる

　組織の中でリーダーシップが最も求められるのは、組織の要といえるマネージャ（管理職）層だろう。ところが現実的には、彼らが全社変革のネックである「**抵抗勢力**」と化している会社が少なくない。

　彼らの多くはタコツボ型人事で1つの部門内で出世してきたため、今ある仕組みを回すマネジメントには長けているものの、全社視点で事業を構想するリーダーシップ能力に不足していることが多い。

　しかし、彼らが一方的に悪いわけではない。彼らは、リーダーシップを実践する機会に不足していただけで、悪意を持って組織の足を引っ張って

全社ワークアウトを通じた経営チームの出現

全社視点を持つ分厚い人材層から経営陣への昇格

経営陣

経営陣と危機意識やビジョンを共有し、組織に伝える

変革リーダ

組織のビジョンを明確にし、コーチングを通じてメンバーのモチベーションを高める

中堅・若手

- チームの一員として相互を信頼
- 各人の方向性がそろっており、組織の総合力を発揮
- 部門間での知恵の交換を通じ、組織知の蓄積と、シナジー領域の発見
- 新事業構築など部門横断プロジェクトの経験を通じ、戦略的スキルを高め、全社視点を醸成

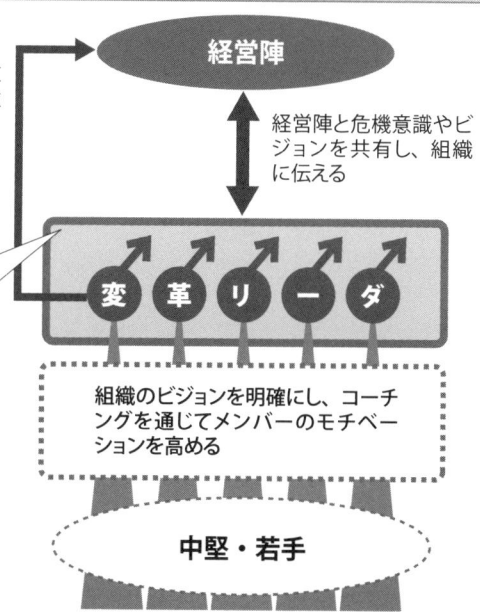

（出所）㈱ICMG資料より

いるわけではない。

　マネージャ層が1つのチームとして、共通のビジョンと共通の戦略的な理解を持ち、お互いの信頼関係を高めることができれば、会社全体がビジョン実現に向けて力強く動き出す。また組織の中に、部門を超えたシナジー・協力関係が出現し、会社全体が見違えるように強くなる。

　このためには、1人ひとりのマネージャにリーダーとして成長してもらう必要がある。このために最も有効なのが、**マネージャ層全体に対するワークアウト**だ。

　全社内で選抜式・部門別・横連携といった多様なチームを組み、さまざまな経営課題に対してメンバーが自分達で戦略を作り、組織を動かす力を養成するのだ。そんな取り組みを数年続ければ、会社の足腰は見違えるように強くなる。あなたの会社もGEのように、旧態依然として沈滞した状況から脱皮し、社会から尊敬される成長企業へと進化することも夢ではない。

Action　山に登る

Training 12
ワークアウト

> **著者からのメモ**
> 　今回の事例紹介は本書全体を振り返ったものだ。
> 　今までの伊藤君と小坪君の戦略検討の過程が、まさにワークアウトの事例そのものだからだ。
>
> 　伊藤君も小坪君も、3か月のワークアウトを通じて戦略を作り、ビジョンを語る力を身に付けてきた。これからの実践を通じて、組織を動かす力を持った立派なリーダーとして育っていくだろう。
>
> 　最後に、伊藤君の上司である伊州屋の伊崎社長、また小坪君の上司であるツボタの大坪取締役から、この「元気になる戦略」講座に対するコメントをいただいた。これを本書の締めの言葉としたい。

≫ 伊州屋の伊崎社長からのコメント

　伊藤君は、何といっても将来が楽しみな人材だったから、コンサルタントの先生から講座の話を聞いたときには、年輩の幹部に交えて、彼にも迷わず参加してもらうことにしました。

　伊藤君は一緒に研修に参加した店長とすっかり仲良くなって、もうすっかり現場にも馴染んで、いいチームを作っています。

　研修期間中にも彼はどんどん成長してきました。最近の彼は、「この施策やMDは『リョウシキ』にどうアピールするか」というのが口グセになってますね。仮説の施策をいろいろ打ってみて、それが数字に反映するのを見るのがとても楽しいみたいです。

本社スタッフは、ともすると現場も知らずに「数字・数字」と言いがちですが、彼は仮説を一緒に考えてくれるから、現場にとっても今は知恵袋的な存在になっているようですね。

　今回のワークアウトのおかげで、伊藤君は顧客のことや現場のことをよく理解したうえで、大所高所からも戦略やビジョンを語れる人材として成長しつつあります。彼はまさに経営者として必要な力を着実に身につけつつあると思います。

ツボタの大坪取締役からのコメント

　わが社の最大の資本は人だ。リーダー人材の育成こそが、最も重要な経営課題だ。

　今回のワークアウトでは、彼らはまさに弊社の将来を担うであろう疲労度計のB2C市場への展開に主体的に取り組んでくれた。ツボタの将来を担う戦略の１つが、こんなに短期間で、かつ質も高くできたのは期待以上の成果だった。それに、彼らのコミットメントが高いのには感心した。リーダーとして人を巻き込んでいく力も育っているようだ。先生には、これまでガイドしてくれたことを深く感謝したい。

　しかし、自分たちで戦略を作らせるというのは巧(うま)い方法だね。当人達の能力面での成長も素晴らしいし、モチベーションもとても高まっている。今まではお勉強的な研修も多かったが、これからは全面的にワークアウトに切り替えたい。

　来期には、さらにこの試みをいろいろな部門に拡大したいし、役員全員を対象にしたワークアウトに取り組みたい。そうすれば、会社全体がもっと自律的に動き出しそうだ。

　そう、これが先生のいう知識型組織へのトランスフォーメーションということなのかな。

BOOK GUIDE

「経営戦略」ブックガイド

この本に関連して読むことをおすすめしたい本を何冊かご紹介しよう。まずはこの本の基軸を貫くドラッカー博士の本を紹介し、それぞれのステップに対応した本を掲げる。

■ ドラッカー博士の本

『プロフェッショナルの条件—いかに成果をあげ、成長するか』
　P.F.ドラッカー、上田惇生・編訳（ダイヤモンド社、2000年）

『チェンジ・リーダーの条件—みずから変化をつくりだせ！』
　P.F.ドラッカー、上田惇生・編訳（ダイヤモンド社、2000年）

『明日を支配するもの—21世紀のマネジメント革命』
　P.F.ドラッカー、上田惇生・訳（ダイヤモンド社、1999年）

『ネクスト・ソサエティ— 歴史が見たことのない未来がはじまる』
　P.F.ドラッカー、上田惇生・訳（ダイヤモンド社、2002年）

『イノベーションと企業家精神（ドラッカー名著集）』
　P.F.ドラッカー、上田惇生・訳（ダイヤモンド社、2007年）

『経営者に贈る5つの質問』
　P.F.ドラッカー、上田惇生・訳（ダイヤモンド社、2009年）

『ドラッカー名著集1　経営者の条件』
　P.F.ドラッカー、上田惇生・訳（ダイヤモンド社、2006年）

■ 新しい戦略論に関連する本

『MBAが会社を滅ぼす マネジャーの正しい育て方』
　ヘンリー・ミンツバーグ、池村千秋・訳（日経BP社、2006年）

『まず、戦略思考を変えよ―戦略マネジャー 8つの心得』
　　田坂広志（ダイヤモンド社、2001年）

『知識創造企業』
　　野中郁次郎、竹内弘高、梅本勝博・訳（東洋経済新報社、1996年）

『現場力を鍛える』
　　遠藤功（東洋経済新報社、2004年）

『7つの習慣―成功には原則があった!』
　　スティーブン・R. コヴィー、川西 茂・訳（キングベアー出版、1996年）

『トヨタはなぜ強いのか―自然生命システム経営の真髄』
　　H.トーマス ジョンソン、アンデルス ブルムズ、河田信・訳（日本経済新聞社、2002年）

『ハイ・コンセプト「新しいこと」を考え出す人の時代』
　　ダニエル・ピンク、大前研一・訳（三笠書房、2006年）

『出現する未来』
　　P.センゲ、O.シャーマー、J.ジャウォースキー、野中郁次郎・監訳、高遠裕子・訳（講談社、2006年）

『美徳の経営』
　　野中郁次郎、紺野登（NTT出版、2007年）

『ウィニング 勝利の経営』
　　ジャック・ウェルチ、スージー・ウェルチ、斎藤聖美・訳（日本経済新聞社、2005年）

『宇宙とつながる働き方―経済を回復させるたった一つの方法』
　　天野敦之（総合法令出版、2009年）

『問題解決ファシリテーター』
　　堀公俊（東洋経済新報社、2003年）

『知的資本経営のすすめ』
　　（株）アクセル・監修、船橋仁・編著、大庭史裕、河瀬誠（生産性出版、2009年）

Step1:「登る山を決める」に関連する本

『経営戦略の思考法』
　沼上幹（日本経済新聞出版社、2009年）

『イノベーションのジレンマ―技術革新が巨大企業を滅ぼすとき』
　クレイトン クリステンセン、玉田俊平太・監訳、伊豆原弓・訳（翔泳社、2001年・増補改訂版）

『日本「半導体」敗戦』
　湯之上隆（光文社、2009年）

『経営戦略立案シナリオ』
　佐藤義典（かんき出版、2007年）

『売れる会社のすごい仕組み―明日から使えるマーケティング戦略』
　佐藤義典（青春出版社、2009年）

『60分間・企業ダントツ化プロジェクト―顧客感情をベースにした戦略構築法』
　神田昌典（ダイヤモンド社、2002年）

『あなたの会社が90日で儲かる!―感情マーケティングでお客をつかむ』
　神田昌典（フォレスト出版、1999年・Forest2545Shinsyo、2009年）

『コア・コンピタンス経営―未来への競争戦略』
　ゲイリー・ハメル（日経ビジネス人文庫、2001年）

『トム・ピーターズの経営破壊』
　トム・ピーターズ、平野勇夫・訳（阪急コミュニケーションズ、1994年）

『小さな会社・儲けのルール―ランチェスター経営7つの成功戦略』
　竹田陽一、栢野 克己（フォレスト出版、2002年）

『最強の経営学』
　島田隆（講談社現代新書、2001年）

▶Step1のうち、とくにStep1-2「環境分析」に関連する本

『田中宇の国際ニュース解説』
　（メルマガ）（http://tanakanews.com/）

『「課題先進国」日本―キャッチアップからフロントランナーへ』
　小宮山宏（中央公論新社、2007年）

『東大講義録―文明を解く―』
　堺屋太一（講談社、2003年）

『グリーン革命（上・下）』
　トーマス・フリードマン、伏見威蕃・訳（日本経済新聞出版社、2009年）

『脱「ひとり勝ち」文明論』
　清水浩（ミシマ社、2009年）

『地球温暖化/人類滅亡のシナリオは回避できるか』
　田中優（扶桑社新書、2007年）

『国まさに滅びんとす―英国史にみる日本の未来』
　中西輝政（集英社、1998年・文春文庫、2002年）

『「人口減少経済」の新しい公式―「縮む世界」の発想とシステム』
　松谷明彦（日本経済新聞社、2004年・日経ビジネス人文庫、2009年）

『勝者の代償―ニューエコノミーの深淵と未来』
　ロバート・B.ライシュ、清家篤・訳（東洋経済新報社、2002年）

『富の未来（上・下）』
　A.トフラー、H.トフラー、山岡洋一・訳（講談社、2006年）

『資本主義の未来』
　レスター・C.サロー、山岡洋一、仁平和夫・訳（阪急コミュニケーションズ、1996年）

『「食糧危機」をあおってはいけない』川島博之（文藝春秋、2009年）

Step2:「山頂を描く」に関連する本

『未来のスケッチ―経営で大切なことは旭山動物園にぜんぶある』
　遠藤功（あさ出版、2010年）

『仮説思考―BCG流 問題発見・解決の発想法』
　内田和成（東洋経済新報社、2006年）

『日本のブルー・オーシャン戦略―10年続く優位性を築く』
　安部義彦、池上重輔（ファーストプレス、2008年）

BOOK GUIDE

『幸せな宝地図であなたの夢がかなう―きっと！今日から人生が変わる』
　望月俊孝（ゴマブックス、2003年）

『ザ・ビジョン―進むべき道は見えているか』
　ケン・ブランチャード、ジェシー・ストーナー、田辺希久子・訳（ダイヤモンド社、2004年）

『ビジョナリー・カンパニー ― 時代を超える生存の原則』
　ジェームズ・C.コリンズ、ジェリー・I.ポラス、山岡洋一・訳（日経BP社、1995年）

『ビジョナリー・ピープル』
　ジェリー・ポラス、スチュワート・エメリー、マーク・トンプソン、宮本喜一・訳（英治出版、2007年）

『スティーブ・ジョブズ―偶像復活』
　ジェフリー・S・ヤング、ウィリアム・L・サイモン、井口耕二・訳（東洋経済新報社、2005年）

『吉野家の経済学』
　安部修仁、伊藤元重（日経ビジネス人文庫、2002年）

『ディズニー 7つの法則―奇跡の成功を生み出した「感動」の企業理念』
　トム コネラン、仁平和夫・訳（日経BP社、1997年）

『MBAコースでは教えない「創刊男」の仕事術』
　くらたまなぶ（日本経済新聞社、2003年）

『面白いことをとことんやれば、「起業」は必ずうまくいく。
　―フレッシュネスバーガー社長の現場的発想法』
　栗原幹雄（アスペクト、2008年）

Step3:「登る道を考える」に関連する本

『なぜこの店で買ってしまうのか―ショッピングの科学』
　パコ アンダーヒル、鈴木主税・訳（早川書房、2001年・ハヤカワ新書juice、2009年）

『「買いたい！」のスイッチを押す方法―消費者の心と行動を読み解く』
　小坂祐司（角川oneテーマ21、2009年）

『iモード・ストラテジー―世界はなぜ追いつけないか』
　夏野剛（日経BP企画、2000年）

『ザ・ゴール―企業の究極の目的とは何か』
　エリヤフ ゴールドラット、三本木亮・訳（ダイヤモンド社、2001年）

『ザ・クリスタルボール』
　エリヤフ・ゴールドラット、岸良裕司・監訳、三本木亮・訳」（ダイヤモンド社、2009年）

『「日本の経営」を創る』
　三枝匡、伊丹敬之（日本経済新聞出版社、2008年）

『V字回復の経営』
　三枝匡（日本経済新聞社、2001年・日経ビジネス人文庫、2006年）

Action:「山に登る」に関連する本

『リーダーシップ論―いま何をすべきか』
　ジョン・P.コッター、黒田由貴子（ダイヤモンド社、1999年）

『ザ・プロフェッショナル』
　大前研一（ダイヤモンド社、2005年）

『知的プロフェッショナルへの戦略
　―知識社会で成功するビジネスマン11の心得』
　田坂広志（講談社、2002年）

『仕事の思想―なぜ我々は働くのか』
　田坂広志（PHP研究所、1999年・PHP文庫、2003年）

『組織変革のビジョン』
　金井壽宏（光文社新書、2004年）

『モチベーション・マネジメント
　―最強の組織を創り出す、戦略的「やる気」の高め方』
　小笹芳央（PHP研究所、2002年）

『失敗の本質―日本軍の組織論的研究』
　戸部良一、寺本義也、鎌田伸一、杉之尾孝生、村井友秀、野中郁次郎（中公文庫、1991年）

『最強組織の法則―新時代のチームワークとは何か』
　ピーター・M.センゲ、守部信之・翻訳（徳間書店、1995年）

BOOK GUIDE

『組織戦略の考え方―企業経営の健全性のために』
　沼上幹（ちくま新書、2003年）

『リーダーになる』
　ウォレン・ベニス、伊東奈美子・訳（海と月社、増補改訂版、2008年）

『リーダーシップ・チャレンジ』
　ジェームズ・M・クーゼス、バリー・Z・ポズナー、金井壽宏、伊東奈美子・訳（海と月社、2010年）

『内側から見た富士通「成果主義」の崩壊』
　城繁幸（光文社、2004年）

『まずルールを破れ』
　マーカス バッキンガム、カート コフマン、宮本喜一・訳（日本経済新聞社、2000年）

『巨象も踊る』
　ルイス・V・ガースナー、山岡洋一・訳（日本経済新聞社、2002年）

『なぜ会社は変われないのか―危機突破の風土改革ドラマ』
　柴田昌治（日経ビジネス人文庫、2003年）

『フリーエージェント社会の到来―「雇われない生き方」は何を変えるか』
　ダニエル ピンク、玄田有史・監訳、池村千秋・訳（ダイヤモンド社、2002年）

おわりに
「自律」と「創造」で現場を元気に！

人気研修コンテンツを全部公開！

　私はいろいろな会社で、戦略を作る研修やワークショップのお手伝いをしている。今までにお手伝いした会社は100社以上。業種も建設・化学・機械・電機・情報通信・IT・エネルギー・銀行・証券・流通・小売・アパレルなど多岐にわたる。日本を代表する大企業も多いが、中堅企業や小さなベンチャー企業でも数多くの戦略作りのお手伝いをしてきた。おかげさまで、そこでは過分と思うほどの高い評価をいただいている。

　本書の内容は、この研修やワークショップで実際に使ってきた方法論のほぼすべてを、そのまま公開したものだ。ワークショップ実施の都度、参加者のフィードバックを通じて内容を見直し改善してきたので、実用性も十分高いはずだと自負している。

　せっかく本書を読んだあなたには、ぜひともこの方法をあなたの仕事で使ってほしい。私の願いは、あなたの会社が「元気になる」ことだからだ。
　ひいては日本が元気な成熟社会を迎えることに、微力でも貢献できるなら望外の幸せだ。

現場を元気にしたい

　ところで、本書にある「元気になる」というフレーズには、私の個人的な経験が入っている。
　私の会社生活の原体験は、最初に就職した王子製紙という重厚長大製造

業の製造現場にある。王子製紙という会社は、新卒の生意気な若造を否応なく製造現場に放り込む伝統がある。

　そこは、まさに20世紀の工業社会の心臓部だった。時速100km近くで紙を抄く巨大な装置が轟音を立て、パイプラインを張り巡らしたパルプを煮る反応容器が威圧する。私も臭く暑苦しく薄暗い工場の中を、現場の人達と一緒にヘルメット姿で巡回し、機械を調整して回っていた（ちなみにこれは20年前の話で、今では工場内環境は相当改善されているそうです）。

　たった数か月の経験であるし、その間を幸せな気分で過ごしたわけでは決してない。私自身も、すぐに社内で設計や制御の部門に移り、さらに転職後はコンサルタントとしてのキャリアを積んでいる。

　しかし、今にして思うと、この原体験のインパクトが戦略を作るときの私独自の方法論に大きく影響している。

　元気になる戦略の最大の特徴は、「**現場の自律性の尊重**」だ。

　思えば、ヘルメット姿で汗まみれで働く現場の人達も自分たちの会社や職場をよくしようと真剣に考えていた。彼らは日々の改善を積み重ね、会社の競争力に貢献してきたのだ。上から降ってくる"寝言"を、いかにリアルな成果にするか、その人なりに真剣に考えていたのだ。

　日本の強さは、ひたすら「現場力」の強さだ。

　恥ずかしながら、こんなことも現場というものに放り込まれなければ、実感できなかっただろう。

　現場が元気になってこそ、会社が競争力を取り戻す。あなたにはぜひとも、現場を元気にする戦略を作っていただきたい。

戦略は"楽しく"作る

　元気になる戦略の２つ目の特徴は、「**創造性の重視**」だ。

学校教育の影響もあるのだろうが、みんな戦略を真面目に勉強して、真面目に作って、真面目に実行しようとする。「それが正しいこと」と思い込んでいるのだ。
　ところが真実は違う。遊びながら、間違えながら、楽しく、ある意味では不真面目に作った戦略のほうが、ずっと役に立つのだ。

　だから、あなたには、今までの考えを思い切って捨ててほしい。せめて戦略を考えるときには、気楽に気の向くまま好き勝手なことを言ってほしい。そして、右脳をフル回転させて、〝お馬鹿〟な戦略のアイデアを、たくさんたくさん出してほしい。
　不思議なことに、そのほうが最後にはまともな戦略が完成するのだ。

謝辞

　まず、株式会社アクセル（現ICMG）、とりわけこの出版を快く祝ってくれた、同社代表取締役社長の船橋仁博士に感謝いたします。
　アクセルの提唱する「**知的資本経営**」は、会社の価値観や強みといった「知的資本」に基づき戦略とビジョンを描き、また組織の1人ひとりが自律的に動くことで描いたビジョンを実現していく経営手法であり、知識社会における新しい経営手法の代表といえるでしょう。本書でもStep1-1の知的資本分析の節で、その手法の一端を紹介しています。

　そして、今まで私の研修にご出席くださった方々に感謝いたします。本書の内容は出席者からのフィードバックを通じて進化した、いわばみなさまとの合作です。
　また、引用の許可をいただいた多くの方々、企業に感謝いたします。本書で登場する事例は大幅にアレンジしていますが、みなさま方との出会いがなかったら、とうてい作りあげることはできませんでした。

さらに、研修コンテンツの原稿をアレンジいただいた日本実業出版社・第一編集部の援助がなければ、出版はありませんでした。おかげさまで、よい本に仕上がったと思います。
　そして最後に、内容をレビューし激励の言葉をかけてくれた妻由佳に、感謝の言葉を捧げます。

2010年6月　鎌倉にて

河瀬　誠（かわせ　まこと）
東京大学工学部卒、ボストン大学大学院修了（理学修士・経営学修士）。
王子製紙、A.T.カーニー、ソフトバンク、ICMG（旧アクセル）を経て、現在、エムケー・アンド・アソシエイツ代表。グローバル成長戦略の策定と経営人材の育成が得意分野。
神奈川県鎌倉市在住。
著書に、『戦略思考コンプリートブック』（日本実業出版社）、『知的資本経営のすすめ』（共著、生産性出版）、『戦略思考のすすめ』（講談社現代新書）、『信用リスク・マネジメント革命』（共著、金融財政事情研究会）などがある。
連絡先　kawase_makoto@yahoo.co.jp

＜会社が元気になる「3ステップ＋アクション」＞
経営戦略ワークブック

2010年7月1日　初版発行
2017年4月20日　第8刷発行

著　者　河瀬　誠　©M.Kawase 2010
発行者　吉田啓二
発行所　株式会社 日本実業出版社　東京都新宿区市谷本村町3-29 〒162-0845
　　　　　　　　　　　　　　　　　大阪市北区西天満6-8-1 〒530-0047
　　　　編集部 ☎03-3268-5651
　　　　営業部 ☎03-3268-5161　振　替　00170-1-25349
　　　　　　　　　　　　　　　　http://www.njg.co.jp/
　　　　　　　　　　　　　　　　印刷／三晃印刷　　製本／共栄社

この本の内容についてのお問合せは、書面かFAX（03-3268-0832）にてお願い致します。
落丁・乱丁本は、送料小社負担にて、お取り替え致します。

ISBN 978-4-534-04729-8　Printed in JAPAN

日本実業出版社の本　経営戦略がわかる本！
好評既刊！

河瀬誠 著
定価 本体2000円（税別）

ビジネスパーソンに必要不可欠な「戦略思考」を、頭で理解するだけでなく実際のビジネスの場面で使いこなせるようになる本。最先端ツールを多数収録。

㈱日本総合研究所 経営戦略研究会 著
定価 本体1500円（税別）

経営（全社・事業）戦略を初めて学ぶ人や、基本をつかみきれていない人に最適な入門書。古典的な経営戦略から新しい戦略まで、経営戦略のすべてを網羅。

河瀬誠 著
定価 本体2200円（税別）

実績のある研修コンテンツをもとにした新事業開発の具体的手法がわかる本。「リーンスタートアップ」をもとに、戦略立案の3ステップをやさしく解説。

河瀬誠 著
定価 本体2500円（税別）

いま、企業の生き残りに不可欠な「事業の海外進出」を成功させるための戦略の作り方をやさしく解説。戦略ツールをどう使えばよいのか自然と理解できる。

定価変更の場合はご了承ください。